고려대학교 글로벌일본연구원 현대일본총서 17

저팬리뷰 2016

김영근 엮음

글로벌시대의 일본경제

 고려대학교 글로벌일본연구원 인터북스

저팬리뷰 2016

글로벌시대의 일본경제

초판 인쇄 2016년 6월 23일
초판 발행 2016년 6월 30일

엮 은 이 | 김 영 근
발 행 인 | 김 미 화
발 행 처 | 인터북스

주   소 | 서울시 은평구 대조동 221-4 우편번호 122-844
전   화 | (02)356-9903 편집부(02)353-9908
팩   스 | (02)386-8308
홈페이지 | http://hakgobang.co.kr/
전자우편 | interbooks@naver.com, interbooks@chol.com
등록번호 | 제311-2008-000040호

ISBN   978-89-94138-45-9   94330
           978-89-94138-39-8   (세트)

값 : 18,000원

이 저서는 2007년도 정부(교육과학기술부)의 재원으로 한국연구재단의 지원을 받아 연구되었음
(NRF-2007-362-A00019)

발간사 | 글로벌시대의 일본경제를 어떻게 이해할 것인가?

글로벌시대의 일본경제를
어떻게 이해할 것인가?

2010년 4월에 창간된『저팬리뷰 2010』이후, 지속적인 논의와 집필진 보강을 통해『저팬리뷰 2011』,『저팬리뷰 2012: 동일본대지진과 일본』,『저팬리뷰 2013』을 발행하였다.『저팬리뷰』는 일본연구에 대한 동시대적 성과를 담아 일본에 대한 최신의 정보를 제공하였고, 이를 인정받아 동일본대지진을 특집으로 한『저팬리뷰 2012: 동일본대지진과 일본』이 대학의 학과교재로 사용되기도 하였다. 또한『저팬리뷰 2012: 동일본대지진과 일본』이 일본 간세이가쿠인대학(関西学院大学) 재해부흥제도연구소(災害復興制度研究所)의 출판비 지원을 받아, 2013년 5월 간세이가쿠인대학 출판부에서 일본어판으로 출판되었다. 이는 글로벌일본연구원의 연구 성과를 일본학계에서도 주목하고 있음을 증명하는 단적인 사례이다. '외부적 시점'에서 진단한 일본논의를 다시 일본사회에 발신한다는 의미에서 종래 일본연구의 일방향적인 연구 방법을 지양한 것이며, 더욱이 현안의 일본문제를 시의적절하게 다루고 있다는 점에서 일본 현지의 호평을 받았다.

본서『저팬리뷰 2016 글로벌시대의 일본경제』는 지금까지 간행된 저팬리뷰 시리즈와는 달리 아젠다별로 기획한 것이다. 책의 구성은 I.일본경제의 이해, II.일본경제의 교훈, III.일본경제의 진로, 집필진 구성 및 내용은 다음과 같다.

글로벌시대의 일본경제를 어떻게 이해할 것인가를 고민하며, 김규판 연구위원(대외경제정책연구원), 현 석 연구위원(자본시장연구원 대외금융협력센터), 이홍배 교수(동의대학교 무역학과), 현석원 수석연구원(포스코경영연구원), 김영근 HK교수(고려대)가 집필한 이 책『글로벌시대의 일본경제』는 〈제I부: 일본경제의 이해〉, 〈제II부: 일본경제의 교훈〉, 〈제III부: 일본경제의 진로〉로 구성되어 있다. 저자들이 지대한 관심을 쏟고 있는 일본 경제의 현황과 과제에 관한 분석이야말로 저성장 시대에서 살아남을 수 있는 시사점을 제시해주리라 믿는다.

부디 이 책이 널리 읽혀지기를 바라며, 〈일본경제〉 연구의 진화과정을 고려대학교 글로벌일본연구원의 일본학총서 〈Japan Review〉 관련 시리즈물을 통해 지속적으로 확인해 나아가는 작업이야말로 학문적 발전과 사회적 소통의 계기가 될 것으로 확신한다. 무엇보다도 일본에 국한된 것이 아닌, 한국을 포함한 동아시아적 시점에서 접근하여 글로벌 시대의 경제적 논의뿐만 아니라 정치, 사회, 문화, 역사의 여러 분야를 다각적으로 검토함으로써 학문의 융합적이고 학제적인 발전에도 기여할 것으로 기대한다. 부디 이 책이 한 번도 가보지 않은 '일본의 잃어버린 20년'의 교훈을 살려 한국의 경제 문제를 재점검하는 계기가 되기를 바란다.

마지막으로 저성장 시대하의 고령화(노후파산), 저출산 사회 등 한국 경제와 서로 닮은 성장 경로를 가진 일본의 교훈 및 제언·진로라는 중요한 아젠다를 창조적인 한국형으로 담아내고 책으로 소개할 필요성을 공감, 지속적인 연구회 개최 및 도서 출판에 공을 들인 김영근 사회재난안전연구센터 소장(글로벌일본연구원 HK교수)께 이 자리를 빌려 진심으로 감사의 뜻을 전한다. 또한 고려대학교 글로벌일본연구원의 〈저팬리뷰〉 도서발간연구팀의 역량축적과 간행사업을 물심양면으로 지원해준 한국연구재단(인문한국HK사업단)과 책의 편집·출판 요청에 힘써주신 인터북스 관계자 여러분께도 사의를 표하고 싶다. 그리고 원고 수합, 교정, 편집, 조정 업무에 힘써 준 최가형 박사(고려대학교 대학원)의 도움을 빼놓을 수 없다. 한국에서의 일본 이해를 기치로 삼고, 일본경제에 관한 논의를 총체적으로 이해하려는 이 책이 널리 읽혀지기를 거듭하여 기원하는 바이다.

2016년 6월
고려대학교 글로벌일본연구원 원장/일어일문학과 교수
서승원

일본경제의 이해

일본의 경제위기:

잃어버린 20년의 현황 평가와 과제

김영근 | 金暎根 Kim, Young-geun

일본 도쿄대학(東京大学)에서 석사학위와 박사학위(국제관계학 전공)를 받았다. 이후 미국 예일대학 국제지역연구센터(YCIAS) 방문연구원, 일본 아오야마가쿠인대학(青山學院大學) 국제정치경제학부 협력연구원, 현대경제연구원 동북아연구센터 연구위원, 무역투자연구원(ITI) 무역정책연구실장, 계명대학교 국제학대학 일본학과 조교수를 역임하였다. 2011년 8월부터 고려대학교 글로벌일본연구원 부교수로 재직하고 있다. 전공분야는 일본의 외교·통상정책, 국제정치경제론이다. 최근의 주요 연구 관심사는 일본의 경제시스템의 변화 및 세계무역체제와 지역주의/자유무역협정(FTA, APEC, TPP 등)이다. 주요 업적으로는 "대재해 이후 일본 경제정책의 변용: 간토·한신아와지·동일본 대지진, 전후의 비교 분석" 김기석 엮음/김영근 외 『동일본대지진과 일본의 진로: 일본 사회의 패러다임 변화』(한울, 2013년: 공저), "미·일 통상마찰의 정치경제학: GATT/WTO체제하의 대립과 협력의 프로세스"(『일본연구논총』2007년) 등이 있으며, 역서로는 『국제적 상호의존』(논형, 2014년), 『일본 대재해의 교훈』(도서출판 문, 2012년), 『일본 원자력 정책의 실패: 후쿠시마 원전 사고 대응과정의 검증과 안전규제에 관한 제언』(고려대학교출판부, 2013년), 『금융권력』(전략과문화, 2008년)』『서브프라임 금융위기 – 21세기형 경제 쇼크의 심층』(전략과문화, 2008년: 공역)』『콤팩트 국제관계학』(전략과문화, 2009년: 공역)』등이 있다.

1. 아베노믹스의 정치경제학:
우리는 일본으로부터 무엇을 배울 것인가?[1]

1 / "이 글은 2007년 정부(교육과학기술부)의 재원으로 한국연구재단의 지원을 받아 수행된 연구"(NRF-2007-362-A0 0019) 결과로 발표한 논문[김영근(2014), "아베노믹스의 정치경제학: 미일 통상교섭과 일본의 구조개혁을 중심으로", 『일본학보』 제98집, pp.395~415]을 대폭 수정·가필한 것이다.; 김영근(2014), "아베노믹스의 정치경제학" 『이코노미21』 11월호 〈아베노믹스, 일본판 양적완화로부터 무엇을 배울 것인가?〉, pp.48~53.

일본의 아베 신조(安倍晋三) 수상이 2012년 12월 취임이후 대규모 '양적(금융)완화', 과감한 '재정지출 확대', '신성장전략'이라는 이른바 '3개의 화살'로 구성된 '아베노믹스'를 추진했음에도 약속한 '2년내 물가 2% 상승' 목표 달성에 실패하고, 소비 침체가 장기화하면서 경기의 선순환 구조 형성도 기대에 미치지 못하자 아베 총리 경제정책에 대한 여론의 평가는 엇갈리고 있다. 결론적으로, '아베노믹스'의 가장 중요한 목표라 할 수 있는 일본의 구조개혁이 자발적 위기관리가 아니라 미국 요구에 대응하는 수동적 개혁에 그칠 경우, 그것이 일본의 성장을 가져올 것인지는 미지수이다. 또한, TPP(환태평양경제동반자협정: Trans-Pacific Partnership), FTA(자유무역협정: Free Trade Agreement) 등 국제정치적 세부 전략없이 경기부양책만으로 경기회복을 달성할 수 있을지는 의문이다.

이 글의 목적은 아베노믹스의 성과를 주목하면서 전후 미일 통상 마찰의 프로세스에서 항상 관건이 되어왔던 일본의 구조개혁에 관한 변용을 고찰하는 데 있다. 과연 아베노믹스는 국제적 정치·경제 지형(地政學 및 地經學)을 어떻게 바꿀 것인가? 또한 미일간 외교 통상 교섭과 정에 있어서 과연 일본의 경제구조와 경제정책에 변화가 발생했는가 하는 점을 살펴본다. 우선 '일본의 잃어버린 20년'을 포함하여 1989년 이후 주요 정치·경제적 변화를 점검해 보기로 하자([표 1] 참조).

[표 1] 한일국교정상화(1965년) 이후 일본의 주요 정치·경제 변화 : '잃어버린 20년'

- 1965년 : 한일국교정상화(6월 22일 한일 기본조약 및 부속 협정 서명, 12월 한일기본조약 및 협정 발효)
- 1978년 : 한일 대륙붕협정 비준서 교환
- 1982년 : 일본의 교과서 왜곡 문제 한일 외교마찰로 비화
- 1983년 : 나카소네 야스히로(中曾根康弘)총리 방한(일총리의 첫 공식 방한)
- 1989년 : 자민당 다케시타 내각(1987.11.6~1989.6.3) 소비세(3%) 도입(4월 1일)
- 1990년 : 가이후(海部俊樹) 내각(1989.8.10~1991.11.5) / 가네마루(金丸信) 자민당 부총재 방북, 북일수교 원칙 합의
- 1991년 : 미야자와 내각(1991.11.5~1993.8.9)
- 1992년 : 버블경제의 붕괴 및 금융불안의 가시화 / 일본정부, 종군위안부 조사결과 발표(정부관여 인정, 7월)
- 1993년 : 사회주의 정당 주도의 연립정당(호소카와 내각)으로 정권교체 : 총선에서 자민당 정권창출 실패(8월9일)

- 1994년 : 자민당 11개월만의 정권재탈환(6월 29일)/GATT UR교섭 타결(12월 15일 타결-16일 서명)
- 1995년 : WTO(세계무역기구) 출범/일본의 인도적 대북원조
- 1997년 : 자민당(하시모토 내각) 소비세 인상(3%→5%)으로 일본경제의 침체국면(1월 1일)
  '미·일 방위협력지침'(9월 23일)
- 1998년 : 민주당 창당(4월 27일) / 한일 어업협상 타결 / 한일 대중문화 1차 개방
  "21세기의 새로운 한일파트너십을 위한 공동선언"(10월 8일 : 김대중 대통령-오부치 게이조 수상)
- 2000년 : 자민당 총선 승리로 모리(森喜朗) 수상 정권유지(6월 25일)
- 2001년 : 고이즈미(小泉純一郎) 신사참배(8월 13일) / 새로운 역사교과서를 만드는 모임(새역모) 교과서 검정통과
- 2002년 : 주일미군 재조정계획에 대한 협의 개시(12월~) / 한일 월드컵 공동 개최
- 2004년 : 북일관계 개선/고이즈미 수상의 북한 재방문(5월 22일)
- 2005년 : 우정민영화 법안 통과(10월 11일)
- 2006년 : 북한의 미사일 발사(7월 5일)/일본의 대북제재
- 2007년 : 자민당 참의원 선거 패배(7월 29일), 아베(安倍晋三)총리 사임(9월 26일)
- 2008년 : 후쿠다(福田康夫) 총리 사임(9월 1일)
- 2009년 : 민주당 총선 승리로 하토야마(鳩山由紀夫) 총리체제로 54년만의 정권교체(8월 30일)
- 2010년 : 민주당 간(菅直人) 총리 체제(6월 8일)
- 2011년 : 3.11동일본대지진 발생 후 부흥정책 실시(간 나오토 총리)
  민주당 노다(野田佳彦) 총리 체제(9월 2일)로 정권유지
- 2012년 : 자민당 총선 승리로 아베총리 체제로 정권교체(중의원해산 11월 16일, 선거 12월 16일)
- 2013년 : 자민당 참의원 선거 압승(7월 21일)
- 2014년 : 고노담화 검증(6월 20일)
  집단적자위권 행사 용인을 위한 각의 결정(7월 1일)
  일본 각의, 대북제재 일부해제 결정(7월 4일)
- 2015년 : 한일국교정상화 50주년(6월 22일)
- 2016년 : 참의원 선거(7월 10일)

출처: 김영근(2014), "아베노믹스의 정치경제학 : 미일 통상교섭과 일본의 구조개혁을 중심으로", 『일본학보』 제98집, p.396 [표 1]재인용, 일부수정·보완하여 필자 작성.

특히 1993년 8월 9일 총선에서 자민당이 정권창출에 실패함으로써 사회주의 정당 주도의 연립정당으로 정권이 교체되었다. 2012년 11월 16일 중의원해산 이후 자민당이 12월 16일 총선에서 승리해 아베총리 체제로 정권이 교체되기까지의 20여 년 세월은 '잃어버린 일본경제 20년' 시기와 맞물린다.

아베노믹스에 대한 일본 내의 전망은 2012년 선거공약집(매니페스토)을 통해 관심을 모았다. 그 내용의 골자는 세 화살, 즉 '집중적 양적완화' 및 '재정 지출 확대 전략; 일본 구조개혁'으로 요약될 수 있다. 그러나 아베노믹스에 관해 일본에서는 긍정적인 기대 효과를 집중적으로 보도하고 있다고 한다면, 한국 언론은 (2007년 서브프라임 금융위기에 대해 전망했던 많은 사람들이) 일본(엔화)의 환율위기 및 금융위기 등 다양한 부정적인 전망치를 내놓으면서 아베노믹스의 부작용에도 관심

이 쏠리고 있다.

아베노믹스의 세 번째 화살이라고 강조가 되고 있는 신성장동력(新成長動力) 자체는 그야말로 하나의 산업개혁, 나아가 일본의 구조개혁 부분에 중점을 두고 있다. 이 글에서는 그 이유(배경)와 일본의 변용과는 어떻게 관련되어 있는지, 또한 어떠한 프로세스와 메커니즘을 통해 시도되었으며 결과는 무엇인지에 대하여 고찰하고 싶다. 이 부분과 아베노믹스에 관해서 2013년 5월 9일 G7의 재무장관 중앙은행 총재 회의에서 심층 있는 논의가 이루어진 것으로 알려지고 있다. 특히 엔저 현상에 대해 미국은 일본 경기회복의 대책 혹은 일환으로 엔저를 용인하는 대신 그 대안(trade-off)으로서 일본의 구조개혁을 요구하는 입장이다. 결국 엔저의 용인 대신에 일본이 감수해야 할 상황에 일본이 앞으로 극복해야 하는 아베노믹스의 성공여부가 달려있다. 곧 이것이 일본(아베 정권)이 신성장전략으로 삼겠다는 세 번째 화살에 해당한다. 또한 이러한 부분이 3.11 동일본대지진 이후의 일본이 처한 경기회복, (일본)재생이라는 과제와 아울러 일본의 잃어버린 20년의 지속 혹은 30년의 터널 진입이라는 상황으로 빠지지 않기 위한 탈출구 혹은 수단으로 여겨지고 있다. 과연 일본이 어떠한 요소를 신성장동력의 기점으로 삼고 있는지에 관한 것은 출범 당시의 TPP(Trans-Pacific Strategic Economic Partnership 환태평양경제동반자협력체제) 논의와 밀접하게 연관되어 있다. 실제 포스코경영연구소나 미국 피터슨국제경제연구소(PIIE)의 제프리 숏(Jeffrey Schott)의 분석은 일본의 TPP 전략과 비슷한 상황이 아베노믹스에서도 엿보인다는 점을 지적하고 있다. 특히 TPP에 찬성하고 반대하는 주요 정책 추진 의도 및 그 배경(요인)이, 아베노믹스 추진파와 아베노믹스 반대파의 지지 세력과 배경, 이유, 결과와 상당히 일치하는 부분이 많다.

선행연구에서 지적하는 바와 같이, 엔화의 약세 또는 시장 금융의 완화라는 정책이 경기회복으로 이어져 위축되어 있던 혹은 자숙했던 소비 상황에서 탈피하여, 일본경제가 2014년 4월의 소비세 인상 및 관련 제도변화와는 상관없이 투자심리 회복, 소비의 회복으로 바로 연결되었는가 하는 점이 관건이라 할 수 있겠다. 이 부분에 굉장히 많은 저해요인 들이 내재하고 있다는 점을 생각해 본다면, TPP 반대파 또는 아베노믹스 반대파의 주장과도 일치되는 부분이 있을 것이라 짐작해 볼 수 있다.

1) 아베노믹스와 일본의 구조개혁

고이즈미 수상(2001.4.26~2006.9.26)이 추진하는 일본의 구조개혁 정책은 2001년 초까지 경제성장을 위해서 국가 자원의 분배를 결정하였던 대장성(大藏省)의 해체와 맞물려 가속화된 듯이 보였다. 그러나 구조개혁을 완성하지는 못하고 아베 1기 내각으로 개혁정책이 승계되었다. 고이즈미 내각의 구조개혁 노선을 이어받은 아베 자민당 정권이 아베노믹스를 추진하려하는 것은 잃어버린 20년의 장기고착화에서 탈피하려는 노력의 일환으로써 평가할 수 있으며, 아베노믹스의 성공 및 TPP 기조의 통상정책을 일본 경제 재생의 돌파구로 삼으려 한 것이라 할 수 있다. 구체적으로 자민당 고이즈미 및 아베 1기와 아베 2기의 주요 경제 현황 및 정책을 비교해 보기로 하자([표 2]참조).

[표 2] 고이즈미 · 아베 1기 vs. 아베 2기의 일본경제 현황 비교

		고이즈미 · 아베 1기*('04~'07년): 엔저(19%)	아베 2기 2012.12~ :엔저(21%)
유사점	금리 · 환율정책	• 저금리 정책과 엔화 약세 기조(고이즈미 정책의 연속성)	• 저금리 정책, 엔화 약세 위해 총력 →무제한 양적완화 등
	통상정책	• 동아시아포괄적경제동반자관계(CEPEA) 추진	• 아태지역의 무역제도(규범) 주도와 미국과의 새로운 경제권 구축
	아베 집권 시기	• '07.7월 참의원 선거 1년전 포퓰리즘적 성격	• '13.7월 참의원 선거 반년전 포퓰리즘적 성격
차이점	세계성장률 /수출량	• '04~'07년 평균 3.9%(GI 기준) • 세계 수출량 '04~'07년 16.7%	• 성장률 : '12~'13년 2.3% • 수출량 : '12~'13년 2.1%
	일본경제	• 4년 평균 GDP 1.9% • 헤이세이 경기확대('02.2~'07.11)	• 2년 평균 1.3% • '08년 이후 마이너스 성장
	일본 무역수지	• 무역수지 흑자 (4년평균 1,020억달러 흑자)	• 무역수지 적자 지속 (2년평균 700억달러 적자)
	원/달러	• 기간 월평균 984원/달러 1,087→928 원화 14.6% 강세	• 기간 월평균 1,093원/달러 1,124→1,104 원화 1.8% 강세

주: *고이즈미 수상은 2001년 4월 26일부터 2006년 9월 26일까지 재임(통산1980일). 아베(安倍晋三) 수상은 2006년 9월 26일부터 2007년 9월 26일까지 제1차 아베내각을 구성하였으며, 2012년 12월 26일 이후 현재 제2차 아베내각이 집권중이다.
자료: 필자작성

[표 3] 자민당 아베 1기 vs. 아베2기의 주요 정책 대비

	자민당 아베 1기(2006.9~2007.9)	자민당 아베 2기(2012.12~)
경제재생/ 부흥정책	- 고이즈미의 구조개혁 노선 계승 - 시장원리에 입각한 이노베이션 - 개혁·개방을 통한 경제성장	- 일본경제재생본부(日本経済再生本部) 설치 - 일본 경제재생·산업경쟁력강화법 제정 - 국토강인화 정책(물류네트워크복선화, 기간도로정비, 노후화된 인프라의 계획적 유지갱신, 주택·건축물의 내진화, Compact City 등의 추진)
경제안정화 정책 (세금·소비세)	- 10년 이내 정부의 기초재정수지 흑자화 - 소비세 증세(인상) 보류: 경기회복 후 검토	- 대담한 금융완화정책과 토목건설 투자 등 고강도 경기부양책 실시 - 장기자금에 대한 정책금융 강화 - 소비세(잠정10%)를 포함한 재무행정발본 개혁을 가속화. 소비세수는 사회보장 이외의 사용불가
경제성장 정책	- 이노베이션에 의한 성장중시 노선 - 연 2% 경제성장의 실현(2010년도 말)	- 명목 3% 이상의 경제성장 달성 - 디플레이션 대응: 물가인상 목표 2% 달성** - 대규모 인프라 투자 실시, 규제완화, 법인세 인하 등으로 산업 경쟁력 회복
외교·통상 (대외정책)	- '전후체제로부터의 탈피' - EPA(경제연대협정) 추진과 동시에 WTO DDA 협상 주도권(리더십) 확보 - 브릭스 및 아시아 시장을 포괄할 수 있는 투자 환경 정비	- WTO도하라운드의 조기타결 착수, EPA/FTA의 피해산업에 대한 국경조치(관세) 유지하면서, 국내경제 및 지역대책을 강구(일본의 국익을 전제로 판단) - TPP교섭참가 소극적(「성역없는 관세철폐」를 전제로 할 경우 교섭참여 반대)
에너지	- 자원 확보의 다변화와 적극적인 자원 개발 프로젝트 실시	- 원전 재가동 기준은 순차적 판단(3년 이내 결론) - 10년 이내에 지속가능한 원전 운영원칙의 구축

* 보정예산이란 수정예산(修正豫算)과 추가경정예산(追加更正豫算)을 포함

** 일본의 만성적 디플레이션에서 벗어나기 위해 1%인 소비자물가(인플레이션) 목표치를 2%로 인상한 다는 공약(2012년 12월 선거공약 당시/현재)

자료: 양당의 정책공약집(매니페스토)을 참조하여 필자작성

　　또한 아베노믹스와 맞물린 TPP 추진을 통해 기업 투자의 활성화 및 일본 기업들이 요구해 왔던 기존의 노동규제, 환경규제 등의 개선 또한 동시에 달성한다는 기업관련 구조개혁을 도모한 것으로 평가할 수 있다([표 4] 참조).

　　아베노믹스를 통한 일본 구조개혁의 진로를 점검하는 데 있어서, 아베 수상의 지휘하에서 구조개혁의 청사진을 그리고 있는 '산업경쟁력회의'(의장: 아베 수상)의 멤버를 주목할 필요가 있다. 구조개혁과 성장전략 실행을 위한 구체적인 로드맵과 방안이 제시되고 실현될지가 관건이다. 국제통화기금(IMF)이 발표한 보고서는 "오랜 침체를 겪은 일본 경제가 본격적인 성장의 시동을 걸기 위해선 시장 중심적이고 근본적인 개혁이 필요하다"고 촉구했다. 농업 부문의 규제완화, 외국인투자

촉진, 노동력 이동의 증대, 유연한 이민 규제 등이 주요 내용이다(월스트리트저널, 2013년 10월 23일자 재인용).

[표 4] 금융완화 정책-양적완화의 효과와 부작용

	아베노믹스 추진파(찬성파)	아베노믹스 반대파
행위자 (지지세력)	- 現 일본은행 구로다 총재 - 前 시라카와(白川方明) 총재 - **이와타, 이토, 하마다** 등	- 우에다 植田(2012) ***수입물가 상승·국채가격 급락 등 엔저 역효과**
배경 (이유)	- **금융정책**을 통한 디플레이션 해소(물가안정) - **'일본 재생'의 기점(제3의 개국):** '잃어버린 10(20)년'이라는 약화된 일본의 위상에서 탈피 수단으로 활용 - 엔저로 인한 수출의 증대 효과 - 지가 상승으로 소비가 증가(wealth effect) - 미일간 경제협력(經濟連携)의 일환으로 TPP 교섭에 활용	- '실물경제' 효과 미비(부정적 효과) vs. 글로벌 금융위기 이후의 양적완화 정책의 효과 미흡 - **수입물가 상승 및 국채금리 급등** - 수입피해는 실업자 증가의 초래 등의 부정적 효과 - 가계 실질소득 저하 - **민간소비 위축**
결과 (전망)	- 주가상승과 엔화약세 - 엔저로 인한 기업이익의 증가 - 소비세 인상(2014년 4월예정) 가능 - **경기회복**에 따른 세수확대 - GDP 대비 국가채무 비율이 하락	일본의 **디플레이션** 현상≠**화폐** 현상(금융정책) =**'실물 현상'**: 생산가능인구의 감소나 저출산·고령화 등에 따른 잠재성장률 저하, 소비·투자와 같은 수요부족을 그 원인으로 규정

자료: 필자작성

2) 아베노믹스와 일본의 경제재생 시나리오

일본 자민당 정권의 아베노믹스 추진 과정에서 가장 큰 관심사였던 일본의 경제회생을 위해서는, 3.11 동일본대지진으로부터의 부흥전략의 재구축, 미일간의 신뢰회복(혹은 강화), 그리고 일본의 국내적 대응(농업문제 해결 등)과 구체적 실천방안 제시 등 많은 저해요인들을 어떻게 해결할 것인가가 최대의 관건이라고 할 수 있다. 아베 정권이 한·일, 한·중·일 FTA 타결, 동아시아지역 경제통합 구상 또는 동아시아공동체 구상 실현을 위한 구체적인 전략과 이미지 제시가 미비한 현 상황 하에서 엔화 약세와 시장금융완화라는 경기부양책만으로 과연 경기 회복(투자심리와 소비심리의 부활)을 달성할 수 있을 것인가가 주목받고 있다. 무엇보다도 일본경제 부활을 위한 경제운영(거버넌스)을 위한 추동력 확보 문제에 관심을 기울여야 한다. 과연 엔화 약세정책 등의 실현으로 디플레이션을 극복하고 일본경제의 부활이 가능할 것인가,

다시 말해서 아베의 新정책이 '잃어버린 20년의 일본경제'에서 탈피하고, '잃어버린 30년의 일본경제'로 가는 길목에서 벗어나기 위한 구체적인 해결책으로 작동할 것인가가 일본의 핵심과제이다. 이 때 일본의 행정개혁 등을 포함한 구조개혁 및 사회보장개혁 단행여부가 시금석이 될 듯하다. 또한 자민당 아베 新정권이 불분명한 통상정책 스탠스에서 탈피하여 TPP 교섭이 타결되고 국내비준과정을 앞 둔 개시된 현(現)상황하에서, 일본이 WTO(세계무역기구) 등 국제무역체제의 활용방안을 제시하고 나아가 지역주의 추진의 걸림돌을 제거해 나갈 수 있을 것인지에 대해서도 고찰해야 한다.

2. 한일 경제 협력의 원형: 갈등(대립)에서 화해로

1) 한일간 협력을 위한 방법론 : 상호주의와 위기관리 모델

전후 한일 간 전쟁(대립)과 평화(협력)의 프로세스 및 메커니즘 분석에 관해서는 국제관계론 이론 중에서 상호주의 및 다자주의적 견해에 주목할 필요가 있다. 특히, 한일국교정상화(화해)와 더불어 시작된 한일관계의 변화는 그 정책의 이론적 바탕이 되고 있는 상호주의적 관점에서 한국의 대일정책 변화를 조명해 볼 수 있을 것이다[2]. 사실 대일정책을 둘러싼 여러 선행연구의 논쟁들도 근본적으로 서로 다른 이론적 가정 혹은 모델 설정에서 출발하기 때문에 일관된 한일간 위기관리의 분석이 제대로 이뤄지지 못하고 있다. 선행연구의 다양한 논의를 포괄적으로 재배치하고 일관된 설명을 하기 위해서는 대일정책에 있어 가장 핵심적 요소인 상호주의를 둘러싼 논의에 주목할 필요가 있다.

이를 위한 분석시각으로는 한국의 외교전략에 대한 유력한 이론적 입장인 상호주의적 견해에 주목하면서 그 의미와 한계점에 대해서 논하는 것이 있다[3]. 상호주의 전략이 제시하는 논리와 전망의 타당성을 지금까지 나타난 한일국교정상화 이후의 한국의 대외정책에 비추어 평가할 것이다. 그리고 한일 양국 정부가 어떤 방향의 대외전략을 추구하

2 / 박건영(1999), 『한반도의 국제정치』 오름, pp.19-20.

3 / Robert O. Keohane(1986), "Reciprocity in International Relations," *International Organization*, Vol.40, No.1, pp.1-27.

고 있는지를 분석하고, 제도(전략)의 선택이 대일정책은 물론 미국과의 정책조율에 어떤 영향을 미칠지에 대해서도 고려해야 한다.

우선 한국 대일정책의 상호주의 유형을 분류하고, 실제 한일간 대표적인 마찰(대립) 과정에서 표출되는 담론에 주목해야 한다. 여기서 말하는 담론이란 문제가 무엇이며, 문제를 발생시키는 메커니즘은 어떠한 것이며, 나아가 해당 문제를 해결하는 정책 수단은 무엇인가에 대한 주장이다. 한국의 대일정책이 특정적 상호주의(대일강경 정책) 및 대일유화정책(호혜적 상호주의)을 왜 선택했으며, 그 배경은 무엇인가를 밝히는 것이다. 또한 한국과 일본의 담론과 분포를 비교하고 상호관계, 즉 한일간 정책대립 및 정책협조 프로세스를 규명하고 미국의 정책대응(대립 vs. 협조)이 어떻게 전개되었는지 살펴보는 것이 중요하다.

[표 5] 한일간 위기관리와 정책(제도) 선택

한일 정책조율과 미국 / 한국의 정책(제도)선택	미국과의 정책 대립 [일방주의]→[양자주의]	미국과의 정책 협조 [양자주의]→[다자주의]
강경정책 찬성 Ⅰ (제재와 압박) [특정적 상호주의]	A 한일대립 vs. 미일동맹	B 한일대립 vs. 한미일 정책갈등
	미일동맹 중시 정책	미국의 선택적 아시아중시 정책
강경정책 반대 Ⅱ (대화/포용/유화정책) [호혜적 상호주의]	C 한일협력 vs. 한미·미일마찰	D 한미일 협력=정책수렴
	제한적 2국간 협력	기능적 다자간 협력

출처 : 필자작성

4/ 외교관 출신으로, 한국 대사, 프랑스 대사 등을 역임한 후, 아오야마가쿠인 대학 교수, 리츠메이칸 대학 교수, 2003년부터 2011년까지 일본 국제교류기금 이사장 등을 지냈다. 저서로는 「흔들리는 국제무역 체제」(1972년), 「미일 경제마찰」(1982년), 「요시다 시게루 스스로 묻다: 일본의 패전, 그리고 「일본 외교의 과오」」(2003년) 등이 대표적이다.

2) 한일 경제 협력의 경로

현재 한일 관계를 분석하는 중요한 이슈 중 하나인 〈경제협력 자금〉 논의 구조를 외교현장의 경험(유효성)을 통해 입증하고자 하는 다양한 논의들이 있다. 그 중에서도 오구라 카즈오(小倉和夫)의[4] 『한일 경제협력자금 100억 달러의 비밀』(小倉和夫 『秘録·日韓1兆円資金(비화·한일 1조엔 자금)』 講談社, 2013年)이 대표적이다. 이 시기의 한일

간의 경제협력 문제를 다룬 논문이나 연구서가 거의 없다고 해도 과언이 아닌데, 이 책은 1980년대 초 한일간 '경제협력' 교섭 과정을 외교학, 지역학, 국제관계론, 국제정치·경제학 관점에서 분석하고 있다. 한국과 일본의 국교가 이루어지기 이전의 한일 경제협력 과정 및 국교정상화 교섭 개시 이후 20년 가까이 지난 1981-1982년의 외교 교섭 과정에 관해 다룬 논의는 그다지 많지 않다. 이러한 한일 외교사 분석 현황을 감안한다면 1981년 4월 당시 악화된 대일관계에서 '한일 1백억 달러(1조엔) 경협자금 교섭' 과정(퍼즐)을 풀어낸 의의는 매우 크다고 하겠다. 또한 한일간 외교 교섭의 중요한 행위자로서 냉전시대 미국의 외교 프로세스도 시야에 넣어서 국제관계의 메커니즘 이해를 바탕으로 일본경제를 분석해야 할 것이다.

한국전쟁 후 중단되어있던 한일간 외교는 1961년 5.16 박정희 정권(政府)이 들어선 후 철강공업 관련 논의를 시작으로 재개되었다. 이것이 한국과 일본의 경제적 협력 관계의 기원이라 할 수 있다. 한국과 일본의 외교는 정치적 이슈를 안고 경제적 논의를 통해 늘상 새로운 한일 관계 개선을 모색해 온 과정의 연속이라 해도 과언이 아니다. 결과적으로 한일국교정상화 논의를 통해 한일간 경제협력의 플랫폼을 마련했다고 평가한다면, 본서가 다루고 있는 1980년대의 경제협력 자금 1조엔 교섭은 실질적인 한일간 경제협력의 전환기(물꼬)를 마련했다고 할 수 있다. 비록 미국 레이건 행정부의 미일동맹, 한미동맹 외교 기조하에서의 한반도 안보정세를 고려한 안전보장 이슈에 관해서도 주안점을 둔(관심을 표명한) '한일 안보 경제협력'의 성격을 띠고 있지만, 현재 일본의 집단적자위권 논의 등 안보 이슈가 한일간 외교 논의 과정에 화두가 되고 있다는 점을 감안한다면 한일 갈등을 푸는 열쇠를 이 책의 한일 경협자금을 둘러싼 교섭 프로세스에서 찾을 수 있을 것이다.

한일국교정상화(1965년)를 계기로 한국정부의 대일정책(혹은 역으로 일본정부의 대한국정책)은 '호혜적 상호주의' 성격으로 출발하였다. 이후 일본의 역사왜곡, 교과서 문제, 군비증강 문제 등 마찰이 심화되면서 한일관계에 있어서는 조건적·특정적 상호주의가 지배적 담론으로 대두되었다.

1981년의 경협자금 1조엔 교섭과정에서는 전통적인 한일간 교섭의 장애물과는 달리 안보 문제가 대두되었다. 당시 소노다 스나오(園田直) 일본 외무성 장관의 "안보문제는 논의되지 않았다. …… 일본은 헌법상의 제약 때문에 안보협력은 절대 불가능하다. 또한, 일본도 국채 의존도 증가로 인해 정부 재정이 악화된 상태이다. 다만 한국의 새로운 국가(경제) 건설을 위한 협력이라면 고려해봄직하다."라는 입장(발언)에 잘 나타나고 있다.

현재 일본의 우경화 및 내셔널리즘이 더욱 심화되고 한일관계가 더더욱 악화될 것이라는 우려의 목소리만이 들릴 뿐 향후 한일관계 개선을 위한 방안들은 거의 눈에 띄지 않고 있다. 한일관계 악화 땐 양국 경제까지 악영향을 준다는 점을 감안하면 더더욱 관계개선 노력이 요구된다 하겠다. 갈등이 심화되고 있는 위기의 한일관계는 물론 한일 경제마저도 극도로 경색되어 있다. 한일 경협자금 교섭과정의 검증을 통한 교훈 및 제언을 현재의 긴박한 한일관계에 고스란히 적용하여 몇 가지 해결의 가이드라인으로 삼고자 한다.

첫째, 정경분리의 정책으로 한일관계 악화로 인한 양국 경제·사회·문화 등 다른 분야에 미치는 악영향을 최소화해야 한다. 한국의 외교·안보 및 경제정책의 방향성은 상대국과의 대립과 협력의 프로세스 속에서, 어떻게 한일관계를 경쟁의 게임에서 협조의 게임으로 진전시켜 나가는가 하는 문제이며, 협조의 게임으로 전환하는 데 기여할 수 있을 것인가 하는 관점에서 우리가 주목해야할 논리는 '정경분리(先經後政)의 원칙'이다. 취약한 평화(협력)구조 즉 '경색된 한일관계'에서 벗어나 실질적 평화를 실현하기 위해서는 우선 적극적인 한일 경제협력의 모색이 중요하다. 다만, 일본에 대해 지나친 압력을 행사하거나 비현실적인 요구를 하기보다는 정책의 성과(관계개선 및 협력 프로세스의 구축)를 고려한 정책 고안이 급선무라 할 수 있다.

둘째, 박근혜 정부는 국내적 정책결정 과정은 물론 미국중국 등 국제적 변수 등을 고려해 보다 더 전략적 차원에서 대일정책을 추진할 필요가 있을 것으로 보인다. 예를 들어, 박근혜 정부가 대북정책에서 강조하고 있는 '(한반도) 신뢰 프로세스' 정책을 기조로 한 외교·안보 및 경제정책에 대해 일본이나 미국의 지지를 확보하는 것이 중요할 것으로 보인다.

셋째, 무엇보다도 영토분쟁, 역사인식, 종군위안부 문제 등 민감한 정치적 사안보다는 우선 용이한 한일간의 경제협력에 관한 대화채널을 유지·확대해 나가야 할 것이다. 앞에서 언급한 정경분리의 원칙에 입각하여 정치적 대화채널에 구속받지 않는 '경제이슈 논의 채널'의 지속 가동이 중요한 시기이다. 아울러, 한일 양국 경제협력을 발전시키기 위한 한일 FTA 발효 등 '제도적 틀'이 무엇보다도 중요하다. 한일관계의 악화는 민간 및 기업부문에 즉각적으로 영향을 준다는 점을 감안할 때, 평소 한일 정부간 대화와 함께 민간차원의 교류를 더욱 확대하는 대책을 다양하게 강구하여야 한다. 오히려 한일 양국의 수직적 분업 구조 및 경쟁 관계를 넘어 상생하는 협력구조를 구축하는 데 힘써야 한다. 이를 위해서는 기업을 포함한 민간 부문이 한일간 경제협력 패러다임의 변화를 주도하는 환경(분위기)이 조성되고 확산되어야 할 것이다.

현재 한일관계에 있어서 대립과 협력의 전개는 마치 연중행사가 늘상 반복되는 달력처럼 어느덧 지나치게 익숙해져 있다. 최근 일본은 '군국화'의 길로 해석되는 〈안보법제〉를 통과시킨 바 있다[5]. '포스트 한일국교정상화 50주년'에서는 이러한 현상에서 벗어나 한일관계의 개선(협력)을 위해 구체적인 작동방안(Action Plan)에 관심을 기울여야 한다. 한일관계 진전을 위한 새로운 발판을 만드는 다양한 제언 및 노력이 절실하다. 이상주의적 관점에서 평화적 한일관계가 논의되고 실현가능한 방안에 대한 논의가 절실한 상황임에도 불구하고, 오히려 개선의 여지가 없는 힘겨운 현실로 한일관계를 받아들이는 것만은 피해야 할 것이다. 또한 한일간 대립구도가 결과적으로 국가의 경제성장이나 경제위기로부터의 극복에 찬물을 끼얹는 일이 없도록 노력해야 할 것이다.

5 / 일본 정부는 아베 총리 주재로 임시각의 (국무회의)를 개최(2015년 7월 14일)하여 집단적 자위권 행사를 용인하는 내용을 골자로 하는 11개 안보 법률 제·개정안을 의결 중에 있다. 각의는 자위대법 등 10개 법률 개정안을 '평화안전법제 정비법안'으로 일원화해 신법인 국제평화지원 법안과 함께 2개 법안을 의결하는 내용을 담고 있다. 일본내각부 홈페이지.

일본 경제 위기: 잃어버린 20년의 현황 평가와 과제 / 김용근

3. 재해와 일본경제

국가의 전유물로 여겨져 왔던 외교·통상정책이나 환경·에너지·자원정책들에 있어서도 다양한 행위자 및 예상밖(想定外)의 이슈·아젠다와 연계·융합되고 있는 시대이다. 상존하는 위기와 점증하는 리스크를 효과적으로 관리하면서 미래의 성장동력을 확보해야 하는 이중 과제를 떠안고 있는 비정부 행위자인 기업들이 무엇에 집중하여 어떻게 해결해나갈 수 있을지, 그 해답을 찾기란 쉽지 않다. 현대사회의 복잡성(Complexity)이 증대되고 있기 때문이다. 이와 관련하여 "복잡성 증가에 따른 3대 위험 요인으로 '리스크' 증가, '비용' 증가, '새로운 기술'의 필요성"이 지적되고 있다[6].

주지하다시피, '일본 정권교체의 경제학'은 매우 흥미로운 주제이다. 특히, 재해다발국가인 일본은 정부가 대재난에 제대로 대응하지 못한 것으로 평가될 경우 '정권교체'에 어느 정도 영향을 끼친 것으로 보인다. "일본의 민주당 정권은 굉장히 약한 정부이다. 2011년 당시 3.11 동일본대지진 이후 재해부흥 과정에서 강한 리더십이 요청되는 상황이었으며, 이는 민주당 정권 자체가 만들어냈다. 말하자면 불안감과 우경화를 일본 내에서 양산하는 체제였다라고 볼 수 있다.[7]" 결과적으로는 3.11 대재해가 '잃어버린 20년'이라는 침체된 일본경제를 가속화시킴으로써, '경제 불황(위기)'으로부터 탈피하고자 하는 정책선호(지지기반)를 바탕으로 한 자민당 정권이 재탄생하게 되었던 것이다. "당시 3.11 발생 직후 초기대응은 신속하게 전면전에 직접 나섰으나, 민주당 실무진의 행정절차(매뉴얼)에 대한 미숙함으로 구호품이 제대로 전달되지 않아 재해지역에서의 정부불신이 고조되었다. 또한 예상치 못했던 후쿠시마 원전사고까지 발생하면서 대처가 부진하고 미숙했다고 평가됨으로써, 결국 다음해 총선에서 자민당으로 정권 교체되는 것에 영향을 주었다고 해석된다."

주지하다시피 일본의 재난대응시스템이 잘 되어있긴 하지만 2011년 3.11 동일본대지진이라는 큰 재해 이후, 불과 5년 만에 다시 구마모

6 / 삼정KPMG 경제연구원(2016) 『리질리언스 Resilience: 기업의 미래를 결정하는 유전자』 올림, pp.49~50

7 / 김영근 교수 인터뷰, "일본 극우파의 전략 '국민 불안·불만 자극', 뉴스 in NEWS, [SBS 8뉴스], 2012년 11월 23일

토 지진(2016년 4월)을 맞닥뜨린 상태이다. 더불어 규슈지역이 비교적 지진발생 확률이 적은 지역이었다는 점에서, 의외성이 불안을 야기하고 있다. 이번 아베정부의 발 빠른 대처능력이 주목을 받은 바 있다. 4월 14일 1차 구마모토 지진 발생 이후, 26분 만에 언론인터뷰를 진행하며 국민 안심시키기에 나섰고, 이후 위기관리센터로 이동 후, 피해 상황 파악에 전력하여 재난대응 전면에 직접 나서 발 빠르게 행동하는 모습이 돋보인 바 있다. 향후 "초기대응에 긍정적인 평가를 이끌어 낸 아베총리가 재해 이후 마무리까지 현재의 평가와 지지를 이끌고 갈 수 있다면 앞으로 남은 임기 동안 더 단단한 지지와 탄력이 될 수도 있을 것이다[8]."

8 / 김영근 교수 논평, "구마모토 지진, 일본의 미래는?', [KBS 특파원 보고 세계는 지금(제1회)], 2016년 4월 23일

4. 저성장 시대의 일본경제의 현황과 과제

1) 아베노믹스와 일본의 구조개혁, 그리고 미일관계

전후 미일 통상 마찰의 프로세스에서 항상 관건이 되어왔으며 일본이 안고 있었던 구조개혁 문제는 아베노믹스의 성과는 물론이거니와 국제관계학 관점에서도 관건이라 할 수 있다. 아베노믹스의 구조개혁을 보다 잘 이해하기 위해서 미일 통상교섭 과정에서의 일본의 구조개혁 논의를 살펴볼 필요가 있다. 일본 구조개혁의 기원과 전개에 관한 사례분석을 통해 정책의 변용과 지속에 관해 살펴보자(표 4]참조).

[표 4] 일본의 구조개혁과 미일 통상 교섭

	SII미일구조협의 (1989~1991년)	미일 포괄경제협의 (1993~1996년)	아베노믹스의 구조개혁 (2012년 12월~)
일본의 시스템	버블경제 체제	잃어버린 10년 체제	재후(災後)부흥 체제
글로벌 환경변화	- GATT 체제	- WTO 설립(1995.1) ·WTO 교섭의 정체	- 세계금융위기 이후 경기침체 ·WTO의 침체와 FTA의 확산
일본의 경제 구조	- 경제대국 - '버블 경제'	- 거품 경제의 붕괴 - '잃어버린 10년'	- '잃어버린 20년'의 연속vs.탈피 (산업공동화의 가속화)
일본 경제 정책의 변화	- 전략적 무역정책	- 디플레이션 가시화	- 아베노믹스 제3의 화살 ·일본의 구조개혁

	SII미일구조협의 (1989~1991년)	미일 포괄경제협의 (1993~1996년)	아베노믹스의 구조개혁 (2012년 12월~)
일본 경제 정책의 변화			- TPP교섭참가·협상개시 (2013.7) - 디플레이션 탈출과 중장기적 경제재 정 운영
미일마찰의 형태 및 분야	·GATT체제하의 미일 2국 간 교섭: 정부조달 부문 등에서의 유통 장벽, 계 열 문제	·WTO체제하의 국제(다국간)제 도(DSU) 활용: 후지·코닥 필름 분쟁	- 소(小)다자주의(TPP) 체제하의 미일교 섭: 농산물
일본의 구조개혁	- 대장성 주도의 국가자원 배분→정부 주도의 산업 정책 변화	- 일본의 유통구조(리베이트 등) →＊하시모토내각(1996.1.7- 1998.7.30): 금융개혁, 행정개 혁, 재정개혁 →대장성 해체(2001년)	- 신성장전략 - 일본 기업의 규제완화: 경영환경 개선

출처: 필자 작성

GATT(관세 및 무역에 관한 일반협정) 체제하 클린턴 정권의 대일 정책 결정에 대해서는 제1기와 제2기로 나누어 논의할 필요가 있다. 우선 제1기의 미일 시장분야별협의(MOSS: Market Oriented Sector Selective 1985–91년), 미일구조협의(SII: Structural Impediments Initiative 1989–9000년) 등에서 논의된 구조 자체가 장벽이라는 인식이 클린턴 정권에서 개시된 제2기의 '미일 포괄경제협의(US-Japan Framework Talks on Bilateral Trade: 美日包括經濟協議)'로 이어졌다. 특히 새로 설치된 '국가경제회의(NEC)'가 대일 통상 부문을 총괄하고 있다. 게다가 클린턴 정권에서는 무엇보다도 미일 간의 경제·통상정책을 최우선으로 하며 안전보장 정책과는 선을 긋고, 대일 통상 정책이 국내 정책의 한 부문으로 자리매김했다는 것이 큰 특징이다. 즉 이 시기의 특징은 80년대의 상호주의 일탈에서 보인 정책 스탠스가 그대로 유지되었다. 그러나 제2기 전후로 국제 제도의 법제도화 진전, 미국 호경기 등의 요인으로 미국의 통상정책에 있어서의 상호주의 스탠스는 변화를 보이기 시작한다. 대일 통상정책에 있어서 일본의 구조개혁 요구 내용도 1980년대 중반 이전의 모습과 사뭇 다르다.

구체적으로 미일 통상교섭과 맞물린 일본의 구조개혁에 관해서 분석해 보기로 하자. 미일 간 외교 통상 교섭과정에 있어서 과연 일본의 경제구조와 경제정책에 변화가 발생했는가 하는 문제의식에서 출발하여, 특히 1980년대 중반 이후 1995년 WTO 설립 이전까지 미일경제 분쟁과 마찰이 가장 격렬했던 시기에 논의되었던 미일협의 사례분석 결과를 요약하면 다음과 같다.

첫째, 'SII/미일구조협의(1989-1991년)' 및 '미일 포괄경제협의(1993-1996년)' 과정에 있어서는 미국의 개혁요구에 일본이 순응하는 '외압 반응형 국가(reactive state)' 모델이 설득적이다.[9] 즉, 일본이 미일마찰 과정에서 자발적으로 변화를 모색하기 보다는 일본의 구조적 문제 및 제도 시정 등 미국의 요구(외압)에 대응하는 형태인 일본의 수동적 구조개혁이라 할 수 있다. 국제제도(GATT 체제)의 지정학 혹은 지경학적 요소가 크게 영향을 미치지 못하고 미일 양자간 협의 메커니즘에 의해 일본의 구조개혁 문제를 논의하는 프로세스라 할 수 있다. 바꾸어 말하면 미국에 대한 정치경제적 취약성과 민감성이 매우 큰 일본의 국제관계론적 구조하의 교섭 대응으로 요약된다.

둘째, SII 혹은 미일 포괄경제협의에서 미국의 대외정책 결정패턴이었던 '내압-투사형 국가[10]' 모델을 아베노믹스(2012년 12월-)의 추진 과정에서는, 일본이 활용하고 있는 것으로 해석된다. 즉 일본 정부는 단지 한 국가의 이익을 대표할 뿐 아니라 '외압'을 국내에, '내압'을 국제(미국)에 설명하고 나아가 양자를 조정하는 역할을 수행하려 했다는 것이다[11]. TPP 교섭 의제 중 일본의 농산물 개방(무역자유화)에 관해 미국과의 정책조정 과정에서 일본의 구조개혁을 연계하려는 움직임이 있었다는 가설검증이 절실한 대목이다. 이는 이른바 국제 정치와 국내 정치의 상호작용에 주안을 둔 '연계정치(Linkage Politics)'를 기조로 하여 일본의 구조개혁을 시도하고 있는 것으로 해석된다. WTO 성립 이후 일본의 통상정책이 과거 미국 통상법 301조를 바탕으로 한 양국 간 교섭에 응하는 수동적인 대응에서 벗어나, 능동적이고 적극적으로 WTO 체제를 이용하려는 방향으로 정책 전환이 이루어졌다는 것이다. 국제제도(WTO 체제)의 규범이나 패권, 법제도화(legalization) 정도 등 탈(脫)지정학 혹은 탈(脫)지경학적 요소가 양자간 정치과정에 비해 우위를 점하고 있다. 그 배경에는 다자간 자유무역협정(Mega FTA)이 가져다주는

9 / Kent Calder(1988), "Japanese Foreign Economic Policy Formation: Explaining the Reactive State" *World Politics*, Vol.40, No.4, pp.517-541

10 / "국내 여러 집단의 이익이 정부 정책결정에 큰 영향을 주며 이것이 국제시스템에 투사(投射)된다. 물론 국제시스템에 투사되는 정도는 그 나라의 영향력에 좌우될 것이다." 야마모토 저/김영근 옮김(2014) 『국제적 상호의존』 논형, p.101

11 / '잃어버린 20년'이라는 침체된 일본경제가 지속되는 상황이었음에도 불구하고, 당시 엔화가 70엔대를 기록했다는 것은 상대적으로 미국이나 유럽의 정책요구에 융합하는 정책결과로 이어졌다고 할 수 있다. 그러나 아베노믹스의 추진 과정에서는 결과적으로 2007년부터 2012까지 약 5년에 걸쳐 일본이 엔고 정책을 용인해주었던 대가로 '아베노믹스'의 추진(2012년 12월) 이후 금융 패권국(미국이나 유럽) 혹은 국제통화체제에서 엔저 정책을 용인했다는 점은 미일 간 교섭에 있어서 상호작용의 결과(개연성)로 해석할 수 있다.

12 / 삼정KPMG경제연구원
(2016) 『리질리언스
Resilience: 기업의 미래를
결정하는 유전자』 올림,
p.57[표]에서 재인용

경제적 효용 및 정치적 네트워크의 기대치가 작용하고 있다[표 5]참조).

[표 5] 다자간 자유무역협정(Mega FTA) 추진 현황[12]

구분	경제규모(GDP)	인구	참여국가
환태평양경제동반자협정(TPP)	27조 7,000억	8억명	미국, 일본, 캐나다, 호주, 칠레 등 12개국
역내포괄적경제동반자협정(RCEP)	21조 6,000억	34억명	중국, 한국, 일본, 아세안(ASEAN) 등16개국
아시아 · 태평양자유무역지대(FTAAP)	42조 5,200억	28억명	미국, 중국, 한국, 일본, 러시아 등 21개국
범대서양무역투자동반자협정(TTIP)	35조 9,100억	8억명	미국, 유럽연합(EU) 등 29개국
한 · 중 · 일자유무역협정	16조 4,100억	15억명	중국, 한국, 일본 3개국
아세안경제공동체(AEC)	2조 4,000억	6억명	아세안(ASEAN) 10개국

출처: 세계은행(World Bank), 국제통화기금(IMF)

셋째, 3.11 동일본대지진의 부흥(內政)에 힘을 쏟아야할 일본 자민당의 정치적 리더십이 TPP 교섭 혹은 한중일 FTA, 한일 FTA 교섭 추진, 미일FTA, 일중FTA, EU일FTA 등 국제정치경제(外政) 프로세스를 통해서 극복될 수 있을지에 대한 의문은 여전히 남아있다. 무엇보다도 농업분야 등 전통적인 국내산업 보호 문제를 안고 있는 일본이 TPP에 관한 정책스탠스를 어떻게 변화시켜 나아갈지에 대한 기대에 부흥함과 동시에, 세계무역체제에서의 리더십(지위) 확보 등 여러 과제를 해결해야 한다. 이러한 일본의 구조개혁을 통한 아베노믹스의 진로는 유사한 국내외 이슈에 직면하고 있는 한국으로서도 예의주시할 필요가 있다.

13 / 김영근, "아베노믹스
1년과 한국경제"
『서울경제신문』
2014.02.14일자 A39면.

2) 아베노믹스와 한일 경제협력 : 한일 FTA 및 TPP 교섭[13]

일본 '아베노믹스'가 시행된 지 3년 반이 지났지만 정책 실효성에 대한 논란은 끊이질 않고 있다. 아베노믹스의 경제성장 전략은 일본의 산업개혁, 나아가 구조개혁에 중점을 두고 있다. 이에 반해 '박근혜노믹스'는 〈새 시장, 새 수요 및 새 일자리 창출〉이라는 창조경제 개념을 바탕으로 한 '가치개혁'이라 할 수 있다. 박근혜노믹스와 아베노믹스는 이질적으로 보이지만 상호보완적 대상이 될 수 있다. 아베노믹스와 TPP(환태평양경제동반자협정) 교섭의 성공 여부는 한국에게도 나아가 한

14 / 김영근(2014),
"아베노믹스의
정치경제학 : 미일
통상교섭과 일본의
구조개혁을 중심으로",
『일본학보』 제98집, p.396

일관계에 있어서도 중요한 정책사례이다[14]. 실제로 일본과 경합·경쟁하고 있는 한국의 자동차·철강·조선 산업들은 수출에 큰 타격을 입었다. 그렇다면 한국이 아베노믹스에 대해 어떤 정책적 선택을 할 수 있을까. 우선 가정해볼 수 있는 것은 일본 아베노믹스와 유사한 정책이다. 일본이 실시한 금융완화 정책 혹은 원화약세(원화가치의 하락) 정책을 실시할 필요가 있는 것인지 점검해야 할 것이다. 다른 선택은 엔저를 기존 환경으로 전제하고 한국의 산업경쟁력을 어떻게 끌어올릴 것인지 대책을 강구하는 것이다. 두 가지 경우를 가정했을 때 아베노믹스의 부정적 효과나 부정적인 전망치에 대해서는 어느 가정이든 시사점이 있다.

　일본과 같은 정책을 실행한다면 한국의 경제정책도 일본처럼 수많은 난관에 부닥칠 것이며 결국 부정적 전망을 상쇄시키는 대책을 마련하는 과정에서 한일협력을 모색하는 것도 하나의 방안이다. 아베노믹스에 대한 대응만 한다하더라도 한국 정부는 엔저의 고통을 겪고 있는 산업계와 기업들을 어떤 식으로든 설득해야 하는 부담을 안게 된다. 아베노믹스의 긍정적·부정적 전망이 교차하고 있는 현 상황하에서 아베 정권이 엔화 약세와 시장금융완화라는 어느 한쪽만의 경기부양책만으로 과연 경기회복을 달성할 수 있을 것인가는 주목할 만한 일이다. 결국 우리에게는 박근혜노믹스를 어떻게 확립하며 일본이 안고 있는 부정적인 전망에 대한 정책을 세울 것인지가 급선무라 할 수 있다. 예컨대 가치개혁을 통해 일자리를 창출하고 내수진작을 위한 구조개혁과 자유무역협정(FTA) 등 경제협력에 대한 정책수립이 긴요하다. 따라서 아베노믹스에서 배운 교훈을 한국의 '창조경제'를 살리는 데 유용하게 쓸 필요가 있다.

　아베노믹스의 부정적인 결과만을 기대할 것이 아니라 오히려 아베노믹스의 정책 효과에 대한 대책마련에 나서야 한다. 특히 창생(創生)적 한일관계 개선에 도움이 되는 양국의 경제회복이 이뤄진다면 한국 정부도 효과적인 경제정책 관리와 대일(관계)정책을 마련할 수 있을 것으로 기대된다. 아베노믹스를 통한 일본 구조개혁의 진로를 점검하고 한일관계를 개선하기 위해서는, 지금까지 걸림돌이 되어왔던 이슈들,

15/ 월스트리트저널(WSJ) 10월 23일자 재인용.

즉 농업 보호, 규제완화, 외국인투자 촉진, 노동력 이동 증대, 유연한 이민 규제, 인적교류의 확대 등에 관해 주목할 필요가 있다[15].

3) 저성장 시대의 일본경제: 현황과 과제

아베 정권의 경제정책 및 자민당의 정책 전환에 관해서는 "금융완화와 경기 부양책 등으로 집약되는 아베 정권의 경제공약 성패는 민주당 정권의 경제 정책에 대한 실망감을 어떻게 넘어서느냐에 달려있다"라는 분석이 현재도 유효하다. 아울러 "일본 국민들은 단순한 정권 교체에 따른 경제정책의 변화가 아니라 추진할 수 있는 강력한 리더십을 원한다."는 점을 감안할 때, "경제 부활 혹은 경제회생을 위한 정책수행(운영)에 강력한 추동력을 확보하느냐가 아베 정부 경제 정책 성공의 관건"이라 할 수 있다[16]. 아베노믹스로 대표되는 일본의 경제정책에 대한 평가는 현재진행형이다. 2014년 11월 아베 총리는 당초 2015년 10월로 예정돼 있던 소비세(부가가치세)율 인상(현재 8%→10%)을 1년 6개월 뒤(2017년 4월)로 미루기로 결정하면서 경기가 악화하면 증세를 취소할 수 있도록 하는 '단서 조항(경기 조항)'을 삭제한 바 있다. 최근 소비세율 인상 재연기를 발표(6월 1일)하면서 "아베노믹스의 실패를 자인한 것"이라는 비판을 받는 상황이다. 아베 총리는 "아베노믹스는 순조롭게 결과를 내고 있다"고 밝힌 뒤 "그러나 세계경제는 지난 1년여 동안 상상을 초월하는 속도로 변화했고 불확실성(不透明感)이 커지고 있다"며 "최대 현안은 중국 등 신흥국 경제에 그늘이 보이는 것"이라고 주장하고 있다[17]. 아베노믹스의 성과를 강조하고 있으나, 세계경제 상황 탓에 아베노믹스의 전망 또한 밝지 않다는 점을 내비치고 있는 것으로, 최소한 기대에 못 미치고 있다는 점은 부정할 수 없는 것으로 해석된다.

16/ 김영근 교수 발표자료, "일본 민주당 정권의 경제정책 평가 및 자민당의 정책 전환 전망" 『문화일보』 2013년 1월 7일(월)

17/ 아베 총리 기자회견(安倍内閣総理大臣記者会見), 2016년 6월 1일. 수상관저 홈페이지: http://www.kantei.go.jp/jp/97_abe/statement/2016/0601kaiken.html

세계경제가 좀처럼 저성장의 늪에서 헤어나지 못하고 있다. 저성장 시대라는 공통된 국제 상황하에서 일본은 전후부흥 과정에서처럼 국제무역체제로의 복귀를 목표로 '미일 안보동맹' 체제 아래에서 경제성장 우선 정책을 실시(전개)해 왔다. "1951년 강화조약이 체결된 뒤 일본의 정치, 대외 관계 및 경제는 대외적으로는 긴밀한 미일동맹이 필연적인 논리였다." 전후 1960년대 '대미협력(協調)' 외교에서 1980년 중반 이후 '대미자주(自主)'로 전환한 이후, 최근에는 '대미협력(協調)' 외교적 성격이 짙은 스탠스를 취하고 있다. 이러한 전제하에서 본다면 일본은 아베노믹스를 추진하는 데 있어서 비(非)경제적인 정치적 요인으로 말미암아 국내여론이 분열되고 특히 미국과의 외교적 문제가 발생하는 것은 바람직하지 않다는 판단하에 외교·통상 정책과 연계된 스탠스를 취할 가능성이 높다. 전후 일본이 흔들림 없이 선호(지지)해 온 '자유시장경제' 및 '자유무역 체제'의 동향을 주시하며, 동반성장과 지속가능한 성장, '공유경제', '리질리언스(Resilience)' 등에도 관심을 가져야 한다[18]. '잃어버린 20년'이 일본만의 이야기는 아니라는 점을 상기해야 할 것이다.

4) 일본경제의 이해를 위한 새로운 아젠다: 에너지·환경 외교

일본경제의 이해를 위해서는 글로벌라이제이션 과정에서 생겨난 에너지·환경 외교 등 새로운 아젠다에 주목할 필요가 있다. 특히, 미들파워 국가 모델을 바탕으로 한 자원 및 환경 갈등해소를 통한 국제협력 방안은 매우 흥미롭다[19]. '大國(그레이트 파워)'과 '미들파워'의 중요한 차이가 물리적인 국력의 차이보다는 힘(power)을 어떻게 영향력으로 전환 시킬 수 있느냐에 있다는 점을 감안한다면, '일본의 글로벌 환경기구 참여' 프로세스에서 '미들 파워 외교(디플로머시)' 이론은 매우 의미 있다. 다만, 일본 정치지도자나 그 대항세력들이 일본외교의 '미들 파워 전략'을 거의 자각하지 못하고 오히려 자신의 인식에 따른 고정화된 대응만 되풀이 해 온 정치안보 분야와는 달리, 자원 및 환경 분야는 지방자치체의 활동이나 제도화가 중앙정부에 영향을 미친다는 '지방외교론(Local Diplomacy)' 혹은 '시민사회외교론(Civil Society Diplomacy)'에 주목해야 할 것이다. 그럼에도 불구하고 일본외무성(MOFA) 등이 환경 분야에 있어서 유연한 대응을 할 수 있을 것인가? 나아가 실제 일본경제와 관련하여 어떠한 정책을 실시할 것인가라는 문제점도 점검할 필요가 있다. 국제사회에서 바라본 일본은 경제대국이긴 하지만 에너지·환경 외교에 관한 전반적 인식은 국제적인 역할을 못하고 있다. 만

18 / "일반적으로 '리질리언스'는 고난과 역경의 충격이 닥친 후에 이전 상태로 다시 돌아가는 'bounce back'을 의미한다. 하지만 온갖 위험 요인들이 복잡하게 주변을 둘러싸고 있는 상황에서 어떤 위기에도 유연하게 대처하고 적응하여 이를 성장의 기회로 탈바꿈하기 위해서는 'bounce forward'하는 방향으로 '리질리언스'를 발휘해야 한다. 그런 기업만이 카오스의 현대사회에서 승자로 남을 수 있다." 삼정KPMG경제연구원(2016), p.80

19 / 예를 들어 사카구치 이사오(阪口功) 교수의 『국제정치』 게재논문을 참고할 것. 「地球環境レジームの形成と発展における知識共同体の役割と限界: アフリカ象の国際取引規制問題を中心として」 『国際政治』 144号, 2006年, pp.51-68

약 환경레짐에 관한 논의와 환경문제의 해결, 국제제도 및 국제기구적 차원의 국제레짐을 창설하는 데 있어서 일본이 주도적으로 노력하고자 할 경우, 국제정치적 성향으로서 국제 환경협력과 대응 양태를 고찰하고 지구 환경문제와 관련한 정치 경제적 쟁점을 분석해야 할 것이다[20].

20 / 예를 들어, 다음 책을 참조할 것. 천정웅(2012) 『지구환경레짐의 장치경제학』 한울.

일본의 제조업 경쟁력:
갈라파고스화, 어떻게 볼 것인가?

김규판 | 金奎坂 Kim, Gyu-pan

일본 게이오대학(慶應義塾大學)에서 경제학 박사(응용미시경제학전공) 학위를 받았다. 이후 주택산업연구원 책임연구원, 감사원 연구관을 거쳐 2009년 5월부터 대외경제정책연구원(KIEP) 일본팀 연구위원으로 재직 중이다.

전공분야는 기업경제이며 최근의 연구 관심은 일본의 거시경제, 재정, 통상정책 등이다.

주요 업적으로는 『저성장시대 일본 정부의 규제개혁에 관한 연구』(대외경제정책연구원, 2015)(공저), 『일본의 FTA 추진전략과 정책적 시사점』(대외경제정책연구원, 2014)(공저), 『일본 재정의 지속가능성과 재정규율에 관한 연구』(대외경제정책연구원, 2013)(공저), 『G2 시대 일본의 대중(對中) 경제협력 현황과 시사점』(대외경제정책연구원, 2012)(공저) 등이 있다.

1. 문제제기

일본 제조업의 위기를 논할 때 흔히 사용하는 용어가 갈라파고스화 현상(Galápagos Syndrome)이다.[1] 대륙과 격리된 상태에서 독자적인 진화를 거듭하여 특유의 동식물 종이 다수 존재한 갈라파고스 섬들에 빗대어, 일본 국내에서 개발된 제조업 제품이 초기단계에는 해외에서 각광을 받지만 제품이 상용화되는 단계에 진입하면 세계표준에서 멀어지는 현상을 말한다. 다시 말해 일본의 제조업 제품이 세계시장에서 한국이나 대만, 중국 제품에 비해 경쟁력을 상실하고 있다는 것이다.

[그림 1] 주요 전자기기 제품에서 일본의 세계시장 점유율 추이

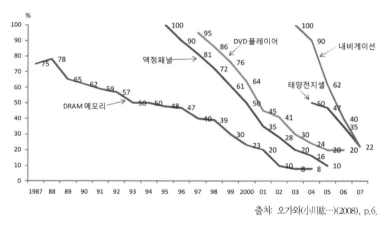

출처: 오가와(小川紘一)(2008), p.6.

오가와(小川紘一)(2008)는 전자(electronics)[2] 분야에서 진행되는 갈라파고스화 현상을 [그림 1]과 같은 세계시장 점유율 하락으로 설명하고 있다. PC, 휴대전화, 액정TV, 디지털가전(DVD 플레이어), 내비게이션 등과 같은 전자제품은 물론이고 반도체(DRAM 메모리), 액정패널, 태양전지셀 등과 같은 전자부품에서도 일본 제품의 경쟁력이 급락하고 있음을 알 수 있다.[3]

그렇다면 왜 우리나라의 대일 무역수지 적자는 여전히 해소되지 못하고 있는가라는 문제를 제기할 수밖에 없다. 주지하는 바와 같이 한국의 대일 무역수지는 2010년 361억 달러 적자를 정점으로 2014년에는

1 / 일본에서 갈라파고스화 현상이라는 용어가 사용되기 시작한 시점은 노무라종합연구소(野村総合研究所)가 『2015年の 日本: 新たな「開国」の時代へ』라는 단행본을 발간한 2007년 말이지만, 이 단행본에서는 비제조업 분야가 상관행이나 제도적 측면에서 글로벌화 되지 못하는 현상을 빗대어 표현하고 있어 본고에서 지적하는 일본 제조업의 갈라파고스화와는 다소 거리감이 있다.

2 / 본고에서의 전자 (electronics) 분야는 PC, 휴대전화, 액정TV, 디지털가전과 같은 전자제품과 반도체, 액정패널 등과 같은 전자부품을 망라한 것이다.

3 / 오가와(小川紘一) (2008)와 세노(妹尾堅一郎) (2009)는 일본기업들이 기술력에서는 월등히 앞서면서도 비즈니스 관점에서 실패하는 이유를 오픈형 국제 이노베이션 모델의 낙후성에서 찾고

있다. 타니가와(谷川浩也)
(2014)는 일본 기업의
디지털화와 글로벌화에
대한 부적응, 기업지배
구조의 낙후성을 추가하고
있다. 기타가와(北川史和)
(2009)는 이를 타개하기
위해서는 신흥국
사업전략을 강화할 것을
주문하고 있다.
미즈호종합연구소(みずほ
總合研究所)(2010)와
현대경제연구원(2015)은
R&D 관점에서 일본 기업이
글로벌 시장을 주도하는
수요 니즈에 부합하지
못한다는 점과 혁신적
신제품 개발이 미흡한 점이
갈라파고화 현상의 근저에
자리잡고 있다고 지적한다.
단, 정후식(2009)은
갈라파고스화 현상이
표면화되기 전 일본 제조업
경쟁력의 원천을 기업 요인,
정부 요인, 사회·경제적
요인으로 나누어 분석하고
있다.

4 / 산업통상자원부가
공개하고 있는 부품소재
관련 무역통계에서
부품산업이란
조립금속제품,
일반기계부품, 컴퓨터 및
사무기기부품,
전기기계부품,
전자·영상·음향·통신기기부
품, 정밀기기부품,
수송기계 부품을 말하고,
소재산업이란 섬유제품,
화합물 및 화학제품, 고무
및 플라스틱제품,
비금속광물, 제1차 금속을
말한다.

216억 달러로 적자폭이 줄어들고 있으나 대일 무역역조 현상은 구조적인 문제라 하지 않을 수 없다.

특히 대일 무역수지 적자의 70~80%는 부품·소재 분야에서 비롯되고 있는데, [그림 2]에서 알 수 있듯이, 한국의 부품·소재 산업[4]은 2014년 세계전체에 대한 교역에서 연간 1,000억 달러가 넘는 무역수지 흑자를 달성하였으나 일본과의 교역에서만큼은 165억 달러에 달하는 적자를 기록하였다.

[그림 2] 한국의 대일 부품·소재 교역 현황

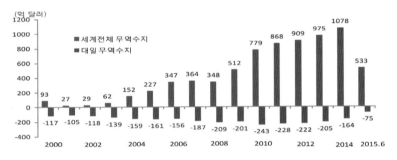

출처: 산업통상자원부, "소재부품종합정보망"(http://www.mctnet.org/index.jsp)

본고는 일본 제조업의 경쟁력 저하를 전자(electronics)분야에서의 세계시장 점유율 하락만으로 규정하기에는 한계가 있다는 문제의식에서 논의를 시작한다. 그렇다고 해서 일본 제조업의 경쟁력을 측정하는 방법론에 관한 논의를 하는 것은 아니고, 단지 일본 제조업의 경쟁력 원천이 어느 곳에 있는지, 아니면 어느 곳으로 분산 혹은 이동하고 있는가에 초점을 맞춰 논의를 전개하고 있다.

2. 일본의 제조업 현황: 국내 시장의 축소 vs. 해외 직접투자 확대

먼저 일본 제조업의 갈라파고스화와 유사하게 진행되고 있는 일본 제조업의 국내 규모(size) 축소부터 지적하고자 한다. 일본의 제조업 부

문은 1990년대부터 종업원 수나 부가가치, 국내총생산 측면에서 정체
또는 쇠퇴 흐름이 감지되기 시작하였다.([그림 3] 참조)

[그림 3] 일본 제조업의 고용·매출·부가가치 추이

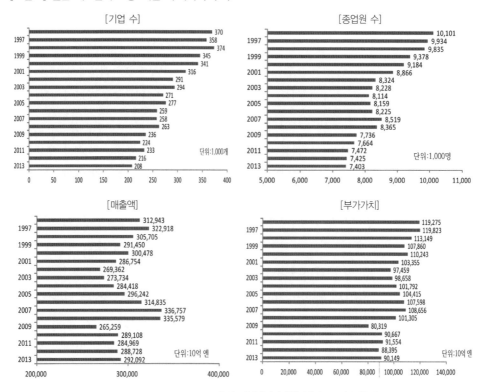

출처: 경제산업성(経済産業省), "工業統計調査"

[그림 4] 제조업 부문의 업종별 국내총생산 추이

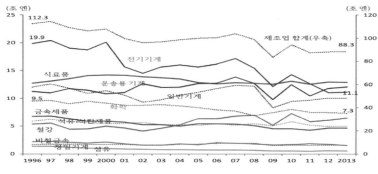

출처: 내각부(內閣府), "国民経済計算"

5/ 내각부(內閣府)의 2013년 설문조사 결과에 따르면, 일본의 상장기업 중 해외 현지생산을 하고 있는 기업은 71.6%(1995년 53.9%), 전체 해외생산비율(금액기준)은 22.3%(1995년 8.1%)에 달하고, 해외직접투자*를 주도하고 있는 업종은 운송기계기구, 화학·의약, 전기기계·기구 3개이다. 내각부(內閣府), "平成25年度 企業行動に関するアンケート調査結果" 참조.

6/ 2013년 일본 제조업의 해외직접투자(outward FDI)액은 4조 1,484억 엔이고, 이 중 운송기계기구(1조 1,408억 엔, 27.5%), 화학·의약(5,646억 엔, 13.6%), 전기기계기구(4,412억 엔, 10.6%) 3대 업종이 과반을 차지하였다. 2,000억 엔을 넘은 업종은 일반기계기구(9%), 고무·피혁(7.5%), 철·비철·금속(6.6%), 유리·세라믹(4.8%)이다. 일본무역진흥기구(日本貿易振興機構), "直接投資統計" 참조.

7/ 제1차 소득수지는 국내 모회사와 해외 자회사간 배당금·이자 소득이 주종을 이루는 직접투자수익과, 국내 투자자의 해외 증권투자에 따른 주식 배당금 및 채권 이자 소득이 주종을 이루는 증권투자수익으로 구성된다. 제2차 소득수지는 국내 거주자와 해외 비거주자 간 무상이전에 따른 수지를 나타낸다.

일본 경제산업성이 종업원 10인 이상의 제조업체를 대상으로 조사하고 있는 공업통계조사(工業統計調査)에 따르면, 일본 국내의 제조업체 수는 1996년 약 37만 개에서 2013년에는 약 20만 개로 감소하였고 종업원 수 역시 1996년 약 1,000만 명에서 2013년에는 약 740만 명으로 급감하였다. 2013년 부가가치 생산액 역시 1990년대 중반은 물론 2008년 글로벌 금융위기 이전 수준을 회복하지 못하고 있음을 확인할 수 있다. [그림 4]를 보더라도 일본 제조업의 국내 총생산액은 1996년 약 112조 엔에서 2013년에는 약 88조 엔으로 감소하였는데, 전기기계와 화학 업종의 급감이 눈에 띈다.

그러나 위에서 제시한 국내 지표들은 일부 전자제품의 세계시장 점유율 하락을 갈라파고스화 현상으로 일반화하는 것과 마찬가지로 일본 제조업의 경쟁력을 종합적으로 조망하는 데 착시효과를 불러일으킨다. 다시 말해, 위와 같은 국내 제조업의 생산 활동 위축은 일본 기업들이 제조거점을 해외로 이전한 결과여서 해외에서의 일본 제조업 활동[5],[6]까지를 고려하면 논의의 흐름이 180도 바뀔 수 있다.

일본 제조업 기업들의 해외 생산 활동을 측정할 수 있는 대표적 통계는 해외직접투자 수익이다. 일본은행이 작성·공표하고 있는 국제수지통계를 보면, 무역수지는 2000년 약 12.7조 엔의 흑자에서 2011년 동일본대지진과 후쿠시마 원전사고를 기점으로 적자로 전환되어 2014년에는 약 10.4조 엔의 적자를 기록하였고, 이러한 무역수지 악화를 반영하여 경상수지 흑자규모도 2000년 약 14.1조 엔에서 2014년에는 2.6조 엔으로 대폭 감소하였다.

그렇지만 일본의 제1차 소득수지[7]는 2000년 7.7조 엔에서 2014년에는 18.1조 엔으로 급등하였고, 2014년의 제1차 소득수지 18.1조 엔 가운데 증권투자수익은 11조 엔, 직접투자수익은 6.5조 엔으로 일본 기업들의 해외직접투자 수익이 매년 증가하고 있다. 한편, 2014년 3/4분기까지의 흐름을 보았을 때 해외직접투자 수익 증대를 주도하고 있는 업종은 운송용 기계·기구, 화학·의약, 전기기계, 일반기계 4개임을 알 수 있다.([그림 5] 참조)

갈라파고스화 현상을 주도하고 있는 전자(Electronics) 제품이 중심인 전기기기(機器)의 2014년 무역수지 흑자규모는 약 1.1조 엔으로 2010년에 비하면 약 80% 축소하였지만, 해외직접투자 수익만큼은 2014년 1/4분기 약 800억 엔에서 3/4분기에는 약 1,962억 엔으로 증가하고 있는 점도 눈에 띈다.

[그림 5] 일본의 경상수지·업종별 해외직접투자 수익 추이

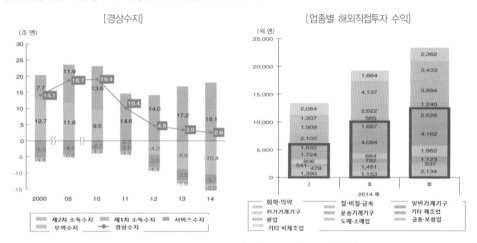

출처: 일본은행(日本銀行), "国際収支統計"

일본 제조업 기업의 해외직접투자 수익 확대는 1990년대 이후 일본 제조업의 해외직접투자가 증가함에 따라 국부(national wealth) 원천이 기존의 '국내생산·해외수출'(무역수지)에서 배당(소득수지)으로 이동하고 있음을 보여주는 단적인 예라 할 수 있다.

나아가 2014년 일본의 서비스 수지는 3.1조 엔 적자로 매년 적자를 기록하고 있으나 최근 들어 여행수지가 대폭 개선되고 있고, 기타서비스 항목에 속하는 '지식재산권 등 사용료'[8]가 2012년 이후 1조 엔 이상의 흑자를 기록하고 있다는 점은 일본 기업의 경쟁력을 나타내는 특허권 사용료나 로열티 수입이 일본의 국부 원천 중 하나로 자리매김하고 있음을 보여주는 매우 중요한 증거라 할 수 있다.([그림 6] 참조)

8 / 국제수지통계에서 '지식재산권 등 사용료' 항목은 산업재산권 사용료(특허권이나 의장권), 노하우 사용료, 산업재산권 사용료, SW나 음악·영상 등의 사용료, 저작권 사용료 등으로 구성되어 있다.

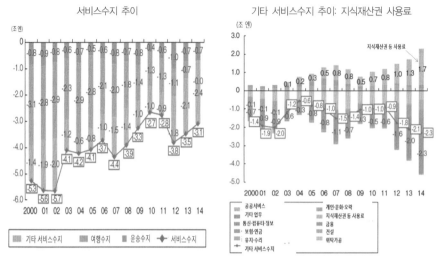

[그림 6] 일본의 서비스수지 추이

서비스수지 추이

기타 서비스수지 추이: 지식재산권 사용료

출처: 일본은행(日本銀行), "国際収支統計"

또 한가지 특기할 점은 일본 제조업체들은 국내거점을 mother 기능과 이노베이션 거점으로 활용하고, 해외에서 벌어들이는 분야와 국내에 남기는 분야의 구분을 명확히 하는 방식으로 국제분업 체제를 구축함으로써 국내 생산과 해외수출 중심의 전통적 성장전략에서 탈피하고 있다는 점이다.(경제산업성(経済産業省)(2015), pp. 81-85. 참조)

3. 아베노믹스 양적완화 이후 일본의 제조업 현황: 일본 제조업의 부활?

2012년 12월 자민당 아베내각이 출범하면서 시작한 양적완화 효과로 엔화가치가 급락하면서 일본뿐만 아니라 국내 언론에서도 일본 제조업의 부활에 관한 기사가 부쩍 늘었다.[9] 일본 제조업 수출기업의 채산성(영업이익률)이 개선되었다거나 기업들이 신규 투자확대와 임금인상에 적극적으로 나서고 있다는 기사가 주종을 이루고 있다. [그림 7]의 영업이익률과 설비투자 통계를 보아도 이러한 주장이 근거가 있음을

9/ 2015년 2/4분기 상장기업 567개사를 대상으로 한 조사에 따르면, 이들 기업의 전년동기대비 경상이익은 28%, 순이익은 29% 증가하였다. 이 중 닛산자동차(SUV), 히타찌제작소(자동차부품, IT제품)는 미국의 경기호조와 엔화약세 덕을 보았고, 시세이도나 미쓰코시, 이세탄, JR3사, ANA는 엔화약세에 따른 관광객 증가 덕을 보았다. 단, FANUC(공작기계), 고마쓰(건설기계), JFE(강재)의 중국 사업은 고전한 것으로 나타났다. 『日本経済新聞』 2015.8.3.일자 참조.

제1부 일본경제의 이해 02

알 수 있다.

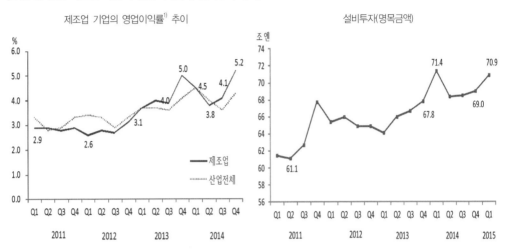

제조업 기업의 영업이익률[1] 추이

설비투자(명목금액)

주: 1) 자본금 1억 엔 이상의 제조업 기업 대상. 금융·보험업 제외. 영업이익률은 매출액 대비 비율.
출처: 재무성(財務省), "法人企業統計",   출처: 내각부(內閣府), "国民経済計算"

단, 설비투자 동기를 보면 과거에 비해 신규투자가 줄어드는 대신 기존 설비의 유지·보수 동기가 늘어나고 있다.(일본정책투자은행(日本政策投資銀行), "全国設備投資計画調査(大企業)(2014·2015·2016 年度設備投資計画調査)") [그림 기에서 나타난 기업의 영업이익 개선과 이에 따른 설비투자 확대가 과거 고도 경제성장기처럼 기업들이 국내 신규투자를 확대하고 이것이 제조업 경쟁력 강화로 연결되는 메커니즘과는 다소 거리가 있음을 보여주는 것이라 할 수 있다. 즉, 아베노믹스 이후 일본 제조업 기업의 국내 회귀와 설비투자 증가는 그 내용으로 봤을 때 일본 제조업의 부활이라기 보다는 엔화약세에 따른 일시적 현상일 가능성이 높다.

아베노믹스 이후 일본 제조업의 '부활'을 상징하는 또 다른 증거는 해외 제조업 기업의 국내 회귀이다. [표 1]은 일본 언론에 보도된 사례를 경제산업성이 정리한 것이다. 회귀 이유로는 품질이나 납기 등 해외 현지 거래처의 문제가 가장 많고, 엔화약세에 따른 국내에서의 채산성 확보와 해외의 인건비 상승이 그 뒤를 따르고 있다.(경제산업성(経済産業省)(2015), pp.51-53.)

[표 1] 내수용 제품의 국내생산 회귀 사례

기업명	제품	투자 개요·검토 상황
파나소닉	전자렌지, 세탁기 등	○ 탁상 IH 조리기생산을 중국에서 고베 공장으로 생산 이전 ○ 향후, 에어컨, 세탁기, 탁상형 그릇세척기, 전자렌지의 내수용 제품의 해외생산 설비를 국내로 일부 이전하는 계획을 검토 중
샤프	액정TV, 공기청정기	중국 등지에서 생산하는 액정 TV 일부는 도치기현, 공기청정기는 오사카로 이전
다이킨 공업	에어컨	중국업체에 위탁한 가정용 에어컨 일부(25만대/80만대)를 국내 생산으로 전환
캐논	프린터·복사기	○ 회사전체의 국내제조비율을 2013년 43%에서 2015년까지 50%, 2016년까지 60%로 끌어올릴 계획 ○ 컬러프린트와 복사기 생산을 아시아 국가에서 국내로 전환.
나와데이터	프린터	중국에서 생산하였던 A2 모노클로 프린터를 후쿠시마 사업소로 이전.
혼다	원동기부착 자전거	동남아시아에서 생산중인 원동기 부착 자전거 일부를 2015년 말까지 이전 예정.
나카노어페럴	의류	중국 자사 봉제공장에서 중국산 원단을 사용하였으나 일본산 원단으로 대체
고바야시제약	마스크	중국에서 일부 생산하는 마스크를 2016년까지 전부 국내로 이전
OMRON	가정용 혈압계	중국에서 생산하는 가정용 혈압계 일부를 마쓰자카로 이관. 마쓰자카 공장은 생산 규모를 7배(170만대)로 확대

주: 해외에서 생산하였던 내수용 제품을 국내 생산으로 전환하는 유형.
출처: 경제산업성(経済産業省)(2015), 『2015年版ものづくり白書』. p.52

그러나 해외거점을 보유하고 있는 일본 제조업 기업 중 2013년부터 2년간 해외거점을 국내로 회귀시킨 비율은 13.3%에 불과하다.(경제산업성(経済産業省)(2015), p.51) 이는 앞에서 지적한 바와 같이 국내 설비투자 동기가 신규투자보다는 유지·보수에 더 치우쳐 있다는 점과 맞물려, 일본 제조업 기업들이 생산설비를 국내로 철수하기에는 국내 시장에 대한 낙관론이 아직은 불투명하고, 나아가 기업들이 일본 국내 시장만을 겨냥하여 경제활동을 영위하는 것은 아니라는 점을 분명히 보여주는 것이다.

4. 일본의 부품·소재 산업 경쟁력

가. 일본 제조업 제품의 세계 시장점유율

'모노즈쿠리 경영학'[10] 관점에서 보면, 일본 제조업의 경쟁력 원천은 상호 조정(integral;擦り合わせ)형 아키텍처(architecture)에 있다. 일본의 제조업 기업들은 오랜 기간에 걸쳐 축적한 숙련 노동을 보유하고 있어, 자동차와 같이 최적 설계된 부품들을 미세하게 서로 조정하지 않으면 전체 시스템으로서 기능을 발휘할 수 없는 제품 생산에 경쟁력을 갖고 있다는 것이다.

10 / '모노즈쿠리' (ものづくり)는 재화·서비스의 개발과 제조, 그리고 판매까지를 아우르는 기업의 총체적 활동을 뜻하고, 모노즈쿠리 경영학이란 후지모토 (藤本隆宏), 오가와 (小川紘一), 세노 (妹尾堅一郎), 신타쿠 (新宅純二郎), 아마노 (天野倫文) 교수 등이 주축인 도쿄대학(東京大學) 모노즈쿠리 경영연구센터가 정립하고 있는, 기존 조직론과 생산관리 관점에서의 경영학이라 할 수 있다. 김규판·이형근·김은지(2011), p.94. 참조.

[그림 8] 주요 제조업 제품별 일본의 세계시장 점유율(2012)

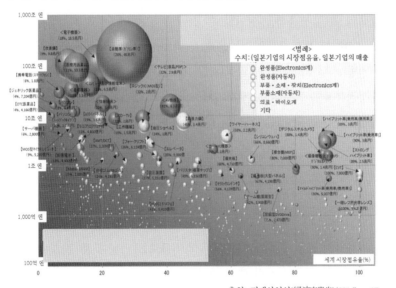

출처: 경제산업성(經濟産業省)(2014), p.17.

PC처럼 부품의 인터페이스가 표준화되어 있고, 부품 자체가 기능 완결적이어서 모니터, 하드디스크, CPU, 메인보드, 모델과 같은 부품들을 조립하면 제조가 가능한, 조합(modular)형 아키텍처의 제품 생산은 중국 등지의 신흥국으로 경쟁력이 옮아갈 수밖에 없다고 본다.[11] 이와 같은 맥락에서 보면 앞에서 지적한 전자산업을 중심으로 한 갈라파고스화 현상을 충분히 설명할 수 있다.

11 / 제품의 아키텍처에 관한 설명은 김규판·이형근·김은지(2011), pp.99~110을 참조.

그럼에도 갈라파고스화 현상이 일본 제조업 전반보다는 일부 산업에 국한되어 나타나고 있는 점은 다시 한번 강조할 필요가 있다. [그림 8]과 [그림 9]는 각각 일본과 한국의 주요 제조업 제품별 세계시장 점유율을 보여주고 있는데, 자동차와 같은 일부 최종재는 물론이고 부품·소재 분야에서 일본의 제조업 경쟁력이 건재함을 확인할 수 있다.

[그림 8]의 좌축은 일본 제품의 세계시장 점유율(%), 우축은 각 제품의 세계시장 규모(엔)를 나타내는데, 주황색 버블로 표시된 자동차 최종제품, 즉 가솔린 자동차(세계 시장점유율: 26%, 한국 5%)와 하이브리드 승용차(90%), Strong 하이브리드차(89%)에서 일본 제품이 매우 높은 경쟁력을 과시하고 있음을 알 수 있다. 노란색 버블로 표시된 고장력강(45%), 와이어 하네스(58%), CVT(90%) 등의 자동차 부품에서 일본 제품의 높은 경쟁력을 확인할 수 있다.

파란색 버블로 표시된 전자(electronics) 분야의 최종재 중에서는 디지털 스틸 카메라(88%)와 디지털 비디오카메라(90%), 복합기(80%)의 시장점유율이 돋보이고, 전자기기도 앞에서 살펴본 바와 같이 세계시장점유율이 급감하고는 있지만 18%로서 여전히 비교적 높은 수준을 유지하고 있다. 다만, 갈라파고스화로 지목된 PC(8%), PC 노트북(10%), 스마트폰(6%), 통신기기(10%), LCD 패널(19%), LCD TV(23%) 등은 시장점유율이 낮다.

그리고 아직 세계 시장규모는 1조 엔(약 10조 원) 이하로 작지만 고부가가치 제품으로 알려진, 연두색 버블로 표시된 부품·소재 분야에서는 일본기업들이 거의 세계 시장을 석권하고 있다. HDD(43%), 바리스터(적층 칩)(49%), 세라믹 컨덴서(56%), 편광판(60%), 실리콘 웨이퍼(66%), 기록형 DVD Driver(75%), 일안 레프용 광학렌즈(100%)와 같은 전자 부품들이 대표적인 예이다.

한편 [그림 9]를 보면 한국 제조업 기업의 국제적 경쟁력을 가늠할 수 있는데, 일본과 비교하였을 때 시장규모는 작지만 세계시장 점유율이 높은 우측하단에 존재하는 버블의 숫자가 현저하게 적다. 그 중에서도 노란색 버블로 표시된 자동차 부품은 고장력강(3%)을 제외하면 거

의 존재감이 없고, 연두색 버블로 표시된 전자 부품 또는 반도체 제품
역시 DRAM(64%), Mobile DRAM(76%), 백색 LED(63%), 컬러 PDP(75%),
OLED(유기 LED)(99%), 유기 EL Display(100%) 등 몇 가지 제품에 경쟁
력이 집중되고 있다.

일본의 부품·소재 산업이 경쟁력을 보유하고 있는 이유는 우선
부품·소재의 제품 아키텍처에서 찾을 수 있다. 부품·소재 개발은 최
종재에 비해 노하우나 경험에 의존하는 부분이 많기 때문에 사내에 축
적한 노하우나 경험을 '체화'하고 있는 숙련공이 얼마나 많은가에 따라
시장에서의 성패가 좌우된다. 앞에서 설명한 상호 조정(integral;擦り合
わせ)형 아키텍처(architecture)에 일본 기업이 경쟁력을 보유하고 있는
것과 마찬가지의 이치다.

[그림 9] 주요 제조업 제품별 한국의 세계시장 점유율(2012)

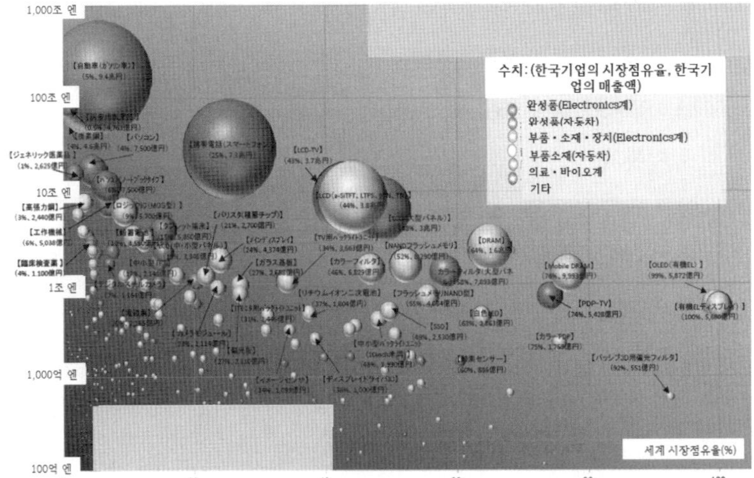

출처: 경제산업성(経済産業省)(2014), p.21.

일본 기업들이 국내에 full-set형 혹은 수직통합형 산업을 정비하고
있는 점도 부품·소재 산업이 건재할 수 있는 기반이 되고 있다. 제조
업 제품의 가치사슬(value-chain)에서 upstream(원재료·부재)-middle-
stream(부품)-downstream(최종재)이라는 제조공정들이 장기적이면서 안

정적인 상호 의존관계를 맺고 있어 상류(upstream) 부분이 발달할 수 있는 여건을 갖추고 있다는 것이다. 여기에 부품·소재 산업 현장의 치밀한 기술·제품 개량이나 품질관리(QC) 활동, 종신고용에 바탕을 둔 현장기술의 계승과 같은 일본 고유의 생산시스템 특성도 경쟁력을 높이는 요인으로 가세하고 있다.

미국이나 유럽에서 개발된 신소재를 일본 기업들이 상품화하는 경우가 많은 이유도 일본기업의 기술력에서 찾을 수 있다. 특히 일본 기업들의 소재개발과 관련된 연구 인프라 정비 수준은 세계 최고 수준이라 할 수 있는데, 세계 최고속 컴퓨터(교세라), SPring-8(방사광), J-PARC(중성자원), SACLA(X선자유전자레이저)는 일본이 자랑하는 대표적 소재개발 인프라 설비다. 이와 같은 일본 제조업의 현장 기술력 못지않게 뛰어난 기술수준을 갖춘 소재나 고기능 재료 금형, 자본재 등의 소재·부품산업이 클러스터(cluster)를 형성하여 고도의 집적(agglomeration) 기반을 형성하고 있는 점도 주목할 만하다.[12]

12 / 일본의 부품·소재 산업 경쟁력 원천에 대해서는 김규판·이형근·김은지(2011), pp. 129-131을 참조.

나. 일본의 주요 제조업 동향

1) 자동차

일본의 국부(national wealth) 원천이 기존의 '국내생산·해외수출'(무역수지)에서 배당(소득수지)으로 이동하는데 가장 큰 역할을 하고 있는 업종은 자동차라 할 수 있다. 일본의 운송용 기계 무역수지는 2010년 이후에도 연간 13조 엔 대의 흑자를 유지하고 있는데다, 2000년대 중반만 하더라도 국내생산 1,000만대(수출용 500만대, 내수용 500만대), 해외생산 1,000만대로 그 비율이 1:1이었으나, 2014년에는 국내생산 977만대(수출용 447만 대), 해외생산 1,748만 대로 그 비율이 1:2에 육박하고 있다.(일본자동차공업회(日本自動車工業会), "統計速報" 참조)

일본 자동차업계의 해외 진출 기준은 '약 20만 대의 수요', 즉 20만대의 수요가 예상되는 지역에 대해서는 현지 진출하고, 그렇지 않은 지역에 대해서는 인접 해외거점에서 수출하는 방식으로 대응하고 있다. 예를 들어 태국의 자동차 생산기지는 인근 동남아시아, 중동, 호주 지역에 대한 수출 기능까지 수행한다. 이 때 일본 국내 거점은 'mother 공장'으로서 기능하는데, 생산대수가 적고 지역별 수요에 편차가 큰 고급 차종이나 첨단 기술을 채용하는 하이브리드 차, 연료전지 자동차는 국내 생산을 원칙으로 하고 있다.

완성차의 해외진출과 함께, 자동차 부품 업체는 현지조달 비율의 제고 및 현지에서의 경쟁력 강화 차원에서 동반 진출을 하는 경우도 있고, 기술·품질의 성숙도나 운송비 등을 감안하여 국내생산과 해외생산 비율을 조정하는 경우도 있다. 완성차 업체와 부품 업체 간 거래관계는 일본 자동차 산업의 높은 경쟁력을 논할 때 빼놓을 수 없는 요소이다. 완성차 업체와 부품 업체는 부품 사양 등을 상호 조정(擦り合わせ)해야 하는 기술적 요구에 따라 상호 밀접한 관계를 형성하고 있고, 각 부품에 대해 계열내의 특정 거래처와 안정적이고 장기적인 관계를 유지하고 있다는 점이 일본 자동차산업 경쟁력의 원천이라 할 수 있다.[13]

2) 일반기계

일반기계 산업 중 공작기계와 산업로봇은 전통적으로 일본 제조업이 강점을 갖고 있는 상호조정(integral;擦り合わせ)형 제품으로서, 국내 수요자-조립·생산업체-부품 공급업체로 이어지는 밸류 체인(value chain)을 국내에 구축하여 수출에 주력하는 점이 특징이다.

선반, 수치제어선반, 연삭반 등 공작기계 산업은 기계를 구성하는 장치나 부품(예. 주축회전체, NC 장치, Linear Motion Guide) 생산에 고도의 기술력이 요구되는데, 일본 국내에 일본정공(日本精工)과 같은 부품 공급업체가 존재한다는 점이 경쟁력의 원천이라 할 수 있다. 기계구조의 프레임을 구성하는 주물재료는 일부를 한국·중국에서 수입하고 있지만, 금속표면에 미세한 홈을 파는 최종공정은 물론, 최종 조립단계에서 철저한 정밀도 관리를 수행하는 숙련공이 일본에 다수 존재한다. 나아가 고도의 기술력을 보유한 부품 공급업체와 조립·생산업체는 자동차나 전기전자, 일반기계, 정밀기계 등의 국내 수요자(user)가 요구하는 바를 기술적으로 충족시킬 수 있는 능력을 보유하고 있다고 평가받

13 / 그러나 동일한 부품을 둘 이상의 완성차 업체에 납품하고 있는 1차 벤더의 비율이 1989년 40%에서 2010년에는 50%로 점증하는 등 차별화 요소가 적은 부품을 중심으로 거래가 오픈되는 추세도 나타나고 있다. 동일한 부품을 둘 이상의 완성차 업체에 납품하고 있는 1차 벤더가 하나의 완성차 업체에 납품하고 있는 1차 벤더보다 생산성이 높다는 연구결과도 있다. 경제산업성(経済産業省) (2015), p. 63. 참조

고 있다. 공작기계는 제품수명이 긴데, 일본 제조업체들의 적극적인 AS 활동 역시 고객과의 관계를 긴밀히 함으로써 시장점유율을 공고화하는 데 중요할 역할을 하고 있다.

　　일본은 2010년 67,607대, 2012년 93,649대, 2014년 99,407대 등 연간 10만대 정도의 공작기계를 생산하고 있는데, 이 중 90% 정도를 국내에서 생산하고 있다. 단, 2002년부터 중국이 세계 최고의 공작기계 수요지로 부상하면서 일본의 공작기계 수주액 중 60~70%는 해외수요가 차지하고 있다.

[그림 10] 일본의 공작기계 수주액 추이

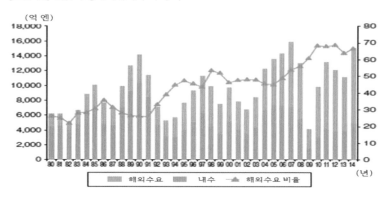

출처: 일본공작기계공업회(日本工作機械工業会), "工作機械統計"

　　산업로봇 산업은 일본의 세계시장점유율이 하락한다 해서 경쟁력 저하로 인식해서는 곤란한 분야이다. 일본의 산업로봇 세계시장점유율은 2005년 70.6%로 압도적이었으나 2014년에는 32.6%로까지 하락한 것이 사실이다.([그림 11] 참조)

　　그러나 일본의 수출액을 보면 2005년 3,686억 엔에서 2014년에는 4,233억 엔으로 일정 수준을 유지하고 있다. 산업용 로봇의 세계시장 규모는 최근 5년간 60% 성장하였는데, 특히 중국 시장은 최근 10년간 32배 성장하여 중국 시장에서의 경쟁이 격화되는 양상이다. 파낙(ファナック), 야스다전기(安田電機), 가와사키중공업(川崎重工業)과 같은 일본 기업들은 공작기계 산업과 마찬가지로 밸류 체인을 국내에 구축

하여 해외에 수출하는 구조를 만들었다. 단, 범용 로봇의 경우는 중국으로 생산설비를 이전하려는 움직임도 있다. (경제산업성(經濟産業省)(2015), pp. 66-67. 참조)

[그림 11] 세계 산업용 로봇 시장 규모와 일본기업의 시장점유율

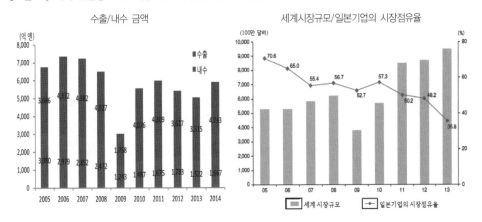

출처: 일본로봇공업회(日本ロボット工業会), "統計データ"

3) 항공기

일본의 민간 항공기 산업은 기체분야(Boeing, Airbus), 엔진분야(GE, Pratt & Whitney(P&W), Rolls-Royce), 전자기기, 유압기기, 내장품 등 장비품 분야(United Technologies corporation, Safran)에서 미국·유럽의 완성기 업체에 부품을 공급하는데 주력하고 있다. 산업특성상 항공기 산업은 초기투자비용이 매우 크고 투자회수기간이 매우 길며, 신기종 개발이나 모델업그레이드 기간이 매우 길다는 점에서 진입장벽이 매우 높기 때문이다. 2014년 현재 일본의 항공기 산업 규모는 약 1.5조 엔(민간기 75%, 국방기 25%)으로 미국의 1/10에 불과하다.

단, 미쓰비시중공업(三菱重工)은 2008년 자회사 미쓰비시항공(三菱航空機)을 설립하여 MRJ(Mitsubishi Regional Jet)라는 소형 단거리 노선용 항공기 제조에 착수하였고, 탄소섬유 등 항공기용 소재를 생산하는 일본 기업들 중에는 비용과 기술 측면에서 유럽과 미국에 진출하는 경우도 있다. 또한, HondaJet[14]에 착륙시스템(landing gear)을 공급하고

14 / Honda Motor (本田技研工業)는 1986년부터 항공기 연구개발을 시작하였는데, 2015년에는 미국 자회사 Honda Aircraft가 소형 비즈니스 항공기 (HondaJet) 100기 이상을 미국과 유럽의 개인들로부터 수주하였다. (경제산업성(經濟産業省) (2015), p. 73. 참조)

있는 스미토모정밀공업(住友精密工業) 처럼 인증 문제를 해결하기 위해 유럽과 미국에 진출하는 사례도 나타나고 있다.(경제산업성(経済産業省)(2015), p. 73. 참조)

4) 화학

화학 산업은 에틸렌 센터에서 나프타를 기초재로 사용하여, 에틸렌, 프로필렌, 벤젠 등의 석유화학 기초제품과 플라스틱, 도료원료·용재, 합성섬유원료, 합성고무, 세제원료 등의 석유화학 유도품을 연쇄적으로 생산하는 특성을 갖고 있다. 이에 따라 관련 산업도 플라스틱 제품, 자동차 부품, 전자부품, 도료, 섬유, 고무제품, 합성세제 등으로 매우 다양할 수밖에 없는데, 일본 기업들은 범용 화학제품보다는 기능성 화학제품 분야에서 경쟁력을 보유하고 있다. 예를 들어 리튬이온 전지를 구성하는 소재·재료 분야에서 일본 기업의 2012년 세계시장 점유율을 보면, 부극재 60.2%(중국기업: 37.5%, 한국기업: 2.3%), 정극재 35.8%(중국기업: 35.1%, 한국기업: 16.9%), separator 51.0%(미국기업 18.5%, 중국기업: 16.5%, 한국기업 14.0%), 전해액 38.1%(중국기업: 37.4%, 한국기업: 20.6%) 등으로 상대적으로 탄소재료를 사용하는 부극재 생산에서 일본 기업의 경쟁력이 높음을 알 수 있다.(경제산업성(経済産業省)(2014), pp.399-400. 참조)

일본 정부는 국내 에틸린 생산량을 줄이면 자국이 경쟁력을 갖고 있는 기능성 화학품의 원재료 공급에 차질이 예상되므로, 화학산업 경쟁력을 유지하기 위해서는 에틸렌센터를 어느 정도 국내에 유보하는 것이 중요하다고 인식하고 있다. 현재는 중국의 에틸렌 생산이 수요에 미치지 못해 일본이 에틸린과 그 유도품을 중국에 수출하는 구조이다. 또한, 일본 정부는 2012년 현재 일본의 국내 에틸렌 생산량이 610만 톤이지만 2020년에는 수출 및 내수 축소로 470만 톤으로까지 감소할 것으로 예상됨에 따라 고기능 소재 개발이 무엇보다 중요하다고 인식하고 있다.(경제산업성(経済産業省)(2015), pp. 76-77. 참조)

5) 탄소섬유

화학 섬유의 일종인 탄소섬유 분야에서 일본기업은 꾸준한 연구개발로 기술력, 성능, 품질, 안전성 측면에서 경쟁력을 확보하고 있다. 탄소섬유는 자동차, 항공기, 풍력발전 분야를 중심으로 시장이 확대될 것으로 예상되고 있는 가운데, 2013년 세계 주요 기업의 생산능력 기준 탄소섬유 점유율을 보면, Toray(일본) 33%, Tohotenax(일본) 13%, Mitsubishirayon(일본) 10%, SGL(독일) 10%. 台塑集團(대만) 8%, Hexcel(미국) 7%, Dow-Aksa(터키) 3%, 효성(한국) 2%, 태광산업(한국) 1%, Cytec Industries(미국) 2%, 기타(중국·인도) 10% 등으로 일본 기업의 존재감이 두드러진다. (경제산업성(經濟産業省)(2015), p. 80. 참조)

5. 결론

본고는 일본 제조업의 경쟁력 저하를 전자(electronics)분야에서의 세계시장 점유율 하락만으로 규정하기에는 한계가 있다고 보고, 자동차, 일반기계(공작기계와 산업로봇), 항공기 부품, 화학 소재, 탄소섬유 등의 제조업 분야에서 일본기업이 여전히 경쟁력을 유지하고 있을 뿐만 아니라, 전반적으로 전자 부품 분야의 세계시장 점유율을 보더라도 일본 제조업의 갈라파고스화를 단정하는 것은 시기상조라는 점을 강조하였다. 물론 일본 국내의 이코노미스트나 경영학자들이 지적하는 것처럼 일본기업들이 디지털화와 글로벌화라는 세계흐름에 적응하는 능력이 부족하고 이노베이션 모델도 낙후되어 있다는 점에는 동의하지만, 자동차로 대표되는 상호 조정(integral;擦り合わせ)형 아키텍처(architecture) 제품에서는 여전히 세계 최고 수준의 경쟁력을 유지하고 있음을 강조하고자 하였다.

거시경제 관점에서도 1990년대 이후 '잃어버린 20년'이라는 표현이 상징하듯 일본 제조업의 존재감이 사라지는 듯한 착각을 불식해야 한다는 점을 강조하였다. 일본 제조업의 국내 생산 활동은 정체되거나 위축되었지만, 자동차나 화학·의약, 전기기계, 일반기계 업종을 중심으로 한 일본 기업들이 제조거점을 해외로 이전한 결과 해외직접투자 수익과 지식재산권 수익이 매년 증가하고 있는 점을 그 증거로 제시하였다. 이것은 일본 기업들이 국내거점을 mother 기능과 이노베이션 거점으로 활용함으로써 일본의 국부(national wealth) 원천이 기존의 무역수지에서 소득수지로 이동하고 있음을 보여주는 좋은 예이기도 하다.

마지막으로 본고가 강조하고자 하였던 것은 2013년 이후의 아베노믹스에도 불구하고 일본 국내의 제조업 부활은 한계가 자명하다는 점이다. 엔화약세로 수출기업을 중심으로 일본 제조업 기업의 채산성이 개선되고 국내 투자가 확대되는 듯하지만, 투자 동기를 살펴보면 실제로는 신규투자보다는 기존 설비의 유지·보수가 많고, 일본 제조업 기업의 국내 회귀 역시 제한적이라는 점에서 과거 고도 경제성장기처럼 일본 기업들이 국내 신규투자를 확대하고 이것이 제조업 경쟁력 강화로 연결되는 메커니즘과는 다소 거리가 있음을 강조하였다.

참고문헌

〈한국어 문헌 및 주요 참고 자료〉
김규판·이형근·김은지(2011), 『일본 제조업의 경쟁력 실태분석과 시사점』, 대외경제정책연구원, 연구
　　　보고서 11-18.
정후식(2009), "일본 제조업 경쟁력의 원천과 시사점", 『한은조사연구』 2009-2, 한국은행 조사국
현대경제연구원(2015), "일본 제조업 혁신 부진의 교훈: 고투입-저성장의 원인", 『VIP 리포트』 15-06
　　　호(통권 603호), 2015.2.9.

〈일본어 문헌 및 주요 참고 자료〉
경제산업성(経済産業省)(2014), 『我が国企業の国際競争ポジションの定量的調査』(富士キメラ総研), 2014.3.
　　　＿＿＿＿＿＿＿(2015), 『2015年版ものづくり白書』.
기타가와후미가즈(北川史和)(2009), "The ガラパゴスからの脱却", 『知的資産創造』, 2009年7月号, 野村
　　　総合研究所.
노무라종합연구소(野村総合研究所)(2007), 『2015年の日本: 新たな「開国」の時代へ』.
미즈호종합연구소(みずほ総合研究所)(2010), "日本企業の競争力低下要因を探る：研究開発の視点からみ
　　　た問題と課題", 『みずほリポート』, 2010.9.29.
오가와코이치(小川紘一)(2008), "プロダクト・イノベーションからビジネスモデル・イノベーションへ：
　　　日本型イノベーションシステムの再構築に向けて(1)", 『IAM Discussion Paprer Series』, No.1.
세노켄이치로(妹尾堅一郎)(2009), 『技術力で勝る日本が, なぜ事業で負けるのか：画期的な新製品が惨敗

する理由』. ダイヤモンド社.

타니가와(谷川浩也)(2014), "アベノミクス後の日本経済と産業競争力の再構築", 『機械経済研究』, No. 45. 機械振興協会経済研究所. 21-39.

〈웹사이트〉

경제산업성(経済産業省), "工業統計調査"(http://www.meti.go.jp/statistics/tyo/kougyo/)(검색일: 2015. 8.18.)

내각부(内閣府), "国民経済計算"(http://www.esri.cao.go.jp/jp/sna/menu.html)(검색일: 2015.8.18.)

내각부(内閣府), "平成25年度企業行動に関するアンケート調査結果"(www.esri.cao.go.jp/jp/stat/ank/ h25ank/h25ank_houdou.pdf)(검색일: 2015.9.4.)

산업통상자원부, 소재부품종합정보망(http://www.mctnet.org/index.jsp)(검색일:2015. 8.18.)

일본공작기계공업회(日本工作機械工業会), "工作機械統計" (http://www.jmtba.or.jp/machine/data) (검색일: 2015.10.25.)

일본로봇공업회(日本ロボット工業会), "統計データ"(http://www.jara.jp/data/index.html)(검색일: 2015.10.25.)

일본무역진흥기구(日本貿易振興機構), "直接投資統計"(https://www.jetro.go.jp/world/japan/stats/fdi. html)(검색일:2015.9.4.)

일본은행(日本銀行), "国際収支統計"(https://www.boj.or.jp/statistics/br/bop/index.htm/) (검색일: 2015.9.4.)

일본자동차공업회(日本自動車工業会), "統計速報" (http://www.jama.or.jp/stats/stats_news.html)(검색일: 2015.9.4.)

일본정책투자은행(日本政策投資銀行), "全国設備投資計画調査(大企業)(2014・2015・2016年度設備投資計画調査)"(http://www.dbj.jp/investigate/equip/national/detail.html)(검색일: 2015.10.1.)

재무성(財務省), "法人企業統計"(https://www.mof.go.jp/pri/reference/ssc/)(검색일: 2015.9.4.)

51

일본의 해외직접투자 패턴 및 정책 변화와 시사점

이홍배 ㅣ 李鴻培 Lee, Hong-bae

일본 소카대학(創価大學)에서 경제학 박사 학위를 받았다. 이후 대외경제정책연구원(KIEP) 부연구위원 및 일본팀장을 역임한 후, 2007년 9월부터 동의대학교 상경대학 무역학과 교수로 재직 중이다. 전공분야는 국제무역통상, 경제통합, 산업 및 기술 협력이며 최근의 연구 관심은 동아시아 역내 경제통합, 산업기술의 분업 및 의존구조와 소재부품산업의 글로벌화(글로벌 가치사슬) 등이다.

주요업적으로는 『한일관계사 1965-2015』(역사공간, 2015) (공저), 『동아시아 지역통합(일본어)』(일본 교토대학학술출판사, 2010) (공저) 『한일 FTA와 중소기업』(중소기업연구원, 2008) (공저), 『한중일 FTA의 가능성과 3국의 대외통상정책(일본어)』(일본 비스타비에스, 2004) (공저) 등 외 논문이 다수 존재한다.

1. 개관

　　최근 일본의 해외직접투자는 지속적인 증가 추이를 보이고 있으며, 2013년에는 전년대비 10.4% 증가한 1,350억 달러를 기록하였다. 물론 2011년 중반 이후 유지되고 있는 엔화 환율의 평가절하가 가장 큰 원인이라고 할 수 있으나, 일본 내 경영악화와 경영환경 변화 등으로 인한 일본 제조업의 해외진출 가속화 요인 또한 매우 큰 비중을 차지하고 있다고 볼 수 있다. 특히 일본 정부는 일본 내 제조 조립 및 가공 기능의 해외진출을 적극 장려하고 있으며, 이를 통해 해외 거점과 국내 거점 간의 분업형태를 강화하고, 나아가 국내 생산과 고용을 증대하는 전략을 전개하고 있는 것으로 판단된다. 한편 2014년과 2015년 2년 동안 일본의 해외직접투자의 증가세는 축소되는 양상을 보이고 있으나, 여전히 2010년 이후 상승세를 유지하고 있다고 할 수 있다.

　　최근 한국은 소재부품 등 자본재산업을 중심으로 일본기업의 한국 내 생산과 판매 및 R&D 거점을 강화하기 위해 정책적 지원을 적극 추진하고 있다. 국내 지자체는 일본기업의 전용 산업단지를 조성하고, 여기에 입주하는 일본기업에게는 토지와 세금은 물론 인력지원 혜택까지 제공하면서 유치 활동을 전개하고 있다.

　　이에 따라 한국으로서는 일본의 해외직접투자(이하, 해외투자) 증가 및 정책적 지원 확대 움직임을 체계적으로 분석하여, 일본의 풍부한 해외투자 자본을 국내에 적극 유치할 수 있는 전략적 방안 마련이 시급한 시점이라고 판단된다. 2010년 이후 일본의 대한국 투자 규모는 점진적이나마 증가세를 보여왔으나, 2015년 들어 증가세는 큰 폭 축소되는 등, 대세계 외국인투자 규모에 비하면 여전히 작다고 할 수 있다. 더욱이 일본의 대한국 투자분야 역시 소재부품과 첨단기술이 수반된 제조업보다는 범용 또는 서비스산업에 더 높은 비중을 보이고 있는 것이 현실이다.

　　이하에서는 1990년대 중반이후 일본 정부 및 기업의 해외투자 추이와 특징을 시계열로 살펴본 후, 동 기간 대세계 해외투자의 정책과 패턴이 어떠한 형태로 변화하고 있는가를 분석하는데 중점을 두고 있다. 왜냐하면 한국이 앞으로 질적·양적으로 더 많은 일본의 자본과 기업을 유치하기 위해서는 빠르게 변화하는 일본 정부 및 기업의 해외투자진출 결정요인과 니즈 등을 충분히 파악하는 것이 우선순위라고 판단하기 때문이다. 따라서 본고는 일본의 대세계 해외투자의 정책과 패턴의 변화를 도출하여, 대일본 투자 유치 확대를 위한 시사점을 제시하는데 목적을 둔다.

분석을 위해 도입한 통계자료는 일본 재무성과 일본은행의 해외직접투자 통계 및 JETRO에서 발표되는 자료 등을 사용하고 있다. 분석대상 시기는 1990년대 중반 이후부터 2015년까지로 설정했으며, 이를 통해 일본의 해외직접투자 추이와 패턴 변화 및 구조적 특징을 파악하고 있다.

2. 일본의 해외직접투자 현황과 특징

1) 일본의 해외직접투자 추이

전술한 바와 같이 최근 일본의 해외직접투자(이하, 해외투자)는 4년 연속 증가하면서 2014년 1,363억 달러를 기록, 사상 최고치를 경신하였다. 일본의 해외투자는 2008년 글로벌 금융위기 이후 감소세를 보였으나, 2011년 들어 증가세로 전환되었다.

국가 및 지역별로 보면, 2012년 대비 아시아와 북미 지역에 대한 큰 폭의 해외투자 증대가 크게 작용했으며, 반면 중남미, 오세아니아, 중동 및 아프리카에 대한 투자는 3년 연속 감소세를 나타냈다. 2013년 일본은 아시아지역에 대한 투자를 전년대비 20.9% 증가한 405억 달러 규모로 확대하였으며, 이러한 상승세는 2014년에도 이어졌다. 북미지역은 총 30.0% 늘어난 465억 달러를 기록함으로써 2008년 글로벌 금융위기 당시 수준을 회복하였으며, 2014년에도 증가세는 유지되었다.([표 1] 참조)

[표 1] 일본의 대세계 해외직접투자 추이(지역별)　　　　　(단위: 백만달러)

	1995	2000	2005	2010	2011	2012	2013	2014	2015
아시아	8,447	2,132	16,188	22,131	39,492	33,477	40,470	43,237	32,267
북미	9,411	14,176	13,168	9,016	15,166	35,768	46,505	50,126	46,013
중남미	n.a.	3,982	6,402	5,346	11,287	10,454	10,197	,6671	7,730
오세아니아	n.a.	282	943	6,407	8,767	11,075	6,098	6,331	7,661
유럽	n.a.	11,116	8,230	15,043	39,841	31,017	32,227	2,7546	34,574
중동	n.a.	−42	542	−348	716	447	91	939	1,268
아프리카	n.a.	−192	25	−372	464	116	−537	1,501	1,237
합계	22,651	31,534	45,461	57,223	108,808	122,355	135,049	136,347	130,752

자료: 일본 재무성과 일본무역진흥기구(JETRO) 자료를 토대로 필자 작성.

한편 최근 일본 해외투자의 특징은 무엇보다도 그동안의 중국 중심에서 벗어나 ASEAN에 집중하는 현상을 보이고 있는 점이다.

2013년 중국에 대한 투자는 전년대비 32.5% 감소한 약 91억 달러로 중국의 비중이 현저하게 축소된 것을 알 수 있다. 물론 2014년 소폭 증가하였으나 2015년 다시 하락세로 돌아섰다. 일본의 대중국 투자는 2009년 글로벌 금융위기 시점에서도 꾸준히 증가 추세를 보이면서 2012년 135억 달러 수준을 기록하여 사상 최고치를 경신했으나, 2013년 들어 크게 감소하였으며, 이러한 흐름이 2015년까지 계속되고 있는 것이다. 그리고 한국에 대한 투자 역시 2012년 약 40억 달러 규모를 기록하였으나, 2013년 33억 달러, 2014년 34억 달러, 2015년 크게 하락하여 16억 달러 수준으로 낮아지면서 일본의 전체 해외투자에서 점하는 비중은 크게 하락한 것으로 나타났다.

반면 2013년 ASEAN에 대한 해외투자는 전년대비 2배 이상 증가한 236억 달러를 기록하여 아시아 전체에서 58.4% 비중을 차지하였으며, 2014년과 2015년에도 이러한 증가세는 지속되고 있어, 일본의 대ASEAN 중시 경향이 더욱 높아지고 있음이 관찰되었다. 특히 태국에 대한 투자 확대가 현저하며, 싱가포르, 베트남, 필리핀에 대한 투자도 크게 증가하여, 이들 국가가 전체 투자에서 차지하는 비중은 각각 25.1%, 8.8%, 8.1%, 3.1% 수준이다.[1] 그리고 싱가포르에 대한 투자 또한 2012년에 비하여 2배 이상 증가하여 약 35억 달러 규모로 전체 투자에서 차지하는

1 / 일본의 태국에 대한 투자는 2011년 하반기 발생한 홍수 피해 등 국내 상황 악화로 큰 폭 감소한 이래, 2013년 전년대비 약 3배 이상 증가(102억 달러)하여 급속히 회복되고 있다. 日本貿易振興機構(2014) 참고.

비중이 한국(8.1%)을 상회하고 있다. 특히 2014년(82억 달러)과 2015년(65억 달러) 들어 이러한 증가세는 더욱 가속화하는 양상을 보이고 있다. 베트남에 대한 투자 역시 2011년 이후 큰 폭의 증가 추이를 보이면서, 2013년 전년대비 27.1% 확대된 약 33억 달러 규모로 한국에 대한 투자 규모와 동일한 수준인 것으로 나타났다. 다만 2014년과 2015년에는 큰 폭 하락한 것이 특징이다.

[표 2] 일본의 대아시아 주요국 해외직접투자 추이　　　　　　　　(단위: 백만달러)

	1995	2000	2005	2010	2011	2012	2013	2014	2015
중국	3,183	934	6,575	7,252	12,649	13,479	9,104	10,389	8,867
한국	347	1,074	1,736	1,085	2,439	3,996	3,296	3,360	1,633
홍콩	334	−132	1,782	2,085	1,509	2,362	1,785	3,098	2,519
대만	414	−107	828	−113	862	119	330	918	587
인도	n.a.	175	266	2,864	2,326	2,802	2,155	2,214	−1,706
싱가포르	676	−1,521	557	3,845	4,492	1,566	3,545	8,233	6,500
태국	935	593	2,125	2,248	7,133	547	10,174	5,744	3,799
인도네시아	946	585	1,185	490	3,611	3,810	3,907	4,933	3,560
말레이시아	371	−4	524	1,058	1,441	1,308	1,265	1,290	2839
필리핀	1,061	510	442	514	1,019	731	1,242	923	1,450
베트남	n.a.	39	154	748	1,859	2,570	3,266	1,604	1,360
ASEAN	3,987	207	5,002	8,930	19,645	10,675	23,619	23,134	20,244
아시아 합계	8,447	2,132	16,188	22,131	39,492	33,477	40,470	43,237	32,267

자료: 〈표 1〉과 동일

2) 해외직접투자의 구조적 특징과 변화

또한 일본의 업종별 대세계 해외투자 추이를 살펴보면 일본의 해외투자 구조가 2007년을 정점으로 제조업 중심에서 비제조업 중심으로 전환된 것을 알 수 있다. 2013년 기준으로 제조업에 대한 투자 규모는 전년대비 13.8% 감소한 약 425억 달러로 전체 31.5% 비중을 차지한 반면, 비제조업의 경우 동 26.6% 증가한 약 926억 달러를 기록하여 68.6% 비중을 보였다.[2] 이러한 추세는 2014년을 제외하고는 2015년에도 계속되고 있다.

제조업의 경우, 수송기계가 압도적으로 높은 비중(동 8.7%, 117억

2/ 일본의 제조업에 대한 해외투자는 2008년 금융위기를 정점으로 큰 폭의 감소세를 보였으나, 2011년 회복세로 전환된 상태였다. 日本貿易振興機構(2013) 참고.

제1부 일본경제의 이해 03

56

달러)을 점하고 있으며, 이어서 화학·의료(동 4.3%, 58억 달러), 전기기계(동 3.4%, 46억 달러), 일반기계(동 2.9%, 39억 달러), 식료품(동 2.6%, 3.5억 달러) 순으로 크게 나타났다. 비제조업에서는 금융보험업이 가장 높은 비중(동 19.8%, 267억 달러)을 보였으며, 통신업(동 17.3%, 234억 달러), 광업(9.7%, 131억 달러), 도소매업(동 9.6%, 129억 달러), 서비스업(동 5.5%, 15억 달러) 순으로 높았다. 특히 2008년 이후 일본의 해외투자는 제조업보다 비제조업에 대한 비중이 높아졌으며 그 격차는 더욱 확대되고 있다.

한편 일본의 대아시아 투자를 업종별로 볼 경우, 국가별로 산업집적의 구조적 특징이 크게 다르다는 것을 알 수 있다. 중국을 비롯한 태국, 인도, 인도네시아는 제조업 중 수송기계(자동차 및 동 부품 등)에 대한 투자규모가 전체 투자대비 각각 25%, 34%, 40%, 44%를 상회하고 있는 점에 주목해야 할 것이다.

특히 태국의 경우 현지 일본 자동차부품 공급업체의 진출 규모가 금액, 업체수 모두 가장 크며, 2차, 3차 하청업체까지 일본 업체로 구성되어 있는 등 체계적인 산업집적이 형성되어 있다. 중국의 경우, 수송기계에 더하여 전기기계, 일반기계, 화학의료의 집적 비중 또한 매우 높게 나타나, 일본 제조업체에 의한 폭 넓은 산업집적이 형성되어 있는 점이 특징이다.[3]

3 / 말레이시아는 전기기계, 일반기계, 필리핀은 식료품 비중이 압도적이며, 베트남은 규모는 크지 않지만 수송기계, 전기기계, 일반기계 등의 비중이 상대적으로 증가하고 있다. 日本財務省 자료 인용.

[표 3] 업종별 일본의 대세계 해외직접투자 추이 (단위: 백만달러)

		2005	2010	2011	2012	2013	2014	2015
제조업		26,146	17,803	57,952	49,250	42,473	64,441	47,560
	식료품	1,685	2,017	8,149	2,364	3,528	18,939	4,194
	섬유	416	377	672	927	486	1,207	327
	목재·펄프	826	1,068	1,268	1,166	512	1,649	1,271
	화학·의료	3,363	7,902	19,618	6,494	5,763	5,909	7,188
	석유	531	−837	216	491	810	589	115
	고무·피혁	831	634	715	1,853	3,206	3,163	2,493
	비금속광물	258	377	1,325	1,922	2,080	1,873	1,356
	금속제품	1,331	3,873	5,017	4,206	2,881	6,538	2,472
	일반기계	1,296	4,385	5,655	7,979	3,880	6,992	7,850

	2005	2010	2011	2012	2013	2014	2015
전기기계	4,377	1,361	7,334	6,707	4,622	5,953	8,183
수송기계	8,611	−3,582	4,132	10,465	11,697	9,549	10,030
정밀기계	1,419	51	2,791	3,219	1,612	766	903
비제조업	19,315	39,420	57,780	73,102	92,577	64,712	81,108
농림업	23	145	250	101	124	216	157
어업·수산업	−44	47	−7	40	8	1,434	153
광업	1,372	9,061	16,477	20,934	13,089	6,552	8,889
건설업	148	302	436	870	593	463	172
운송업	824	2,294	1,606	870	1,532	1,605	7,860
통신업	1,712	9,899	−1,799	7,208	23,416	7,917	11,506
도소매업	4,623	1,946	12,407	18,372	12,923	17,565	9,259
금융·보험업	9,227	11,397	19,111	14,210	26,701	18,220	32,647
부동산업	−851	765	2,447	2,469	3,118	1,395	3,423
서비스업	1,086	1,596	4,022	4,350	7,480	6,477	4,848

자료: [표 1]과 동일.

3. 일본의 해외직접투자 패턴과 정책 변화

1) 해외직접투자의 패턴 변화와 특징

제조업을 중심으로 한 일본의 해외투자는 크게 ①1970년대~1980년대 전반, ②1980년대 후반, ③1990년대 이후 등 3단계로 구분할 수 있으나, 2008년 9월 발생한 미국발 글로벌 금융위기 이후 새로운 국제화 시대를 맞이했다는 시각이 일반적이다 ([표 4] 참조).

우선 1970~1980년대 전반의 일본의 해외투자는 미일(美日)간 및 일유럽(日歐)간의 무역마찰을 해소하는데 중점을 두었다고 할 수 있다. 일본기업은 구미 각국의 무역장벽(관세 및 비관세장벽)을 회피하기 위해 수입대체의 일환으로 구미국가들에 진출하여 생산거점을 구축하는 형태인, 이른바 "무역장벽 회피형" 해외투자 패턴을 전개하였다. 또한 동 시기는 동남아시아 각국이 채용한 수출지향적 공업화정책에 편승하여 수출가공지역에 진출하기 위해 적극적인 해외투자를 시작한 때이기도 하다.

그 이후 단계는 1980년대 후반에 이른 시점이다. 일본은 1985년 플라자합의 이후 급격한 엔고 현상으로 인해 일본 내 임금 및 생산비용이 큰 폭 상승하는 국면을 맞이한다. 그리고 이를 극복하기 위해 일본기업은 동남아시아에 노동집약적 생산공정을 이전하여 수출거점을 구축하는 전략을 전개하기에 이른다. 즉 이 시점의 해외투자 패턴이 "생산비용 절감 추구형"으로 전환된 것이다.

그리고 3단계(1900년대 이후)는 중국의 개혁·개방정책 가속화의 영향으로 일본기업의 해외투자가 촉진되는 시기였다. 동 시기부터 전세계의 글로벌 기업은 급속하게 중국으로 생산거점을 이전하기 시작했으며, 일본기업 역시 이러한 흐름에 편승하면서, "시장지향형" 투자를 모색하는 패턴으로 변화하였다.[4]

이와 같이 3단계에 걸친 일본기업의 해외투자는 요인 및 대상지역에서 각각 차이는 있지만, 동일하게 제조업 대기업이 중심이 되어 해외진출을 전개한 점이 특징적이다. 하청관계에 있는 중소 제조기업은 대기업의 요청에 따라 뒤이어 해외진출을 전개하는 경우가 대부분이었으며, 해외 현지에서는 일본기업이 일본기업을 위해 부품 등의 생산체제를 구축하게 됨에 따라, 일본 국내의 거래관계 및 생산협력은 해외에서도 그대로 유지되었다.

그러나 이러한 단계별 일본기업의 해외투자 패턴과 달리, 2008년 글로벌 금융위기 이후, 정확하게 언급하면 2010년 이후 일본식 생산모델로 불리었던 풀셋트형 해외이전 패턴은 더 이상 적용되지 않았다. 동시기 이후 일본기업, 특히 중소기업의 상당수는 스스로의 경영판단으로 해외진출을 도모하기 시작한 것이다.

그리고 일본의 해외진출 요인 및 패턴 또한 [표 4]에서 알 수 있듯이, 저렴한 노동력 중심의 "생산비용 절감 추구형"에서 공업중간재 중심의 "판로 추구형" 패턴으로 변화한 것이다. 즉 판로 확대를 위해서는 기존의 하청관계를 해외에서 그대로 유지하는 경우도 있지만, 해외의 신규고객(현지 일본기업 및 글로벌기업)을 개척하는 것이 매우 중요한 요인으로 작용할 수밖에 없게 된 것이다. 또한 독자적인 기술 하나

4 / 현재 빠르게 확대되고 있는 양국간·지역간 무역자유화의 흐름은 이들 글로벌기업은 물론 일본기업에게 국제화 또는 지역화의 관점에서 생산거점 및 수출거점의 재편을 촉진시키는 결과를 가져왔다. 이홍배(2009) 참고.

(Only One)로 생존 및 경영을 유지하고 있는 일본의 중소·영세 업체 및 공장들 역시 더 이상 해외진출을 지연할 수 없는 상황에 직면하게 되면서, 새로운 해외투자 패턴에 편승해야 하는 시대에 돌입했음을 인식하기에 이르렀다.[5]

[표 4] 일본 제조업의 해외직접투자 패턴 변화

시기·단계	주요 이슈 및 사건	해외투자 요인	환율 추이
1970~ 1980년대 전반	○ 대북미·유럽 FDI급증 ○ 대아시아NIES FDI급증	○ 대미국유럽 무역마찰 ○ 무역장벽 회피 위해 현지생산 ○ NIES의 수출가공지역·경제특구에 진출	○ 변동환율제 이행('73년)으로 엔고
1980년대 후반	○ NIES에서 ASEAN으로 FDI 이동	○ 저임금노동력 활용, 노동집약적 생산공정 이전	○ 플라자합의의('85년)로 엔고
1990~ 2000년대 초반	○ 대중국 FDI 급증 ○ 아시아금융위기로 비중 저하, 2000년 이후 다시 증가	○ 중국의 개혁·개방 본격화 ○ 중국시장 확대('01년 WTO가입) ○ 아시아국가 기업의 능력 향상에 따른 산업집적 전개	○ 아시아금융위기('97년)
2010년 이후	○ 대ASEAN FDI 급증 ○ 인도, 미얀마 관심 고조 ○ 중소기업 해외진출 본격화	○ 글로벌화, ASEAN 경제통합에 따른 생산· 수출거점 재편 전개 ○ 차이나+1 인식 고조	○ 글로벌 금융위기('08년)로 엔고

자료: JETRO, JBIC, (財)아시아태평양연구소 등 자료를 토대로 필자 작성.

5 / 특히 최근 들어 일본기업은 차이나 리스크를 회피하기 위한 전략적 수단으로 동남아시아로 생산거점을 이전하는 형태가 증가하고 있는바, 지금까지 해외 생산거점으로서의 중국의 존재감이 감소하는 추세를 보이고 있다. 중국을 대체하는 국가로서는 태국과, 베트남, 인도네시아 등이 대두되고 있으며, 최근 이들 국가들에 대한 해외투자 규모는 급속히 증가하는 추세다. 최근 개혁개방 하에 시장개방을 가속화하고 있는 미얀마, 라오스, 캄보디아 등, ASEAN 후발국가에 대한 투자도 증가세를 나타내고 있다. 이홍배(2009) 참고.

한편 글로벌 금융위기 이후 가속화하고 있는 일본기업의 해외투자는, 2011년경부터 공적개발원조(ODA) 사업과 연계하는 패턴이 강화되고 있는 점도 주목해야 할 것이다. 그리고 이를 통해 개도국에 진출한 일본기업과 ODA 사업과의 연대관계는 더욱 긴밀해졌다고 할 수 있다. 특히 일본의 개도국 ODA 사업 관련 정부 및 기관인 경제산업성, JETRO, 해외산업인재육성협회(HIDA) 등은 물론 지금까지 그다지 관심을 보이지 않았던 외무성과 국제협력은행(JBIC) 등이 ODA 예산을 충당하여 새로운 사업을 계속적으로 추진하고 있는 점을 주목해 볼 수 있다.

국내 산업공동화의 우려가 확산되면서 그동안 일본 중소기업의 해외진출, 이른바 국제화 지원에 대해 최근까지 정부와 지자체가 신중한 입장을 보였다면, 2010년부터는 "국제화(글로벌화)"라는 새로운 시대의 개막과 흐름에 편승하여 적극적인 지원으로 정책방향이 전환되었다고 할 수 있다.

일본 정부가 추진하는 ODA 정책과 기업간의 연대 강화의 배경에는, 개도국에 유입되는 민간자금이 급증하면서 발생한 환경·기후변화, 감염증, 식료, 에너지 등, 빈곤문제 및 글로벌 과제 해결에 필요한 요소를 일본기업의 기술과 노하우, 혁신적 아이디어 등에서 도출하여 활용한다는 인식이 작용하고 있다고 할 수 있다. 후술하는 바와 같이 아베 정부는 2013년 6월 발표한 "일본재흥전략"의 3가지 핵심계획 중 하나로 "국제전개전략"을 전면에 내세우고 있다. 동 전략은 ODA 등을 토대로 한 "경제협력의 전략적 활용"에 중심을 두면서, 인프라 수출 및 중견·중소기업의 해외진출 확대를 위해 적극적인 지원을 전개한다는 것으로 해석된다.

2) 해외직접투자의 정책 변화와 특징

이와 같이 일본의 해외투자 패턴 변화는 일본 정부의 해외투자 정책 변화에 기인한 바가 크다고 할 수 있다. 일본 정부의 기업에 대한 해외투자 지원정책은 전술한 시대적 배경과 해외투자 요인에서 알 수 있듯이, 2010년을 기점으로 큰 변화를 보이고 있으며, 특히 제조(모노즈쿠리) 중소기업에 초점을 두고 전개하고 있는 점이 특징이다.[6] 그리고 이러한 배경에는 다음과 같은 '상황 극복, 비전 제시'라는 공통점이 존재한다. 우선 1990년대 중반 이후 2000년에 걸쳐 일본 정부는 물론 지자체의 중소기업 해외투자 지원은 국내 산업공동화 우려 심화 등을 이유로 매우 신중하게 전개되었다는 점을 들 수 있다. 두 번째, 2008년 글로벌 금융위기 이후 2009년부터 일본 정부 및 지자체가 적극적인 해외진출을 추진하게 되면서, 인식의 전환과 함께 정책의 방향과 세부지원 등에 큰 변화를 가져온 것이다. 세 번째, 특히 일본의 핵심경쟁력인 모노즈쿠리 중소기업의 정체 또는 침체를 억제하고, 이들 기업의 성장을 도모하기 위해서는 국내 수요 감소에 대체할 수 있는 정책적 지원이 불가피한 상황에 직면했음을 인식한 것이다.

그동안 일본기업의 해외투자는 대기업 중심으로 전개되었으며, 이들 대기업의 해외진출에 따른 하청 및 계열 중소기업의 동반 진출 패턴

6/ 일본의 『중소기업백서 2010년』은 중소기업의 가일층의 발전 방안으로 "세계경제 발전을 자신의 성장 동력으로 활용", "어려운 현실을 염두에 두면서 적극적인 국제화 전개" 등의 필요성을 역설하면서, 해외진출 관련 정부의 인식 변화를 제시하였다.

7 / 아베 정부의 "국제전개전략"은 "일본산업재흥플랜", "전략적 시장창조플랜"과 함께 일본재흥전략의 3대 액션플랜 중 하나이다. 岩崎薫里(2014a) 참고.

8 / 회의 구성원은 경제산업성, 금융청, 외무성, 농수산성 및 정부산하기관(JETRO, 중소기업기반정비기구, 일본무역보험), 중소기업관련 단체 (일본상공회의소, 전국상공연합회, 전국농업협동조합중앙회), 민간금융기관, 국책금융기관 등이다. 佐藤淸隆(2013) 참고.

9 / 일본 경제산업성 및 간사이 경제산업국 참고.

10 / JICA: 일본국제협력 기구(Japan International Cooperation Agency).

11 / HIDA: (재)해외산업 인재육성협회(Overseas Human Resource and Industry Development Association)

이 대부분이었으나, 최근 들어 대기업의 제조 하청 및 계열사에 포함되지 않은 중소기업의 생존을 건 해외진출이 큰 폭 증가하는 추세를 보이고 있다. 그리고 이러한 일본 중소기업의 해외진출 확대는 전술한 바와 같이 2013년 1월 출범한 아베 정부의 새로운 성장전략인 "일본재흥전략" 전개에 기인한 바가 크다. 일본재흥전략의 핵심전략인 "국제전개전략"은 해외시장을 획득하기 위한 전략적 시책으로, 잠재력 풍부한 제조 중견·중소기업에 대해 중점적 지원책을 제시하고 있다.[7] 특히 "국제전개전략" 시책은 정부의 적극적이고 대대적인 지원을 통해 "향후 5년동안 제조 중소·영세기업의 1만사 해외진출 달성"이라는 목표를 구체적으로 명기하고 있어, 일본 정부의 해외투자를 통한 국가재건과 경기회복의 조기 달성에 대한 기대감이 크다는 것을 알 수 있다.

구체적으로 살펴보면, 경제산업성은 2010년 10월 "중소기업해외진출지원회의"[8]를 출범시키고, 2011년 6월에는 "중소기업해외진출지원대강"을 발표함으로써, 대대적인 중소기업의 해외투자 지원책을 추진하고 있다.[9] "중소기업해외진출지원대강"은 2013년 3월 개정되었으며, 주요 세부내용은 첫째 JICA[10], HIDA[11] 등을 중심으로 총체적인 지원체제를 구축하고, 둘째 일본의 장점을 최대한 활용하며, 셋째 해외진출에 필요한 자금조달의 다양화와 자금의 충실화를 도모하면서, 넷째 일본의 젊은 인재를 비롯하여 해외진출에 요구되는 인재육성을 강화하여, 다섯째 하드웨어와 소프트웨어 부문의 ODA 활용을 포함한 현지사업환경 정비하는 것 등으로 구성되어 있다. 이를 통해 일본 정부는 법제도적 해외진출 지원방향과 세부항목 등을 설정하였으며, 이것이 곧 일본 중소기업의 해외투자 확대와 대세계 무역 증대를 도모할 수 있다고 판단한 것이다.

또한 일본 지자체는 정부의 지원방침을 토대로 각 지역별(예: 긴끼, 간사이, 간토, 후쿠오카 등) "중소기업해외진출지원회의"를 설치한 후 이를 제도화(중소기업해외진출지원행동계획)함으로써, 본격적인 지자체의 해외투자 지원방침을 책정하였다. 특히 일본 모노즈쿠리 중소기업의 주요 해외투자 지역인 ASEAN 국가들을 대상으로 지자체가 기업의 애로사항을 직접 해결하려는 움직임이 가시화되기 시작한 것이다.

일례로, 일본기업의 대베트남 해외투자에 의한 지원은 각 지역별 "베트남경제지원회의" 등의 형태로 전개되고 있다.

더욱이 아베 정부는 해외투자 확대를 위한 정책적 지원을 "신국가 정책" 중 하나의 핵심으로 채택하여, 해외투자의 중요성을 대대적으로 강조하였다. 이에 따라 정부 내 "일본재생회의"가 설치되었고 동년 6월에는 "성장전략"을 책정하였으며 그 중 중소기업의 해외진출 지원이 중대과제로 선정되었다.[12]

이러한 일본 정부의 해외투자에 대한 정책적 변화와 이에 따른 투자의 패턴 변화의 요인은 이하의 중소기업에 대한 해외투자 지원 제도 및 시스템 강화 등에서도 여실히 나타난다. [표 5]와 [표 6]은 2012년 일본 정부가 책정한 주요 신규지원 사업과 관련 예산을 나타내고 있다. 또한 지원사업의 추진은 경제산업성과 중소기업청, 그리고 외무성과 JICA(ODA예산) 등이 중심이 되어 전개되며,[13] 지원사업의 예산으로 2012년 대규모 추가경정예산이 책정되었고, 2013년도 역시 해외진출 지원사업 예산이 큰 폭 확대되었음을 알 수 있다.

12 / 아베 정부의 "성장전략"에는 과거와 달리 중앙정부와 지자체가 연계하여 해외진출 희망 및 가능 기업을 발굴하여 지원하는 것이, 새로운 시대에 부합하는 일본형 모노즈쿠리의 장기 비전과 목표 달성에 중요하다는 인식이 내포되어 있다. 佐藤淸隆(2013) 참고.

13 / 금융부문에서는 일본정책금융공고에 의한 중소기업에 대한 특별대출제도, 상공조합 중앙금고에 의한 중소기업 해외현지법인에 대한 출자 및 융자, 보증, 중소기업 기반정비기구에 의한 해외진출 펀드 등이 포함된다.

[표 5] 일본의 중소기업 해외투자 관련 지원사업 및 예산 현황

	지원사업	예산	사업내용
경제산업성·중소기업청	중소기업해외진출지원사업	28억엔	중소기업해외진출을 지원하기 위해 JETRO, 중소기업기반정비기구가 연계하여 국내외 전시회 출전 지원, 해외바이어 초빙, 파견단 지원 등을 실시
	해외진출중소기업 경영기반강화사업	24억엔	해외진출에 의한 경영기반 강화를 도모하는 중소기업의 자본확충을 지원
	글로벌기술연계지원사업	6억엔	기술유출 대책으로 세계시장 점유를 위한 중소기업의 시사품 개발 등을 지원
	JAPAN브랜드육성지원사업	4억엔	해외판로 개척을 위해 현지 중소기업과의 협력을 통해 소재, 기술 등의 강점을 활용할 수 있는 전략 전개를 지원하여 상품 개발 및 시장개척 등을 지원
외무성	ODA에 의한 개도국 지원과 중소기업해외진출과의 매칭관련조사사업	20억엔	중소기업이 지닌 기술과 노하우를 ODA사업에 활용한다는 정책 목표를 실현한다는 차원에서, 조사 등의 업무를 지원하는 사업(수요조사, 개도국정부사업 조사)

자료: 일본 경제산업성, 중소기업청, 외무성 자료를 토대로 필자 작성.

이와 같이 일본 정부가 해외투자 관련 지원을 중대과제로까지 채택하면서 정책적 큰 변화를 모색하고 있는 요인에는 다음과 같은 현실적 과제와 미래의 비전을 동시에 해결한다는 인식이 내재되어 있다고

할 수 있다.

　　우선, 일본이 세계적으로 평가받고 있는 모노즈쿠리기술과 이를 토대로 구축해 온 아시아 역내 제조업 생산네트워크를 어떻게 유지 및 강화해 나갈 것인가에 대한 해결책으로 해석할 수 있을 것이다. 그리고, 모노즈쿠리 중소기업의 해외진출 지원의 가장 큰 중장기적인 목적은 무역 확대를 통한 국내 고용창출과 경제성장이다. 또한, 모노즈쿠리 기술 및 관련 제조부문에 있어, 어느 분야를 해외로, 어느 분야를 국내로 남겨야 하는가를 명확하게 설정함으로써, 산업공동화의 우려와 부작용을 최소화한다는 점이 반영된 것으로 판단된다.

[표 6] 일본의 주요 해외진출 지원 제도 및 시스템 현황

기관	제도 및 시스템	주요 내용
중소기업기반정비기구 (SMRJ)	중소기업국제화지원 어드바이스제도	해외투자 등 해외비즈니스에 필요한 부문을 전문가가 어드바이스해 주는 공적서비스
	중소기업해외진출One-Stop상담창구	해외진출을 위한 계획 등 해외사업의 종합창구 역할을 수행하는 서비스
	해외진출에 필요한F/S지원 (사업화가능성조사)	중소기업이 전개하는 F/S조사에 대해 전문가의 경험과 노하우 등을 활용하고, 관련조사 및 필요경비의 2/3를 부담(상한액 120만엔)
일본무역진흥기구 (JETRO)	해외코디네이터의 수출지원상담서비스	제품·상품의 수출 가능성을 고려하여 수출선·투자선의 현지 상품트랜드, 상관행 등을 어드바이스
	전시회·상담회 출전지원	해외견본시장 등을 통해 기업의 비즈니스 기회 확대를 지원
	수출유망안건지원서비스	전문가에 의한 해당 중소기업의 제품 전략을 결정, 시장정보수집과 해외 견본시장 및 상담 등에 동반 참가하는 등 계약체결에 이르기까지 지원
	손해조사비용 조성 (지적재산권보호)	해외에서 지적재산권 침해를 받는 중소기업에 대해 모방품, 해적판 등의 시장정보를 제공하고, 침해관련조사 경비 일부를 지원
	해외시장조사서비스	해외기업의 검색 및 통계자료 등 정보수집을 지원
	전시회·상담회 출전부스지원	정부의 일부 경비 지원을 통해 전시회, 상담회 전개
	수출을 위한 해외진출 초기 지원제도	개인사업자의 해외진출시, 현지 정부로부터의 부당한 취급으로 수출 기회를 잃었거나 하는 경우, 문제해결을 위해 일본정부 차원에서 개선해 주는 서비스
국제협력기구 (JICA)	협력준비조사(BOP비즈니스연계촉진)	빈곤층(Base of Pyramid)을 위한 비즈니스순비 조사제도
	중소기업연계촉진조사(F/S조사)	개도국의 사업진출을 구상하는 중소기업의 요청으로 사업계획을 책정하고 실시하는 서비스
	협력준비조사(PPP인프라사업)	민관협력형(Public-Private Partnership) 인프라사업에 관한 제안공모형F/S조사제도
	해외투융자(민간사업에 출자·융자)	2012년 10월에 본격적으로 실시

자료: 〈표 5〉와 동일.

4. 요약 및 시사점

 본고는 최근 확대 추이를 보이고 있는 일본 해외투자의 구조적 특징과 패턴 및 정책 변화에 초점을 두었으며, 이를 통해 일본의 대한국 투자 촉진 방안을 모색하고자 하였다.

 이하에서는 분석결과를 요약한 후, 향후 일본의 자본과 기업을 유치하기 위해 어떠한 정책적 노력과 지원을 강구해야 하는가에 대해 고찰하고 있다.

 최근 증가 추세에 있는 일본의 해외투자의 구조적 특징은 다음과 같은 일본기업의 해외투자 패턴 및 일본 정부의 정책 변화에 기인하고 있는 바가 크다고 할 수 있다.

 1970년대 이후부터 2000년대까지 일본기업의 해외투자는 "무역장벽 회피", "비용 절감", "시장 지향" 등을 목적으로 추진되었으나, 2010년 들어 "판로 개척 및 확보"에 중점을 두고 해외진출을 전개하는 경향이 강하게 나타났다. 이에 따라 과거의 제조 대기업 중심으로 하청 중소기업이 동반 진출하는 패턴보다는 제조기술을 확보한 중소기업의 독자적 투자진출이 큰 폭으로 증가하고 있는 점에 주목해야 한다.

 더욱이 2000년대 후반 글로벌 금융위기 이후 일본의 해외투자에 있어 가장 큰 비중을 차지했던 일본식 생산네트워크 확충, 이른바 풀셋트형 해외이전 패턴은 붕괴되었다고 할 수 있으며, 이를 극복하기 위한 수단으로 일본 중소기업이 자체 판단 하에 해외투자를 전개하고 있는 것은 이례적인 변화라고 할 수 있다. 그만큼 일본 중소기업들은 해외 판로 개척 및 확대를 위해서 해외의 신규고객을 확보하는 것이 매우 중요한 요인이라는 점을 인식하기 시작한 것으로 해석된다.

 한편 2010년 들어 일본의 해외투자 패턴이 달라진 데는 무엇보다도 일본 정부의 해외투자 지원 관련 정책 변화가 큰 역할을 하고 있는데, 특히 제조기술을 가진 중소기업에 대한 해외투자 지원정책이 과거에 비하여 큰 폭 확대된 점에 주목해야 할 것이다. 2013년 아베 정부가 이를 극복하고 새로운 성장동력을 창출하고자 해외시장 개척 및 확충을 중점과제로 세우고 대대적인 해외투자 진출 지원정책을 마련하여 추진하고 있는 점 또한 과거와 다른 큰 변화임에 틀림없을 것이다.

그리고 일본 정부는 강화된 해외투자 지원정책을 통해 다음과 같은 목적을 달성하고자 노력하고 있는 것이다. 첫째, 한국과 중국을 비롯한 신흥경제국의 캐치업을 지연시키면서 아시아 역내 제조업 생산네트워크를 지속적으로 유지, 확대해 나가는 것이 일본경제의 회복과 성장동력의 재확충에 중요하다는 인식이다. 둘째, 해외투자 증대를 통해 감소 추세를 보이고 있는 대세계 무역 확대 및 이를 통한 무역수지 흑자 전환 및 증대를 도모하며, 셋째, 일본의 경제구조를 무역 증대 및 무역수지 흑자 확대를 통한 고용창출→소비 진작→기업의 이익 회복→생산 증대→경제성장이라는 선순환 경기 흐름으로 회귀시키는 것이다. 그리고 마지막으로 해외투자 확대에 따른 산업공동화 우려는, 대내외 투자를 통한 이전 산업 및 업종을 명확하게 선정하여 해외진출을 촉진함으로써 부작용을 최소화 하겠다는 것으로 해석할 수 있을 것이다.

따라서 이와 같은 일본의 해외투자 패턴과 정책 변화 등을 고려하여, 한국으로서는 다음과 같은 대일본 투자 유치 확대 방안을 적극 고려해야 할 것으로 판단된다.

첫째, 일본 해외투자의 구조적 특징이 과거와 달리, 제조업 비중 감소, 비제조업 비중 상승하고 있는 점을 고려하면, 비제조업부문에 대한 외국인투자 환경 개선(규제완화, 세율인하 등) 및 대일본 투자 유치에 부합하는 맞춤형 지원정책을 마련해야 한다. 둘째, 일본의 해외투자 패턴이 과거와 달리, 아시아 중시, 중국 비중 감소 현상이 현저한바, 최근 확대일로를 보이고 있는 대ASEAN 투자를 한국으로 전환시킬 수 있도록 대한국 투자 유치 유인책을 대대적으로 전개해야 할 것이다. 셋째, 일본기업은 물론 일본 정부는 여전히 자신들의 강점인 모노즈쿠리 기술을 적극 활용할 수 있는 생산네트워크 확충 및 유지를 추구하고 있어, 아시아 역내 주요 경쟁국에 비하여 상대적으로 고기술, 숙련인력 등을 확보하고 있는 한국의 강점을 적극적으로 홍보할 것이 요구된다. 넷째, 업종별로 일본기업은 비제조업 해외투자 비중이 높아졌다고 하지만, 여전히 제조기술을 수반한 화학, 전기전자기계, 수송기계 등에 초점을 둔 해외투자를 전개하고 있어, 이들 업종에 대한 체계적인 지원정책과 법제도적 환경 개선이 필요한 시점이다. 다섯째로, 과거와 달리 일본 정부는 중소기업 중심의 해외투자를 독려하고 있어, 한국 내 현지 판매 확대에 필요한 금융서비스, 생산거점 제공, 협력기업 매칭, 유통시스템 정보제공 등 다양한 이익 창출 메커니즘을 제시하는 것이 중요하다.

물론 한국이 현지 진출기업의 경영환경 및 지원제도 등에서 아시아 역내 투자경쟁국 대비 상대적으로 열위에 있다는 것은 주지의 사실이다. 그러나 한국진출 일본기업은 지속적으로 흑자를 기록하고 있으며, 타 주요 경쟁국인 중국, 태국, 싱가포르, 인도네시아 등에 비하여 높은 수준을 나타내고 있는 점에 주목해야 한다.

주요 투자대상국에 비하여 일본기업의 흑자 폭이 크다는 것은, 향후 대한국 투자 확대 가능성이 그만큼 높다는 것으로 해석할 수 있다. 더욱이 한국에 진출한 일본기업은 비제조업에 비하여 제조업에서 상대적으로 큰 흑자 폭을 기록하고 있는데, 이는 한국 제조업의 기술 및 인력 등의 투자인프라가 상대적으로 정비되어 있음을 의미하고 있어, 일본기업의 대한국 투자를 유인할 수 있는 비교우위 요인으로 작용한다고 판단된다.

마지막으로 연구결과에서도 나타났듯이, 최근 일본의 대세계 해외투자 규모가 확대되고 있음에도 불구하고 대한국 해외투자 정체 현상이 계속되고 있는 데는, 크게 두 가지 요인이 작용한다고 볼 수 있다. 첫째, 과거와 달리 일본의 대한국 해외투자 패턴이 단순한 "제조생산거점형" 투자에서 벗어나 "연구개발형 및 판로개척형" 투자 형태로 전환되고 있기 때문이다. 둘째, 일본기업의 대아시아 해외투자 목적과 패턴이 과거와 달리, 비용측면에 더하여 중소기업 중심으로 투자대상국의 구조적 특징을 효율적으로 활용하고 이를 자국의 성장과 고용 증대로 연계하는데 중점을 두고 있기 때문에 타 경쟁국에 비하여 상대적으로 대한국 투자 규모가 안정된 추이를 나타내고 있는 것으로 해석할 수 있다.

이를 고려하면, 전술한 한국의 대일본 투자 유치 방안에 대한 세부적 개선방향과 정책적 추진방안을 가능한 신속하게 마련해야 하며, 중국, ASEAN, 인도 등과 차별화된 투자유치 업종 선정과 지원 환경 및 시스템 강화 등의 노력이 수반되어야 한다.

참고문헌

〈한국어 문헌 및 주요 참고 자료〉

김주헌·설원식(2008)「한국내 일본계 외국인투자기업의 경영행태 – 비 일본계 외투기업과의 비교분석 –」『한일경상논집』제39권 한일경상학회.

김준동 외(2009)「국내 외국인직접투자의 경제적 효과 및 투자환경 개선방안」연구보고서 대외경제정책연구원.

박경렬(2014)「일본 중소기업의 해외직접투자의 의사결정 과정과 경영성과」『한일상논집』제63권 한일경상학회.

이기동 외(2008)「외국인직접투자 기업의 입지선택 – 수평적·수직적 집적효과를 중심으로 –」『한국경제연구』제21권 한국경제학회.

이형오·한미경(2005),「일본기업 한국시장 진출형태에 관한 연구」『한일경상논집』제30권 한일경상학회.

이홍배(2009)『우리나라 중소기업의 대일 시장진출 역량강화 방안』, 동의대학교.

임천석(2001)「일본의 대한 직접투자 확대를 위한 정책과제」『한일경상논집』제21권 한일경상학회.

〈일본어 문헌 및 주요 참고 자료〉

이와사키 가오리 岩崎薫里(2014)「日本の対日直接投資の促進に向けた三つの視点」Research Focus 日本綜合研究所

_____(2014)「着実に拡大するアジアからの対日直接投資」『還太平洋ビジネス情報』日本綜合研究所.

사토 기요타카 佐藤清隆(2013)「産業競争力と東アジアの生産ネットワーク」横浜国立大学.

일본아시아태평양연구소 日本アジア太平洋研究所(2013)「日本企業の立地先としてのアジアの魅力とリスク」.

일본은행 日本銀行 www.boj.go.jp

일본재무성 日本財務省 www.mof.go.jp

일본총합연구소 日本總合研究所(2013)「わが国製造業における空洞化の状況に関する調査」.

일본경제산업성 日本經濟産業省 www.meti.go.jp

일본국제협력은행 日本國際協力銀行(JBIC) www.jbic.go.jp

일본외무성 日本外務省 www.mofa.go.jp

일본무역진흥기구 日本貿易振興機構(2014)「日本型ものづくりのアジア展開」.

_____(2013)「中小部品サプライヤーのアジア展開」. JETRO 海外調査部.

_____(JETRO) www.jetro.go.jp

일본중소기업청 日本中小企業廳『中小企業白書』各年度版.

〈영어 문헌 및 주요 참고 자료〉

Blonigen, B. A. and J. Piger(2010) "Determinants of Foreign Direct Investment," NBER Working Paper, No. 16704.

Bughin, J. and S. Vannini(1983), "Strategic Direct Investment under Unionized Oligopoly," *International Journal of Industrial Organization*, 12, 127-145.

Fung, K. C. and Iizaka, Hitomi(2002) "Determinants of U.S. and Japanese Direct Investment in China," *Journal of Comparative Economics*, 30, 567-578.

Head, K. and J. Ries(2008) "FDI as an Outcome of Market for Corporate Control: Theory and Evidence," *Journal of International Economics*, 74 (1), 2-20.

Smith, D. and Florida(1994) "Agglomeration and Industry Location: An Econometric Analysis of Japanese-affiliated Manufacturing Establishments in Automotive-related Industries," *Journal of Urban Economics*, 36, 23-41.

일본 경제정책의 해부:
아베노믹스의 영향 및 평가

현석원 | 玄錫元 Hyun, Suk-won

일본 교토대학(京都大學)에서 경제학 박사(금융정책) 학위를 받았다. 이후 현대경제연구원 연구위원을 거쳐 2010년 10월부터 포스코경영연구원에서 수석연구원으로 재직 중이다.
전공분야는 일본경제이며 최근의 연구 관심은 일본의 거시경제동향, 기업경영 등이다.
　주요업적으로는『서브프라임 금융위기』(번역, 2008) (공저),『치미아이코노믹스』(현대경제연구원, 2008) (공저) 등이 있다.

1. 서론

일본은 2012년 12월 이후 아베노믹스를 실현해 오고 있다. 올해 12월이 되면 시작한지 만 4년째를 맞게 된다. 4년 동안의 아베노믹스에 대한 평가를 한 마디로 언급하기는 힘들 것으로 판단된다. 최근 일본경제는 2016년 1사분기가 전분기 대비 0.4% 성장한 것으로 나타나고 있어 예상보다 나쁘지 않은 것으로 드러나기는 했지만 2015년 1분기 1.3%를 기록한 이후 작년 2분기와 4분기에 마이너스 성장을 기록하게 되었다. 이처럼 일본경제의 회복이 향후 지속될 것인지 아닌지에 대해서는 의견이 상반되게 엇갈리고 있다. 더욱이 2016년에는 경기 회복이 지연될 것으로 보이면서 금년 1월에는 마이너스 금리를 실시하겠다고 발표한 상황이다.

본문에서는 아베노믹스에 대한 평가에 앞서 먼저 2014년 4월 소비세 인상에 대해 평가하도록 하겠다. 이후, 아베노믹스의 본질적인 성공을 위한 구조개혁을 살펴보고 과거 경제정책과의 비교 평가를 통해 현 시점에서 아베노믹스에 대한 판단을 내려보고자 한다.

2. 2014년 소비세 인상 이후 아베노믹스

일본정부는 세수 확보를 통한 재정 부담을 줄이기 위해서 2013년 3월 소비세 인상을 했으나 2차 소비세 인상은 당초보다 1년 6개월 지연시켰다. 소비세 인상을 2년 연속 시행할 경우, 경제 회복 기조가 아베노믹스 실시 이전으로 악화될 것을 우려, 소비세율 인상 시기를 조정하기로 결정한 것이었다. 아베총리는 중의원 해산 후 치러진 총선에서 자민당과 공명당의 연립여당이 전체 475석 중 326석을 차지하며 재집권하였다. 향후 계획상으로는 2015년 10월 8%에서 10%로 2단계 소비세 인상이 예정되었으나 2014년 12월 아베총리의 재신임 성공에 따라 2017년 4월로 연기되었다. 그러나 최근 2017년 4월로 연기된 소비세 인상도

2019년 10월로 재연기된 상황이다.

소비세 인상 이후에 당연히 일본경제는 부침이 있어 왔다. 재정건전성 악화는 단기적으로는 경기 회복을 유도할 수 있으나 미래 세대 및 경제 전체에 부담이 될 것으로 보였다. 일본의 신속한 재정정책은 일본 경기 회복의 마중물 효과로서 작용하게 되었다. 빠른 재정정책이 일본의 경기 회복에 긍정적 역할을 한 것으로 평가되고 있다.

그러나 재정적자를 늘리는 것은 한계점을 내포하고 있다. 향후 일본은행의 출구전략이 시행되면 시장금리가 급등하면서 정부의 국채이자 부담이 늘어나고 적자 재정이 확대될 수밖에 없기 때문이다. 일본의 GDP 대비 정부부채 규모는 238%로 미국 103%의 2배를 넘는 높은 수준에 달하고 있다.

[표 1] 아베노믹스 양날의 검

구분	최초 의도	역효과	결과
소비세 인상	– 재정정책을 위한 세수보충 – 재정건전화	– 디플레이션 출구가 보이려는 시점에서 다시 소비 위축	– 2015.10 예정이었던 소비세 인상 연기 – 기업 임금상승 압박
엔저	– 수출 증가 – 국내투자 증가	– 수입물가 상승 – 엔저도산 증가	– 수출물량 증가는 없음 – 국내투자 증가하지 않음

자료: 한국무역협회, Global Market Report 15-007(2015.1) 재인용

소비세 인상 이후 성장률은 2분기 연속 마이너스를 기록했고, 2014년 4분기에 플러스 성장으로 전환되었다. 이후의 경제 성장률이 둔화되기는 했으나 이는 소비세 인상의 영향보다는 글로벌 경제 둔화의 영향으로 이해하는 것이 보다 타당할 것으로 보인다. 일본은 1997년 소비세 인상 이후 경기부진이 심화된 것을 감안해 재정지출 확대, 기업감세 등 5.5조엔 규모의 대규모 경기 부양을 마련하기도 했다.[1] 소비세 인상 이후 경제대책의 주요 내용은 다음과 같다. 우선 방재 및 안전대책으로 노후 인프라 등 공공 사업을 계획하고 있고 경쟁력 강화책으로서는 올림픽 인프라 정비, 모노즈쿠리 보조금을 기획하고 있다. 그리고 여성, 고령자 및 청년 지원을 위한 고용, 저출산 대책을 수립했다. 특히

1/ 국제무역연구원(2014), '일본의 소비세 인상에 따른 일본경제 전망 및 우리 수출에의 영향', 트레이드 브리프, 2014년 4월.

가계부담완화를 위한 현금지급을 실시하게 되었는데 저소득자 1인당 1~1.5만엔, 중간소득자 아동 1인당 1만엔, 주택구입자의 소득세 공제를 추진하게 되었다.

이러한 소비세 인상에 대비한 정책은 일견 소비세 인상으로 인한 성장률 저하를 막기는 했을 수 있으나 소비세 인상을 극복할 만한 성장 모멘텀이 2015년 이후 지금까지 마련되어 있지 않은 상황에서 2017년 4월 코앞으로 다가온 아베 정부의 소비세 인상을 추진하기는 어려웠던 것으로 보인다. 따라서 아베 정부가 2차 소비세 인상을 연기한 것은 성장률의 정체를 보이는 상황 속 고육지책의 결과로 이해할 수밖에 없다. 결론적으로 1차 소비세 인상의 후폭풍은 크지 않았을 뿐 아니라 1997년 소비세 인상 이후 경기부진이 심화되었던 사례를 충분히 반면교사로 삼아 대비했던 것으로 판단된다.

3. 아베노믹스의 성공 포인트, 구조개혁의 주요 내용

아베노믹스의 세 번째 화살인 신성장전략 등을 통한 구조개혁이 이뤄진다면 기업 투자 및 민간의 소비 회복으로 이어져 소비세 인상 영향을 극복할 것으로 보인다. 일본 정부는 2015년 법인세율 인하 등 기업 투자 지원과 증여세 비과세 확대 등 가계 지원을 통한 내수 활성화를 추진하고 있는 중이다. 아베노믹스의 세 번째 화살인 구조개혁 노력을 통해서 잠재성장률을 높이고 세입 확대를 가능하게 해야 하는 상황이다. 이에 따라 특히 일본 정부와 여당은 법인세 실효세율을 2015년도부터 2년에 걸쳐 3.29%p (2015년 1차년도 2.51%p, 2016년 0.78%p) 인하하는 방향으로 설정(도쿄 기준 현재 35.64%)하고 있다. 법인세율 인하를 통해 기업들의 투자는 물론, 외국기업의 일본 진출 등을 유도하는 것이 목표이다.

[표 2] 아베노믹스 세 개의 화살

① 금융정책	② 재정정책	③ 성장전략
- 인플레이션 목표 2% 양적완화, 엔고 시정	- 대규모 공공투자	- 규제완화 및 구조개혁 법인세 감세 등
- 양적/질적금융완화 도입('13.4) - 양적/질적금융완화 확대('14.10)	- 일본경제재생을 위한 긴급경제대책 발표('13.1)	- 일본부흥전략발표('13.6) - 일본부흥전략개정('14.6)

출처: 한국무역협회, Global Market Report 15-007(2015.1) 재인용

그러나 법인세율 인하가 세수 감소로 인해 재정상황을 악화시키는 방향으로 작용할 가능성도 배제할 수 없다. 세 번째 화살인 성장전략에는 법인세 인하 이외에도 공적자금 운영, 농업·에너지 규제개혁 등이 포함되어 있다. 2014년 6월 개정한 일본부흥전략에서는 법인세를 포함한 규제완화 및 구조개혁 등을 추진하려고 하고 있다.

먼저 일본의 공적연금의 국채 비중을 현재 60%에서 40%까지 줄이고 주식 비중을 늘려 일본 증시에 자금이 들어갈 수 있도록 조정하고 있다. 또한 농업 및 에너지 분야의 규제개혁에는 중 원전 재가동 추진도 반영되고 있는데 규슈전력의 센다이원전, 간사이전력의 다카하마원전 재가동 등이 이에 해당한다.

그러나 구조개혁의 길은 요원하다고 볼 수 있다. 특히 사회보장비 지출은 재정을 건전화하는 데 최대 장애 요인으로 나타나고 있다. 매년 1조엔씩 적자 규모가 증가하는 사회보장비에 대한 세출을 삭감하고 효율성을 높이는 구조개혁이 불가피할 수밖에 없다. 이를 위해 의료비와 간병비 증가를 억제하는 것이 사회보장 개혁의 핵심이지만 이익이 축소되는 것에 대한 수급대상자의 강한 저항이 예상되고 있다.[2]

또한 노동유연성 제고 등 노동시장의 구조개혁을 통한 소득불평등 완화가 추진되어야 하겠으나 노동계와의 조율 난항이 예상되고 있다. '정규 사원의 해고 원칙 명확화'를 추진함으로써 소득 양극화의 개선을 이뤄내고자 하고 있으나 노동계의 반발이 심할 것으로 예상되고 있다. 한편 정부는 소득불평등의 완화를 위해 2014년에도 저소득층 긴급경제 대책을 결정했다.

가장 우려가 되고 있는 분야 중 하나인 농업 분야는 관련자들의

2/ '소비세 인상 후 1년, 일본경제 회복과 평가', GIH 이슈리포트, 포스코경영 연구원, 2015년 4월.

이익과 배치되어 실행이 난항을 겪을 것으로 보인다. 농업 분야에 있어서는 특구에 한해서 농업생산법인에 대한 기업 출자 비율의 상한을 높이는 규제개혁 실행이 필요했었다. 우량기업이 자유롭게 농업에 참여할 수 있는 환경 조성을 위해 '기업의 농지 취득'이 자유로워야 하지만 중기적으로 미뤄놓을 수밖에 없는 상황을 맞고 있다.

이러한 어려움은 의료 부문에 있어서도 마찬가지다. 병원과 간병시설에 있어 통합 경영이 가능한 제도를 조속히 실시하겠다고 하고 있지만 각각의 이익이 갈등을 빚을 것이 명확해 보이기 때문이다. 또한 환자 동의에 기초한 '환자신청 요양제도'의 실시를 2016년에 준비하고 있으나 의료업계와의 조율이 필요해 의료 부문의 개혁도 점진적으로 추진될 수밖에 없다고 판단된다.

[표 3] 세 번째 화살 구조개혁의 내용 및 현실

구분	주요 내용 및 현실
사회보장	· 사회보장비 지출 조절은 의료비와 간병비를 축소해야하는 만큼 사회보장 개혁은 저항감이 클 것임
노동	· 저소득층 지원 대책 실시 · 재정 부담으로 인해 지원액 점진 축소할 전망 · '정사원의 해고원칙 명확화', 노사정 공감대 형성 어려움
농업	· 전국노동협동조합중앙회의 역할 축소, 전국노동협동조합연합회의 주식회사 추진 등의 농업개혁 · 농업생산법인에 대한 기업출자비율 제고 추후 실시 · 기업의 농지취득 자유화는 5년 후 검토로 개혁 지연
의료	· 병원과 간병시설의 통합 경영관리 가능한 제도를 추진 · 환자동의 구하는 '환자신청요양제도' 2016년 신설 추진

출처: '소비세 인상 후 1년, 일본경제 회복과 평가', GIH 이슈리포트, 포스코경영연구원, 2015년 4월

구조개혁의 관점을 벗어나 세 번째 화살을 성장전략으로 설명한 것이 일본재흥전략이다. 일본재흥전략 3대 실천계획의 주요 목표 및 내용은 아베노믹스의 핵심 내용으로 파악이 된다. 일본재흥전략은 일본산업재흥계획, 전략시장창조계획, 국제활동전개전략의 3대 실천계획을 두고 있으며 건강, 에너지, 차세대 인프라, 농림수산업 등의 전략분야를 선정하고 있다. 국회예산정책처(2016)는 재흥전략에 대해서 다음과 같이 요약하고 있다. 노동시장, 사회보장제도, 농업부문의 구조개혁이 필수적이

3 / 국회예산정책처,
'일본의 장기침체기 특성과
정책대응에 관한 연구',
2016년 5월.

며 구조개혁 없는 경기부양정책이나 공급부문 개선없는 수요확대정책
은 그 효과가 한정적이고 일시적이라고 평가하고 있다.[3] 이는 첫 번째
화살이 단기적으로 수요를 자극한다고 하더라도 세 번째 화살인 구조개
혁이 동반되지 않는다면 아베노믹스의 성공은 '절반의 성공'으로 평가될
수밖에 없다는 것을 제대로 인식하고 있는 것으로 보인다.

[표 4] 일본재흥전략의 3대 실천계획의 주요 목표 및 내용

3대 실천계획	주요 목표	주요 내용
일본산업 재흥계획	· 산업경쟁력 강화 · 고용제도 개선, 산업특구 조성 등 시장 환경 정비	(1) 긴급 구조개혁 프로그램(산업의 신진대사 촉진) (2) 고용제도 개혁 및 인재역량 강화 (3) 과학기술 혁신 추진 (4) 세계 최고 수준의 IT 사회 실현 (5) 산업 입지 경쟁력 강화 (6) 중소기업 및 소규모 사업자 혁신
전략시장 창조계획	· 고령화, 에너지 문제를 해결하기 위해 환경·에너지, 농림수산, 인프라 등을 전략분야로 선정 · 2020년과 2030년의 미래상을 예측하고 정책적 로드맵을 제시	(7) 국민의 건강수명 연장 (8) 깨끗하고 경제적인 에너지 수급 실현 (9) 안전·편리하고 경제적 차세대 인프라 구축 (10) 세계를 매료시키는 지역사회 실현
국제활동 전개전략	· 기업의 해외진출 촉진 및 해외 자본과 인력의 국내 유치	(11) 전략적 통상관계 구축과 경제협력 추진 (12) 해외시장 확보를 위한 전략적 대응 (13) 일본 성장을 지원하는 자원 및 인재 기반 조성

출처: 국회예산정책처(2016), '일본의 장기침체기 특성과 정책대응에 관한 연구' 재인용

4 / 국제무역연구원, '일본
아베노믹스의 평가와
시사점', 2015년 1월

한편, 국제무역연구원(2015)은 3대 실천계획 중 국제활동전개전략
부문은 큰 진척이 없지만 일본산업재흥 분야, 전략시장 창조 분야에서
점진적인 성과가 보이는 것으로 분석하고 있다.[4] 기업지배구조 개혁,
민간투자 활성화, 사업재편 활성화, 고용·노동 분야의 개혁, 기술분야
의 개혁, 국가전략특구 창설이 이에 해당하는 부분이다. 특히 사업재편
활성화 부분은 2014년 1월부터 「산업경쟁력강화법」을 제정하여 시행하
면서 사업재편촉진제도를 통해 기업의 사업 재편을 독려 하고 있는데,
이것이 이전과 다른 두드러진 변화라 할 수 있겠다. 고용·노동 분야
중 고용 분야에 있어서는 여성의 고용을 확대하기 위한 노력을 추진하
고 있으며 외국인 근로자 활용 확대 노력도 벌이고 있다. 외국인 근로

자 확대를 위해서는 외국인 기능실습제도를 확충하고 제조업·간병·가사도우미 분야에서 외국인의 일본 현지 취업을 지원하고자 한다. 노동 분야에 있어서는 정규직과 비정규직의 이중구조를 해소하려고 하고 있으며 노동 시간, 파견근로자 등에 관한 노동규제 개혁이 핵심 분야라고 할 수 있다.[5]

전략시장 창조 분야에서는 의료·보건 분야, 농업 분야와 더불어 관광 분야에 대해서도 적극적인 외국인 유치를 추진하고 있다. 의료·보건 분야에서는 예방서비스와 건강관리 내실화, 첨단의료기술 육성, 셀프 메디케이션 강화, 양질의 의료·복지 서비스 제공 등을 추진하고 있다. 농업 분야에서도 소규모 농가가 많아 생산성이 낮은 것을 극복하려고 하고 있다. 이를 위해 농지의 직접·집약화 및 농지이용의 최적화에 의한 경쟁력 강화 등을 추진하고 있는 중이며 관광활성화를 위해 ASEAN 12개국들에 대해 비자 기준을 완화한 결과, 2014년 외국인 방문자수가 전년대비 29.4% 증가한 1,300만명을 기록하고 있다.[6]

5 / 국회예산정책처(2016), 상동

6 / 국제무역연구원(2015), 상동

4. 아베노믹스의 평가

아베노믹스의 향방은 앞서 말한 바와 같이 불확실한 상황이 지속될 것임에 틀림없다. 그러나 아베노믹스가 이전에 추진했던 정책과는 다른 큰 의미를 지니고 있다고 하는 평가에는 반론의 여지가 없다. 큰 폭의 규모로 추진한 양적완화 및 물가상승률을 타겟으로 진행한 디플레이션의 탈출 노력 등은 가히 평가할 만한 가치가 있는 것으로 보인다.

현재의 아베노믹스와 과거의 정책을 비교해 보면 지난 잃어버린 20년간에 추진해 왔던 거시정책은 다음과 같은 약점을 포함하고 있었다. 1990년대 은행 부실 등에 대한 정책 대응을 적기에 추진하지 못한 것은 정책 운용상의 경직함이 주요 원인이라고 지적되고 있다.[7] 1990년대 이후 일본정부는 버블 경제가 유발할 수 있는 금융위기에 대한 위기감은 거의 없었고 엔고에 의한 수출 침체에 대비해 금융완화 움직임만

7 / 船橋洋一, "検証 日本の 『失われた20年』", 東洋経済新報社, 2015.6

강했었다. 더욱이 1990년대 초반 지가와 주가가 곧바로 회복될 것이라는 기대로 인해 은행의 부실채권에 대한 신속하고 단호한 처리가 수반되지 못했었다.

船橋(2015)는 금융정책에 대한 판단 중 금융 및 재정정책을 적기에 추진하지 못한 이유가 플로우 변수의 파악을 간과하고 자산 가격에 대한 신념이 너무 강했기 때문인 것으로 분석하고 있다. 실질적으로 자산 가격의 폭락이 버블 발생 이전의 수준에서 멈출 것으로 예상했으나 실제로는 1970년대의 수준까지 하락하게 되었다. 이러한 상황에서 활력을 잃은 경제를 되살릴 모든 조치의 시도가 필요했던 것이라고 지적하고 있다.

또한 잃어버린 20년에 걸친 장기침체의 주요 원인은 금융정책과 재정정책의 소극적인 추진에서 비롯된 바가 크다고 船橋(2015)는 언급하고 있다. 1995년 이후 장기에 걸친 심각한 경기침체는 주로 금융 및 재정정책 추진 시기의 실기에 원인이 있었다고 보고 있는 가운데 첫 번째 원인인 금융 및 재정 당국에 의한 정책은, 정책 추진의 적극성이 부족해 정책을 필요에 맞게 조정하지 못한 것으로 평가하고 있다. 1995년 시점에서 이미 금리가 제로수준까지 떨어지면서 금리정책의 제약이 발생해 일본은행은 주된 정책 수단을 빼앗긴 상황이었다. 따라서 일본은행의 디플레이션 정도에 대한 인식이 미약하였고 양적완화의 규모도 60조~80조엔에 그쳐 성장률 하락에 대한 적극적인 대응이 미흡하였다. 즉 금융위기 이후 미국 FRB나 유럽 중앙은행처럼, 대폭의 양적 완화를 통해 효과적인 금융정책을 추구하는 방법을 고려하지 못했던 것이다. 둘째, 과거 20년간 지방의 도로 건설 공공투자 역시 단기적인 효과가 있었으나 중장기적으로는 재정적자로 연결되었다. 셋째, 1990년대 중반 경제성장률의 후퇴 트렌드를 파악하지 못하고 소비세 증세(3%→5%)를 실행해 경기후퇴를 심화시키게 되었다고 분석하고 있다.

[표 5]는 1990년대 이후의 경기부양대책을 살펴본 것이다. 일본의 경기부양대책은 재정에 의한 경제 활력을 일으키려 했으나 결과적으로 국가 부채만 급증시키는 결과를 초래하게 된 것이다. 이에 따라 1992년

에 GDP 대비 73.7%에 달한 국가부채 수준이 2000년에는 2배가 증가한 143.8%에 이르게 되었다.

[표 5] 일본의 주요 경기부양대책

경기부양대책	내각	규모
종합경제대책('92.8) 신종합경제대책('93.4)	미야자와	10.7조엔 13.2조엔
긴급경제대책('93.9) 종합경제대책('94.2)	호소가와	8.0조엔 15.3조엔
경제대책('95.9)	무라야마	14.2조엔
종합경제대책('98.4)	하시모토	16.7조엔
긴급경제대책('98.11) 경제신생대책('99.11)	오부찌	17조엔 17조엔
신발전정책(00.10)	모리	11조엔

출처: 삼성경제연구소, 일본 경제의 위기와 개혁실패의 교훈('02.4)

아베노믹스가 경제성장에 미치는 영향에 대한 일본 내각부의 분석을 국회예산정책처(2016)는 다음과 같이 정리하고 있다. 두 가지의 시나리오를 제시하고 있는데 표준 시나리오에 따르면 일본경제가 잠재성장률을 하회하는 상황이 장기간 지속될 것이라고 전망하고 있다.

다른 한편으로는 대조적으로 경제재생시나리오상, 제시하고 있는데 이는 아베노믹스의 경제회복정책이 발휘가 된다는 것을 전제로 하고 있다. 이에 따르면 중장기적으로 일본경제가 실질 성장률 2%, 명목으로는 3% 성장하는 것을 목표로 삼고 있다. 경제재생시나리오는 2018년에 전년대비 2.6%, 2020년에는 2.2% 성장하는 것으로 추정되어진다.

그러나 아베노믹스에 대한 일본경제전망은 너무 낙관적이라고 지적되고 있다.[8] 첫째, IMF가 2016~2020년 중 명목경제성장률을 2.5% (2015.10월 전망)로 전망하고 있는 것과 아베정부가 상정하고 있는 3%는 괴리가 크기 때문이다. 두 번째의 문제점으로 지적되고 있는 것은 세출을 줄이기 위한 구체적인 청사진이 부족하다는 것이다. 재정적자, 공공부채, 낙관적 경제전망, 반복되는 추경 편성에 의한 것으로는 충분치 않고 사회보장 지출의 억제를 위한 법개정 등이 이루어짐으로써 재정규율이 강화가 되어야 함을 언급하고 있다. 셋째로 금융완화정책의

8 / 국회예산정책처(2016)

지속가능성은 한계에 다다를 것으로 보고 있고 이를 위해서는 늦어도 2020년까지 재정개혁이 수반되어야 한다는 필요성을 제기하고 있다.

여러 가지 평가가 있을 수 있지만 아베노믹스가 다룰 수 있는 모든 종류의 거시경제 정책을 활용하고 있다는 것은 인정할 수밖에 없는 사실이다. 이러한 면에서 아베노믹스가 일본경제에 활기를 불어넣은 것은 높은 평가를 받을 수밖에 없다. 아베총리의 최측근인 하마다 고이치 예일대 명예교수는 성장전략에 대한 평가에 대해 2015년 아직 불투명하다고 지적한 바 있다. 하마다 교수는 첫째 화살인 금융정책은 의미가(A) 있었고, 둘째 화살인 재정정책은 평균(B) 정도 수준이며 성장전략은 불투명하다며(E) ABE총리의 이름에 빗대어 아베노믹스를 평가하기도 했다.

5. 결론

최근의 엔화 움직임을 보고 아베노믹스는 성공적이지 않다고 하는 의견이 상당히 대두되고 있다. 그러나 아베노믹스 이전의 엔화를 고려해 보면 아베노믹스는 적어도 환율 면에서 성공한 정책이라고 볼 수 있다. 달러당 120엔에서 110엔이라는 소폭 강세의 관점에서 판단하는 것이 아니라 2012년 달러당 80엔에서, 현재 엔화가 강세로 조정되었다고는 하지만 여전히 달러당 100엔을 상회하고 있기 때문이다.

아베노믹스에 대한 경제학적인 평가는 추후 객관적으로 이뤄질 것이다. 1997년 하시모토 내각에서 이루어졌던 3%에서 5%로의 소비세 인상은 5년 이상의 시간이 지난 후에서야 잘못된 정책으로 평가되었다. 아베노믹스는 아직 진행형이라고 할 수 있다. 본문에서는 소비세 인상 이후 아베노믹스와 함께 구조개혁의 관점에 기초하여 아베노믹스의 내용을 파악하고 평가를 감히 시도해 보았다. 소비세 인상에도 불구하고 아베노믹스의 탄력이 약해졌다고 보긴 어렵겠지만 구조개혁의 관점은 여전히 장기적인 문제로 남아 있는 상황이다.

구조개혁의 관점에서 새로운 시각을 실현해 나간다고 할 경우, 일본

경제가 새로운 전환점을 맞게 했다는 측면에서 크게 의미를 가질 것으로 평가된다. 아베노믹스에 대한 연구는 진행형으로 남아 있기 때문에 이에 대한 연구 및 평가가 쉬지 않고 이루어져야 할 것으로 사료된다.

참고문헌

〈한국어 문헌 및 주요 참고 자료〉

국회예산정책처, '일본의 장기침체기 특성과 정책대응에 관한 연구', 2016.5

국제무역연구원a, '일본 아베노믹스의 평가와 시사점', 트레이드 브리프, 2015.1

국제무역연구원b, '일본의 소비세 인상에 따른 일본경제 전망 및 우리 수출에의 영향', 트레이드 브리프, 2014.4

삼성경제연구소, '일본 경제의 위기와 개혁실패의 교훈', 2002.4

조경엽·허원제, 「아베노믹스 평가와 시사점」 정책연구 2014-18, 한국경제연구원, 2014.11

포스코경영연구원, '소비세 인상 후 1년, 일본경제 회복과 평가', GIH 이슈리포트, 2015.4

하나금융경영연구소, 「일본 경제 진단 및 엔/달러 환율 전망」 2015.1

한국은행 동경사무소, 「최근 일본 경제금융 상황에 대한 평가」 2015.3

한국은행 동경사무소, 「최근 일본 경제금융 상황에 대한 평가」 2015.2

한국은행 동경사무소, 「일본경제의 주요 이슈 점검 및 2015년 전망」 2015.1

Japan Inside 일본 내 주요 연구 동향, 「일본 중의원 해산에 따른 경제·재정정책 운영방향 및 리스크 점검」, 주간금융브리프 23권 45호, 금융연구원, 2014.12

Japan Insight, 「아베노믹스의 시련과 엔저 장기화의 파장」 LG경제연구원, 2014.12

KOTRA, 「아베노믹스 2년 성과 진단 및 향후 전망」, Global Market Report 15-007, 2015.1

KOTRA, 「엔저 장기화에 따른 일본기업 동향 및 우리기업의 대응방안」, Global Market Report 15-012, 2015.3

〈일본어 문헌 및 주요 참고 자료〉

미즈호 총합연구소 緊急リポート, 「消費増税までの2年間で経済再生に道筋を」 みずほ総合研究所 2015.1.21

닛세이 기초연구소 経済·金融フラッシュ, 「貿易統計15年1月〜貿易赤字はいったん解消へ」 No. 14-202, ニッセイ基礎研究所 2015.2.19

닛세이 기초연구소 経済·金融フラッシュ, 「鉱工業生産15年1月〜輸出の持ち直しを反映し幅広い業種で回復」 No. 14-204, ニッセイ基礎研究所 2015.2.27

닛세이 기초연구소 経済·金融フラッシュ, 「家計調査15年1月〜個人消費の持ち直しは依然として緩慢」 No. 14-205, ニッセイ基礎研究所 2015.2.27

야마토 총합연구소 経済分析リポート, 「1月消費統計」 大和総合研究所 2015.2.27

후나바시 요이치 船橋洋一, "検証 日本の『失われた20年』", 東洋経済新報社, 2015.6

Economic Indicators, 「鉱工業生産指数15年1月〜1〜3月は均してみる必要あり」 第一生命経済研究所 2015.2.27

Economic Trends, 「テーマ：今年の成長戦略展望」 第一生命経済研究所 2015.1.5

일본경제의 교훈

전후(戰後) 일본의 경제정책:
재해부흥(復興)과 거버넌스

김영근 | 金暎根 Kim, Young-geun

일본 도쿄대학(東京大學)에서 석사학위와 박사학위(국제관계학 전공)를 받았다. 이후 미국 예일대학 국제지역연구센터(YCIAS) 방문연구원, 일본 아오야마가쿠인대학(靑山學院大學) 국제정치경제학부 협력연구원, 현대경제연구원 동북아연구센터 연구위원, 무역투자연구원(ITI) 무역정책연구실장, 계명대학교 국제학대학 일본학과 조교수를 역임하였다. 2011년 8월부터 고려대학교 글로벌일본연구원 부교수로 재직하고 있다. 전공분야는 일본의 외교·통상정책, 국제정치경제론이다. 최근의 주요 연구 관심사는 일본의 경제시스템의 변화 및 세계무역체제와 지역주의/자유무역협정(FTA, APEC, TPP 등)이다. 주요 업적으로는 "대재해 이후 일본 경제정책의 변용: 간토·한신아와지·동일본 대지진, 전후의 비교 분석" 김기석 엮음/김영근 외 『동일본대지진과 일본의 진로: 일본 사회의 패러다임 변화』(한울, 2013년: 공저), "미·일 통상마찰의 정치경제학: GATT/WTO체제하의 대립과 협력의 프로세스"(『일본연구논총』2007년) 등이 있으며, 역서로는 『국제적 상호의존』(논형, 2014년), 『일본 대재해의 교훈』(도서출판 문, 2012년), 『일본 원자력 정책의 실패: 후쿠시마 원전 사고 대응과정의 검증과 안전규제에 관한 제언』(고려대학교출판부, 2013년), 『금융권력』(전략과문화, 2008년)』『서브프라임 금융위기 – 21세기형 경제 쇼크의 심층』(전략과문화, 2008년: 공역)『콤팩트 국제관계학』(전략과문화, 2009년: 공역)』등이 있다.

1. 서론

1) 문제의식

본 논문의 목적은 전후(戰後) 한일 양국의 재해 거버넌스를 비교 분석하는 데 있다[1]. 특히 일본과 한국의 경제구조나 경제정책이 대내외적인 환경변화에 대응하여 어떻게 변화했는지에 관해 분석하고자 하는 것이다. 이 글에서는 전쟁으로 인한 전쟁재해(戰災)가 대지진으로 인한 지진재해(震災)와 여러 공통점을 갖고 있다는 점에서, 재해의 한 종류로 규정하여 전재와 진재를 구별하지 않고 있다. 주지하다시피 제2차 세계대전으로 말미암아 약 2만 명의 고귀한 생명이 죽거나 실종되었다. 또한 인명피해에 그치지 않고 세계의 경제적 피해도 막대하여, 전후 유럽의 경제는 파괴된 산업 인프라로 인해 70% 감소했으며, 소련과 일본도 상정외의 피해를 입었다[2].

전후 심각한 피해상황(재해)을 극복하는 과정에서 일본과 한국에는 어떠한 재해 관련 시스템이 작동되고 있었으며, 어떠한 글로벌 경제의 구조변화가 발생하였고, 또한 대재해 이후 일본과 한국의 경제 구조 및 경제 정책의 변용, 재원 조달을 위한 수단(재정)은 어떻게 실행되었는지 등에 관해 비교분석한다. 더불어 대재해 발생 후 주요 정책행위자의 역할이나 담론과 어떻게 연관되어 있는지를 검토한다.

논문의 분석대상은 전후(1945년)의 일본과 한국에서의 부흥(재생) 과정에서 표출된 재해 거버넌스의 변용에 관한 고찰이다. 특히 전후 위기상황으로부터 탈피하는 과정에서 경제질서의 변화와 재해부흥(災害復興)을 위한 정책대응은 어떠한 차이점이 있는가라는 문제의식에서 출발하였다. 이를 바탕으로 한국과 일본의 전후 복구를 둘러싼 재해 거버넌스의 현황(프로세스 및 메커니즘)에 관해 분석하고자 한다.

먼저 거버넌스란 무엇인가? 본 논문에서는 재해 거버넌스의 변용에 관해 분석하기 위해 국제레짐의 개념을 원용하여, "주어진 재해부흥 이슈영역에서 행위자의 기대가 수렴되는 원칙, 규범, 규칙, 정책결정의 절차"로 정의한다[4]. 국제레짐이란 '주어진 이슈영역에서 행위자의 기대

* 이 글은 2007년도 정부 재원 (교육과학기술부)에서 한국연구재단의 지원을 받아 수행(과제 번호: KRF-2007-362-A00019) 되어『한일군사문화』제17집 (2014)에 게재된 논문, "전후(戰後)의 재해 거버넌스에 관한 한일 비교 분석"을 책의 구성에 맞추어 수정하고 보완한 것이다.

1 / 재해 거버넌스에 관한 대표적인 연구로는, 김영근(2013) "재해후의 일본경제정책 변용: 간토·전후·한신·동일본대지진의 비교분석"『일어일문학 연구』제84집 2권, pp.375-406.; 마쓰오카 슌지 저(2012) / 김영근 옮김(2013)『일본 원자력 정책의 실패: 후쿠시마 원전 사고 대응과정의 검증과 안전규제에 관한 제언』고려대학교출판부, 등을 들 수 있다.

2 / [동원된 총병력]은 100백만명, [군인사망]은 15,000,000명, [군인부상] 추정불가, [민간인 사망] 최소 26,000,000명에서 34,000,000명으로 집계되고 있다. 건물의 파괴와 산업(경제) 인프라 붕괴 등 피해액은 추정이 불가능하다. 노병천(2001) 『도해세계전사(圖解世界戰史)』연경문화사, p.514. 예를 들어, 영국경제는 국가 전체 재산규모의 4분의 1이 소진되었으며, 소련의 재산 피해는 1,710개의 도시, 70,000개의 마을, 31,850개의 산업 시설이 완파 또는 반파되었다. 일본의 피해 상황에 관해서는 제3장 1절을 참조할 것. 위키피디아 한국판(http://ko.wikipedia.org/) 검색어: 제2차세계 대전의 여파

3/ 이 글에서 말하는 전후(戰後)란 1939년부터 1945년의 6년에 걸쳐 일본, 독일, 이탈리아의 삼국 동맹을 중심으로 한 추축국(樞軸國, Axis Powers) 진영과 미국, 영국, 프랑스, 소련 등의 연합국 진영간에 벌어진 전 세계적 규모의 전쟁(제2차 세계대전 혹은 태평양 전쟁) 이후를 가리킨다.

4/ 일본과 한국의 정부가 국내적 차원의 재해부흥 과정 및 경제 정책대응에 대해 분석하는 데 있어서 레짐의 하위 개념을 도입하는 것은 매우 유익하다. 국내 정책에 있어서의 제도 변화 유형과 경제정책 (구조)의 분석에 적용했을 경우, 재해 관련 의제의 설정(agenda setting)이나 정책형성(policy formulation), 나아가 정책의 실시(implementation) 프로세스 및 메커니즘을 명확하게 이해할 수 있다. John Gerard Ruggie(1983), "International Regimes, Transactions, and Change: Embedded Liberalism in the Postwar Economic Order," *International Organization*, p.380.

5/ 제2차세계대전 및 한국전쟁 이후 한일 양국의 재해(戰災) 거버넌스 비교에 한정하고 있는 본 논문을 발전시켜, 자연재해 (태풍, 홍수, 지진 등)로 인해 특정지역이 큰 피해를 당한 경우 양국의 재해 거버넌스에 관해서 사례를 통해 구체적으로 비교하는 것은 별도의 논문에서 다루기로 한다. 예를 들어 다음 논문을 참고할 것. 김영근(2013)「災害後日本 經濟政策의 変容:関東·戰後 ·阪神淡路·東日本大震災의 比較分析」「일어일문학연구」 제84집 2권, pp.375-406.

가 수렴되는 원칙, 규범, 규칙, 정책결정절차'로 정의된다. 이러한 상위 (정부/국가 레벨)의 거버넌스(혹은 레짐)에 비해, 본 논문에서 원용하여 분석틀로 제시하고 있는 '재해 거버넌스'란 지역 레벨, 민간(시민) 레벨 등 하위의 개념을 포함하는 것이다. 재해 복구를 위한 제반 정책수행과 정을 포괄하는 개념으로 일본의 국내적 레벨의 경제정책(대응)을 다룬 다는 점에서 단순히 국제관계에서 변화하는 일본의 정책대응을 분석하 는 통상적 '국제레짐(거버넌스)'의 개념과는 차별화된다.

한편, 재해 관련 시스템 혹은 거버넌스에 관해 명명하고 있는 '○○ 체제'는 대해재를 둘러싼 일본과 한국의 정치경제적 패러다임의 전환을 의미한다. 예를 들어, 주지하다시피 일본이 제1차 세계 대전 종결(1919 년)에서 제2차 세계 대전 발발(1939년) 혹은 종결(1945년)까지 전간(戰 間)체제를 확립했던 것처럼, 제2차 세계대전의 패배 이후 전쟁피해를 복구하고 일본재생 혹은 일본재건(부흥)을 지향하는 '전후체제'는 중요 한 전환기적 의미를 내포하고 있다.

또한 3.11 동일본대진재 이후 일본은 재해 이후의 체제(災後體制) 로 전환되고 있다는 주장(분석)도 있어, 재후체제 이전에 일본이 처한 위기에 대응해 온 재해 거버넌스를 재점검하는 것은 지금까지 전후 일 본과 한국의 국내 피해상황과 복구상황(검증)이나 부흥정책의 소개에 그쳤던 전후(戰後)에 관한 선행연구를 극복하는 데 유익한 논의라 할 수 있다. 아울러 재해 거버넌스의 방향성 및 '부흥의 청사진'을 재점검하 고, 구체적인 대응 (경제)정책을 제시할 수 있다는 점에서도 유용하다.

2) 재해 거버넌스 연구 현황과 분석 방법

본 논문의 목적은 앞에서 설명한 바와 같이 경제적 관점에서 피해 (액)를 파악하고 대재해(전쟁)로부터의 복구 및 부흥을 목표로 하는 '일 본과 한국의 재생(復興)전략 구상을 비교하여, 이를 통해 한국과 일본 의 경제 구조 및 경제정책의 변화를 고찰하는 것이다[5]. 어느 사례든 국 내외 변화에 대한 대응을 목표로 하는 '재생전략'을 실행(=경제정책의 실시)할 때는 한국과 일본의 경제구조 및 경제정책이 주는 상호적인 영향을 바탕으로 다음과 같은 점(분석방법)에 유의할 필요가 있다. 먼저 피해 실태를 파악하여 그 상황에 입각한 경제구조와 경제정책의 변용을 모색해야 한다. 그러나 본 논문은 지진의 복구, 부흥 프로세스의 구조 분석을 목적으로 한다. 전쟁재해(戰災)가 일본과 한국 사회에 미치는 영향을 관찰하고, 그 속에서 구조 변화에 관련한 것을 중심으로 대재해 발생 이후에 나타난 일본과 한국의 경제정책 변화를 고찰한다. 또한 복구 및 부흥 재생 과정에서의 제 변화(요인)을 분석하며, 특히 재해 관련 제도 혹은 정책방안에 초점을 맞춘다. 본 논문의 분석대상 및 고찰방법에 대해 살펴보기로 하자([표 1] 참조).

[표 1] 분석의 조감도: 재해 복구 과정에서의 한일의 재해 거버넌스 비교

	전후(1945) 일본 vs. 한국
시스템(거버넌스)	전간(戰間)체제→전후(戰後)체제
국제 정세의 변동	–
일본/한국 정치 · 경제구조	–
일본/한국 정책의 변용	–
재정(재원조달수단)	–
주요 정책수행자	–

출처: 필자 작성

우선 한일 양국의 전쟁재해에 관한 실태(현황)를 점검하고, 대재해 후 경제구조 및 경제정책의 변용을 분석하고자 한다. 특히 전쟁재해가 일본사회에 미치는 영향을 점검하고, 그 중 글로벌 경제(구조)의 변화와 연관된 일본과 한국의 경제정책의 변용을 분석하고자 한다. 다음 4가지 요인별로 분류하여 전후 재해 거버넌스 및 일본과 한국의 부흥정책의 변용에 관해 고찰하고자 한다.

첫째, 사례별 재해부흥 프로세스에서의 일본 시스템(거버넌스)의 변용에 관한 것이다. 둘째, 글로벌 경제의 변동에 따른 일본 경제정책의 대응관계에 관한 것이다. 셋째, 재원조달을 위한 수단인 재정정책에 관한 비교분석이다. 넷째, 재해 후 일본의 부흥정책을 추진한 주요 정책결정자의 역할 변화에 관한 것이다.

이상의 문제의식과 분석방법을 바탕으로 다음과 같은 구성으로 논하고자 한다. 제II장에서는 '전쟁재해(戰災)'와 '재해 거버넌스'에 관해 선행연구를 바탕으로 고찰한다. 제III장에서는 전후 일본의 재해 거버넌스 및 경제정책의 전개와 변용을 분석한다. 본 논문의 분석대상 및 고찰 방법에 입각하여 작성한 분석틀([표 1]: 조감도)을 바탕으로 일본 경제정책의 변화를 사례 별로 고찰한다. 제IV장에서는 전후(1945) 한국의 재해 거버넌스에 관해 분석한다. 제V장에서는 결론적으로 제III장/ 제IV장에서 분석한 전후 재해 복구 과정에서 일본과 한국의 재해 거버넌스를 비교분석한다.

II. 전쟁재해(戰災) 및 재해 거버넌스란 무엇인가?

한국으로서 전후(1945)란 두 시기를 의미한다. 하나는 일본과 마찬가지로 제2차세계대전 직후를 말하며, 다른 하나는 한국전쟁(1950-53년) 휴전 이후를 가리킨다[6]. 전쟁재해에 관한 학문적 연구의 탄생배경으로는 전후처리 문제 및 전후 부흥 정책과 밀접한 연관이 있다. 특히 1945년 이후에 해당하는 전후(戰後)와 같이 엄청난 피해상황 하에서 정치·외교적으로 국제무대에 복귀하고 경제재생을 위한 다양한 정책들에 초점을 맞춰왔다. 전쟁 발생 이후의 도시경관이나 경제부흥 등과 밀접하게 관련되어 발전되어 왔다. 물론 전재(戰災)에 관한 분석대상은 재해로부터의 부흥 역사를 통해서 본 지역경관은 물론이거니와 정치·경제·사회·문화·역사·사회·문화·교육·의료·복지 등의 변용까지도 포함한다.

본 논문에서 분석대상으로 하고 있는 1945년 이후에 해당하는 전후(戰後)의 재해 거버넌스에 관한 선행연구를 요약정리하면 다음과 같다.

1945년 이후를 칭하는 '전후(戰後)'에 관한 연구는 예로부터 지진이나 태풍 등과 같은 자연 재해에 익숙한 일본인은 특유의 결단력과 활기로 천재지변보다 한층 더 심각한 전쟁의 참화로부터 국가를 재건하는데 전념했다는 점을 감안하면, '전후'의 일본 경제정책 및 재해 거버 넌스의 변화를 분석대상으로 삼는 것도 이례적인 일은 아니다. 다만 선 행연구는 전후에 전개된 도시계획 시스템 등 전후 재건 프로세스에서 전쟁재해(戰災) 도시의 역사적, 사회학적 연구로 한정되어 있다.[7] 본 논 문에서는 정치경제학적인 관점에서 전후 부흥계획부터 정책의 실행에 이르기까지의 과정을 분석하고자 한다.

한편, 한국에서의 전후 재해부흥에 관한 연구는 전후처리 문제와 전후 부흥의 프로세스 분석에 집중되어 있다. 특히 저서로는 정치적 관 점에서의『한일 과거사 처리의 원점 : 일본의 전후처리 외교와 한일회 담』,[8] 경제학적 관점의『전후 경제구조의 변모』(일본자본주의강좌시리 즈)[9] 등이 있다.

그러나 기존연구에서 전후 일본과 한국의 재해 거버넌스 변용에 관한 이론적 분석은 거의 부재하다고 해도 과언이 아니다. 국내 제도 (레짐)의 변용이라는 관점하에서 '정책에 있어서의 현상유지 지향의 강 약'과 '제도 자체의 개혁(변화)에 대한 저항의 강약'이라는 두 가지 요소 를 조합한 4가지 제도변화(①제도 표류②제도 재정의③제도의 중층화 ④제도치환) 분석[10] ([표 2] 참조) 등 다양한 이론(분석틀)이 사례연구과 연계될 수 있는 시각제시가 절실하다.

본 논문에서는 전후 한국과 일본이 처한 국내외 환경적 '취약성 (vulnerability)'이라는 관점을 도입하여 '제도에 대한 '취약성'의 정도'와 '정책수용의 지향(단절과 연속성)'이라는 두 가지 요소를 조합한 위에서 언급한 4가지 제도변화 분석틀을 바탕으로 재해 거버넌스의 변용을 고 찰한다. 이는 무엇보다도 새로운 분석틀([표 3] 참조)을 통해 실제 재해 거버넌스의 변용과 지속이라는 부분을 조명해 본다는 점에서 매우 독 창적이며 유용하다 하겠다.

7 / 老川慶喜・渡辺惠一・ 仁木良和(2002)『日本経済 史―太閤検地から戦後復興 まで』光文社.

8 / 이원덕(1996)『한일 과거사 처리의 원점 : 일본의 전후처리 외교와 한일회담』, 서울대학교출판부

9 / 井上晴丸編(1953) 『戦後經濟構造の變貌 2』日本資本主義講座: 戦後日本の政治と經濟/第5 卷, 岩波書店; 이 외에도 勝又壽良(1995)『戦後50年 の日本經濟: 金融・財政・産業・獨禁政 策と財界・官僚の功罪』東洋 經濟新報社등을 참조할 것.

10 / 본 논문에서 제시하는 '제도(재해 거버넌스) 변화'에 관한 시론으로는 다음 논문을 참조할 것. 김영근(2013), "일본 민주당의 대외경제정책: 정권교체하의 변용과 지속『일본연구논총』,현대 일본학회, 제38호, pp.165-203.

[표 2] 제도변화의 유형과 재해 거버넌스의 변화

		제도 자체의 개혁에 대한 저항	
		강	약
정책에서의 현상유지 지향	강	A 제도 표류(drift) 환경변화에 대한 미대응으로 기존(既定) 정책 비효율적 대응 예): 경제정책의 한계와 '잃어버린 20년'의 지속	B 제도 전용(conversion) 기존 정책의 전략적 재정의 혹은 전용 예): 원자력 이용의 재논의 및 보완대체 방안 강구
	약	C 제도 중층화(layering) 기존 정책을 유지하며 새로운 정책의 수립 예): 해외 원전사업의 수주, 다각적 지역주의 정책 전개	D 제도 치환(displacement) 새로운 제도의 도입 예): 탈원전/원전제로 정책의 도입, 아베노믹스의 재정완화 정책

출처: 기타야마(2011) 도표(p.54)를 수정·보완한 마쓰오카 순지(2011: 54)의 제도변화 유형도를 재인용

11 / 1) 야마모토 저/김영근 옮김(2014) 『국제적 상호의존』논형, p.22, pp.121~123.; 『21세기 정치학대사전』〈취약성(vul nerability, 脆弱性)〉, 한편 '민감성(sensitivity, 敏感性)이란, 어떤 행위자의 민감성이란 "해당 주체(행위가)가 외부(외생)적 변화, 즉 상정외의 사건이나 다른 주체의 행동에 의해 기존의 정책이나 제도의 틀 자체를 바꿀 수 없는 단기간 내에 받게 되는 영향이나 자극의 정도"를 의미한다.

12 / "주체의 취약성·비취약성은 해당 주체의 구조적 파워(파워 능력이나 파워 자원의 유무)에 의해 결정된다. 왜냐하면 파워 능력이나 파워 자원을 풍부하게 가지고 있는 주체는 다양한 상황에서 보다 많은 선택 폭을 가지고 있으며 기존의 정책이나 제도적 틀 등을 재평가할 수 있기 때문이다." 『21세기 정치학대사전』〈취약성(vul nerability, 脆弱性)〉

여기서 '취약성'이란 이전 체제와 단절(혹은 제한)했을 때 입는 손해(damage)를 의미하는데, 어떤 주체의 취약성이란 "해당 주체가 외생적 변화에 의해 받는 영향이나 비용(즉, 민감성에 기초한 영향이나 비용)을 기존의 정책이나 제도적 틀(체제)의 전제(前提)를 바꾸는 행동을 취함으로써 비교적 단기에 또는 저비용으로 경감하거나 해결할 수 있는가, 어떠한가의 정도를 가리킨다."[11] 만일 전후의 재해 부흥 과정에서 해당 주체(한국과 일본)가 재해 거버넌스 혹은 경제정책 등의 다양한 행동을 취해더라도 그 영향을 벗어날 수 없다면 그 주체는 그 변화에 대해 취약하다. 만일 기존 체제에서 벗어나 제도 치환이 가능하다면 그 주체는 취약성이 낮다(혹은 '비취약하다)고 할 수 있다[12]. 전후 재해 거버넌스의 변화 및 제도(체제)의 선택에 관해서는 다음 [표 3]을 바탕으

[표 3] 전후 재해 거버넌스의 변화와 제도(체제)의 선택

		제도에 대한 '취약성'의 정도	
		강	약
정책 수용의 지향	연속	A 제도 표류(drift) 기존(既定) 정책의 비효율적 대응이 지속되어 체제변화 및 거버넌스 미흡	B 제도 전용(conversion) 기존 정책의 전략적 재정의 혹은 전용
	단절	C 제도 중층화(layering) 기존 정책을 보완하며 새로운 정책의 도입	D 제도 치환(displacement) 체제전환이 용이하여 새로운 체제 도입 및 대응 원활

출처: 필자작성

로 분석하고자 한다.

III. 전후 일본의 재해 거버넌스

1) 전후의 일본

전후(1945) 피해의 전체상을 요약하면 다음과 같다[13]. 전후(1945)의 피해는 다른 사례에 비해 데이터 기준이 약간 다르다. '경제안정본부(経済安定本部)'[14]의 통계에 따르면 "제2차 세계대전(태평양전쟁)으로 인해 일본의 공업설비 능력은 44% 정도 감소되었으며 평화적·물적(平和的·物的) 피해만으로 한정한 피해 총액은 총 642.7억 엔에 달했다. 우선 국부 피해율은 전체의 25% 이상이나 된다[15]. 제2차세계대전이 진행 중이었던 1943년의 GNP가 638억 엔으로 전쟁피해액은 1943년 1년분의 GNP에 해당하는 거액이었다"라고 기술한다([표 4] 참조).

[표 4] 제2차세계대전(1939-1945)의 피해 총액[16]

금액 단위: 백만엔, 비율(%)

	금액	비율		금액	비율
피해 총액	64,278	100	**자산별 피해**		
직접 피해	48,649	76	가구, 가재(家財)	9,558	15
간접 피해	15,629	24	생산품	7,864	12
자산별 피해			기타	9,283	14
건조물	22,220	35	**무(無)피해상정시의 국부**	253,130	100
공업용 기계기구	7,994	12	**패전시의 잔존국부**	188,852	75
전기가스공급설비	7,359	11			

주 : 1) 피해 총액은 자산적인 일반 국부의 피해를 말하며 산림, 수목, 도로 등의 피해는 포함하지 않는다. 2) 피해 총액은 일본 영토 내에서 입은 평화적 재화피해를 포함하며, 함정, 항공기 등의 피해는 포함하지 않는다. 3) 무피해 상정시의 국부(国富)는 패전 시 잔존 국부와 피해액의 합계를 나타낸다. 여기서 국부(national wealth)란 일정시점에서 한 나라가 가지고 있는 유형자산의 총가치(재산적 가치의 총합)를 말하며, 주택이나 가구, 의류 등도 국부에 포함된다.
출처 : 日本銀行統計局編 『明治以降本邦主要経済統計』 ; 앞의 책 岩田規久男 『経済復興――大震災から立ち上がる』 p.73에서 재인용.

13 / 김영근(2013), 앞의 논문, p. 381에서 재인용.

14 / '경제안정본부(経済安定本部)'란 일본이 제2차 세계대전 후 경제 위기를 극복하기 위해 각 성청 업무를 강력하고 일원적으로 지도할 기관이 필요하다는 점에서 1946년 8월에 임시로 설치된 '주요 경제 행정을 종합기획하고 통제하는 관청'(重要経済行政の総合企画·統制官庁)을 가리킨다. 줄여서 안본(安本)이라고도 불렸다. 岩田規久男(2011), p.72에서 재인용.

15 / 즉 [표 3]의 패전시의 잔존국부가 75%라는 것은 전쟁에 의한 경제적 피해 비율은 25%를 의미한다. 다카하시 조센 편저/곽해선 옮김(2002)『일본경제 50년사: 사라진 일본경제의 기적』다락원, p.13

16 / '태평양전쟁으로 인한 일본의 피해 종합 보고서' (「太平洋戦争による我国の被害総合報告書」) 경제안정 본부 총재 관방 기획부 조사과(経済安定本部総裁 官房企画部調査課) Overall Report of Damage Sustained by the Nation During the Pacific War, Economic Stabilization Agency, Planning Department, Office of the Secretary General, 1949. (재단법인)국토기술연구센터의 자료 참조 http://www.jice.or.jp/oshirase/201110111/koumura_05.html

2) 전후 일본 재해 거버넌스의 변용

본 논문의 문제의식은 대재해(전쟁) 발생 후, 일본의 경제구조나 경제정책이 대내외적인 환경변화에 대응하여 어떻게 거버넌스가 변화했는지에 관해 한국과 비교하여 분석하고자 하는 것이었다. 전후(1945) 일본의 경제정책을 분석한 결과, 경제정책 및 부흥정책의 변화 및 한국과의 차이점(제4장에서 분석)이 뚜렷이 드러난다. 전후 세계 경제의 구조 변화 속에서 일본이 계획하고 실행한 복구 및 부흥정책을 정리하면 다음과 같다([표 5] 참조).

[표 5] 전후 일본의 재해 부흥 프로세스와 정책 비교

	전후(1945)
일본의 시스템	전후(戰後)체제
글로벌 환경변화	− GATT(관세 및 무역에 관한 일반협정) 체제 ・무역자유화 ・조선 특수
일본의 경제구조	− 전후개혁과 경제부흥 − 전후 인플레이션
일본 경제정책의 변화	경제 '비군사화' 및 '민주화' 도지 라인 경제자립 ・재벌해체 ・농지개혁 ・노동개혁
재정(재원조달수단)	− 전후 특수 − 국제적인 군수 경기
주요 정책 수행자	− GHQ/SCAP ・'전후 부흥원'

출처: 필자 작성

전후(1945) 일본의 경제정책에 관련된 분석을 정리하면 당시의 시스템은 말 그대로 '전간(戰間) 체제'에서 벗어난 '전후 체제'라 할 수 있으며, 대재해(전쟁) 발생 후의 글로벌 환경변화로는 'GATT(관세 및 무역에 관한 일반 협정) 체제 하'에서의 무역 자유화의 추진을 들 수 있다. 한편 일본의 경제구조의 특징으로는 '전후 개혁과 경제 부흥' 및 '전후 인플레이션' 현상을 들 수 있다. 또한 일본 경제정책의 변화를 나타내는 요소로는 경제의 '비군사화'[17]와 '민주화', '도지 라인(Dodge line)'과 '경제 자립을 향한 노력(재벌해체/농지개혁/노동개혁)' 등을 들 수 있다. 이러한 정책을 실행하는데 필요한 재원을 조달하기 위한 수단(재정)은 '국제적 군수 경기에 따른 전후 특수 재정' 등이었다고 할 수 있다. 또한 재해 후 일본의 부흥정책을 추진한 주요 정책수행자는 '연합군 최고사

17 / "비군사화를 일본 경제 분야에서 실시하기 위해서, 일본의 물적 전쟁능력 및 침략주의적 행동・군국주의적 행동의 진원지를 제거하는 정책을 의미한다." 미와 료이치 지음/권혁기 옮김(2005) 『근대와 현대 일본경제사』 보고사, p.240

령관 총사령부(GHQ/SCAP)'였으며, '일본 경제의 재생'과 '세계(무역)체제로의 복귀'를 목표 설정하고 노력했다.

(1) 전후개혁과 경제부흥: '전재부흥원'과 '전재지역부흥계획기본방침'

'전재부흥원(戰災復興院)'은 일본이 태평양 전쟁에서 패전후인 1945년 11월 5일에 내각이 고바야시 이치조(小林一三) 국무대신을 총재로 선출하며 설치한 기관이다. 전후의 혼란이 계속되는 상황에서 내무성이 해체되고 토목부문이 독립되었으며, 별도로 전재부흥원(戰災復興院)이 설립되었다. 제2차 세계대전 당시 미군이 실시한 일본 본토 공습에 의해 피해를 입은 전국 각 도시의 전쟁재해(戰災) 부흥 사업을 목적으로 설립되었다. '전재부흥원'의 계획에 입각하여 1945년 12월 30일에 '전재지역 부흥계획 기본방침(戰災復興計画基本方針)'이 각의(閣議) 결정되었다.

(2) '경제의 '민주화': 도지 라인(Dogde Line)에서 특수 붐으로

일본 경제의 부흥(재생)을 위해 '경사생산방식(傾斜生産方式)'이 도입되었다. 이는 일본 국민경제 전체의 생산회복을 꾀한 정책으로, 일본 경제자립기반의 확립을 위해 필요한 철강과 석탄의 생산을 우선적으로 증가시키기 위하여 '(일본)부흥금융금고'의 자금을 우선적으로 (경사)투입하고 노동력도 대량으로 투입하는 방법이다. 결과적으로 1948년부터 전력, 해운 등 일본의 주요산업에 대한 석탄 및 철강 배급이 원활하게 됨으로써 일본의 전후 경제부흥이 시작된 것으로 평가된다.

패전 당시 GHQ의 점령 정책의 우선적인 목표는 '일본 경제의 민주화'였다. 방법 중 하나는 '경제안정 9원칙' 제시 및 '도지 라인 (Dodge Line)'의 실시였다[18]. '도지 라인'이란 전후의 '일본 경제 재건정책'으로, GHQ의 경제자문위원 자격으로 방일한 디트로이트은행의 조세프 도지(Joseph Morrell Dodge) 은행장이 입안 및 권고한 일본의 경제 민주화 즉, 산업 조직 및 노동의 민주화 플랜을 말한다. 1949년 3월 7일 일본 경제의 자립과 안정(인플레이션 문제해결과 흑자 재정의 실현)을 위해

18 / '도지 라인'을 '경제민주화'의 일환으로 보는 관점에 대해서 비판적인 견해도 존재한다. 예를 들어, 전후 동서냉전의 심화로 GHQ의 점령정책이 '역코스(reverse course)'로 전환되면서 민주화와 비군사화 정책이 후퇴(레드퍼지, 공직추방 해제, 재군비준비 등)했다. 따라서 도지 라인이 일본의 자립과 안정을 위한 정책의 일환으로서 등장한 점을 감안한다면, 경제민주화와는 성격이 다른 정책으로 이해되어야 한다는 주장이다.

실시된 재정 금융 긴축정책이며 인플레이션, 국내 소비억제와 수출진흥을 중심으로 진행되었다. 1948년 12월 GHQ는 경제안정 9원칙의 실시 방책을 제시하였다. 다만, 도지 라인이 실시(1949년)된 이후 인플레이션을 수렴시키기 위해 금융을 긴축시켜 화폐가치를 안정시키는 정책으로 인해 '도지 불황(혹은 안정공황)'[19]이라고 불리우는 공황 상태가 발생하였다. 그러나 일본의 정책 대응은 안정 궤도에서 일본의 경제부흥 기반을 마련했다는 점에서 '안정공황'이라는 명칭으로 높이 평가된다. 이점이야말로 전후 일본의 재해거버넌스가 효율적으로 작동한 요인이라 할 수 있다.

한편, 1950년 한국전쟁의 발발로 인한 '전쟁 특수 붐'은 군수물자산업의 수출로 이어져 일본 경제의 구조변화에 크게 기여하였다. "한국전쟁 특수로 인해 초긴축정책 하에서 발생한 유효수요의 부족이 일거에 해소되었고, 생산은 급격히 회복되었다. 이는 기업합리화의 진전과 맞물려 일본기업의 대폭적인 수익개선에 기여하였다."[20]

IV. 전후 한국의 재해 거버넌스

이번 장에서는 전후(1945) 한국의 재해 거버넌스 및 경제정책의 변용을 중심으로 살펴보고, 즉 한국형 전쟁재해의 대응 과정을 분석하고자 한다.

1) 일제강점기 일본의 식민지 경제정책에서 탈피 모색

한국의 경우 전후가 가리키는 시기는 경제혼란기로 주로 1945년 해방 후부터 한국전쟁 발발(1950년) 혹은 휴전(1953년)까지의 시기를 의미한다. 한국 전쟁으로 인해 500만 명(당시 남북한 인구 총계: 3000만 명)이 사망하였다고 한다. 한반도 전체가 폐허가 되었으며 특히 대규모 공업지역은 전쟁 중의 폭격으로 인해 거의 소실되었다[21]. 이렇듯 한국의 전후 시기는 한국전쟁의 피해까지 포함하자면 제2차세계대전 이후

19 / '도지 불황'이란 '도지 라인' 정책실시에 따라 일본 국내의 인플레이션은 진정되었지만, 정책실시 이전과는 반대로 디플레이션이 진행되어, 실업과 도산이 잇달아 발생하였다. 다만 안정 궤도에서 일본의 경제부흥 기반을 마련했다는 점에서 '안정 공황'이라 명칭으로 높이 평가한다. 다카하시 조센 편저/곽해선 옮김(2002)『일본경제 50년사: 사라진 일본경제의 기적』다락원, p.30

20 / 송지영(2013) 『일본경제론』청록출판사, pp.46-52. "한국전쟁이 끝났음에도 불구하고, 일본은 국내 수요증가에 따른 투자 및 수출증가에 힘입어 투자승수효과가 국민경제 전반에 파급되면서 성장이 가속화될 수 있었으며, 이후에도 일본은 지속적인 호황국면을 맞이할 수 있게 되었다." 김연석(1992) 『일본경제·무역의 분석: 한국경제를 위한 교훈의 모색』문음사, p.34

21 / 전후의 한국의 피해상황에 관한 통계자료가 거의 정확하지 않다. 위키피디아 한국판(http://ko.wikipedia.org/) 검색어: 한국전쟁; 전쟁기념관 홈페이지 자료(https://www.warmemo.or.kr/)

세계적인 경기침체와 맞물려, 한국 경제는 극심한 경제적인 혼란과 침체상황에 직면해 있었다[22].

그 배경으로는 일제강점기와 해방 후 인위적으로 분단된 남북경제구조의 불균형에 기인하는 것이었다. 주지하다시피 일제강점기의 주요 경제정책은 일제의 필요에 의한 농업정책이나 산업입지정책, 노동정책 등이 실시되었다. 당시 한국 경제는 일본의 공업화를 위한 부분적 시스템 역할을 수행함으로써 선택이 여지가 없이 일본의 자본 및 기술면에서의 종속성을 심화시킨 식민지형 공업구조였다[23]. 전후(해방후) 한국 정부는 일제강점기 일본주도의 비자발적인 형태에서 벗어나 자주적인 한국형 경제정책을 모색해 왔으나, 새로운 전후체제를 제대로 운영하지 못했다[24].

2) 자주적인 한국형 경제운영의 한계

전후(1945) 한국의 경제정책 관련 시스템은 '전후 신탁통치 체제'라 할 수 있다. 당시의 글로벌 환경변화로는 해방 후 남북국토분단하의 미국 국무성 주도의 신탁통치 체제로 자유시장경제 체제의 도입을 들 수 있다. 한편 전후 한국의 경제구조의 특징으로는 '식민지 환경하의 파행적 공업구조로부터의 탈피 모색' 및 '경제성장과 공업화 기반 마련'을 들 수 있다. 특히 일제식민지하의 공업구조의 파행성을 벗어나려는 노력도 경주할 틈이 없이 해방 후 남북국토분단 신탁통치 상황 및 한국전쟁(1950-53)으로 이어지는 동안 그야말로 경제혼란기의 지속상황이었다[25]. 한국경제 공업부문 총자본액의 94%를 소유하고 있던 일본의 기형적 경제지배 구조의 붕괴, 나아가 남농북공(南農北工)이라는 환경 하에서 한국의 생산성 위축과 물가상승 요인은 걷잡을 수 없었다.

또한 한국 경제정책의 변화를 나타내는 요소로서 자유시장경제 체제의 도입을 위한 '일본인 소유지 농지개혁의 단행[26] 및 농산물가격 개선', 물가안정과 통화가치의 안정 도모(1948), '통화개혁(1953)' 등 다양한 정책을 전개하였다. 다만 정상적인 경제정책을 수립할 환경이 미흡했던 전후 한국경제는 한국전쟁으로 인한 금융질서의 혼란탈피 정책

22 / 해방 직후 1945년부터 대한민국정부가 수립된 1948년 8월 15일까지의 시기로 한정하는 시각도 존재한다.

23 / 송규진(2011)「일제말 (1937-1945) 통제경제 정책과 실행과정: 『매일신보』를 중심으로」 『역사학연구』제42권, pp.141-175.

24 / 李海珠(1980) 『韓国工業化の歴史的展開 ―工業化政策の展開における韓日比較の視点(한국공업화의 역사적 전개 공업화정책의 전개에 있어서 한일비교의 시점)』(日本)税務経理協会; 이해주(1982)「援助經濟下의 消費財工業發展과 資本蓄積: 1945-60年의 韓國의 工業化」『경제학연구』제30집, pp.293-318.예를 들어, 1937년 일제의 만주침략이 중일전쟁으로 확대되면서 일본은 군수품을 조달하기 위해 중화학 분야(금속·화학·전기기구 등) 확장에 역점을 두기 시작하였다.

25 / 정창영(1985)「해방후 40년간의 산업정책의 전개」『한국국제경제학회 하계정책세미나 발표 논문집』제1985권, p.38, 한국의 전재 복구와 경제 부흥이 본격화한 된 것은 1955년경부터라는 견해가 지배적이라 할 수 있다.

26 / 한국 정부는 1949년에 새로운 <농지개혁법>을 제정하고, 1950년에 <농지개혁법>시행령을 공포하였다.

전후(戰後) 일본의 경제정책: 재해부흥(災害復興)과 거버넌스 / 김영근

(1950) 및 통화개혁(1953) 등 임시방편적 제도적 기반마련에 주력했다고 할 수 있다.

이러한 정책을 실행하는데 필요한 재원을 조달하기 위한 수단(재정)은 주로 소비재를 중심으로 한 원조(434백만 달러) 및 원조물자의 대충자금 확보 등 주로 '미국의 경제원조'에 의존했다고 할 수 있다. 관련하여 앞에서도 살펴보았듯이 전후 한국의 경제정책이나 '재해 거버넌스'에 관한 기본적 경향은 수출 증대나 국민경제의 자립적 발전을 마련하기보다는 미국으로부터의 원조수입을 극대화하는 것이었다[27]. 이는 한국의 환율정책과도 연계되어 있었다. 외화 획득의 원천인 미국으로부터의 원조, 주한미군으로부터의 달러 수입을 높이기 위해서는 '원화 고평가(원고)' 정책을 실행하였다.

또한 재해 후 한국의 부흥정책을 추진한 주요 정책수행자는 한국 정부 수립 이전까지는 '미군정'이였으며, '한국 경제의 안정'을 목표로 설정하고 노력했다. 이후 미군정하의 한국정부는 〈한미경제원조협정〉를 체결(1948. 12)하고, 미국경제협조처(ECA) 원조 정책을 한국에 도입 실시하였다[28].

이상의 전후 한국의 경제정책을 요약하면 당면한 목표는 전후 경제적 혼란으로부터 안정을 도모하고 현안 문제를 해결하는 과정에서 경제성장과 공업화를 달성하려 하였다. 1948년 8월 15일 한국 정부 수립 후 한국경제 재건(재생/복구)을 위한 다양한 노력(목표의 설정)이 있었다는 점을 무시할 수 없으나 일본의 전후 경제정책 및 재해 거버넌스와 비교해 본다면 한국의 경제(산업)정책은 뚜렷한 기조가 없으며 비자주적·미국의존형으로 제도를 적용(B) 하거나 중층화(C) 혹은 치환(D)하지 못하고 표류(A)하고 있었다[29]. 미군정은 전후 일본경제에 관한 정책 전개와는 달리 한국경제에 대해서는 구체적인 실행계획을 수립하지 않고 단지 사회안정 및 정치적 현상유지를 위한 미봉책으로 일관하였다[30]. 물론 자유(시장)경제 체제의 도입을 목표로 경제성장과 공업화 기반 마련을 위한 미군정의 경제재건 정책과 한국정부의 자주적 경제정책의 시도는 평가할 만하다[31]. 다만 글로벌 환경변화에 대응하지 못

27 / 1945~1961년 동안에 미국의 경제원조는 31억 달러에 달하고 이 중 약 25억 달러는 '비계획사업' 원조로서 구호사업을 위한 소비재 구매용이었다.

28 / "한미경제안정위원회(1950,1)는 1950년 1월 'ECA 원조'의 현지 운영기관인 주한ECA와 한국정부가 공동으로 설립한 기구로서 한국경제에 대한 ECA의 판단과 그에 대한 ECA의 대책 등을 검토하는 역할을 수행하며, 산하의 13개 분과위원회가 작성한 권고안을 한국정부의 경제정책으로 실행할 수 있었다." 권혁은(2012) 「1950년 한미경제안정 위원회의 설립과 안정화정책의 성격」 『한국사론』 제58권, p.284.

29 / "무역, 외환정책의 측면에서 볼 때에는 주고 양적인 제한이 국제수지의 통제수단으로 활용되었으며 또한 이 기간 중 여섯 차례에 걸친 대폭적 평가절하에도 불구하고 환율은 늘 과대평가되어 있었다." 김광석·래리 E. 웨스트팔(1976) 『한국의 외환·무역정책』 한국개발연구원(KDI), pp.21~23. 정창영(1985), 앞의 논문, p.38에서 재인용.

30 / 마치 미국은 한국의 전후 상황을 주어진 환경으로 즉 전간(戰間) 체제로 간주한 것으로 해석된다. 위키피디아 한국판(http://ko.wikipedia.org/) 검색어: 경제정책

96

하고 '전간(戰間) 체제'의 취약성이 크게 영향을 미쳤다고 할 수 있다.

31 / 미국의 원조로 전후 복구를 시작하여, 1962년 본격적인 공업화가 개시되기 전까지 한국 경제정책에 관한 본격적인 분석 또한 많지 않다. 이는 전후 한국의 경제정책이 "미국으로부터의 원조 수입의 극대화와 인플레이션의 억제를 통한 민생의 안정"으로 귀결된다는 점과 일맥상통한다.

V. 결론: 전후 한일 재해 거버넌스의 교훈

1) 전후 한일 재해 거버넌스의 비교

본 논문의 문제의식은 대재해(전쟁) 발생 후, 한국과 일본의 경제 구조 및 경제정책이 대내외적인 환경변화에 대응하여 어떻게 변화했는지에 관해 사례별로 비교분석하고자 하는 것이었다. 일본과 한국의 전후(1945년 이후) 재해 거버넌스 및 경제정책, 부흥정책을 비교해 본 결과, 정책의 변화 및 한일간 차이가 뚜렷이 드러난다. 본 논문의 문제의식이자 분석목적이었던 재해 이후, 전후(戰後) 세계 경제의 구조 변화 속에서 한국과 일본이 계획하고 실행한 복구 및 부흥정책 및 경제정책을 비교 분석한 결과를 정리하면 다음과 같다([표 6], [표 7] 참조).

[표 6] 전후(戰後) 재해 부흥 프로세스에서의 일본과 한국의 정책 비교

시스템	전후(1945): 일본 전간체제→전후(戰後)체제	전후(1945): 한국 전후(戰後)체제←전간체제: 신탁통치
글로벌 환경변화	GATT(관세 및 무역에 관한 일반협정) 체제 ● 무역자유화 ● 한국전쟁 특수	해방 후 남북국토분단(신탁통치) ● 미국무성의 한국신탁통치계획
일본과 한국의 경제구조	- 전후 개혁과 경제부흥 - 전후 인플레이션	식민지 환경하의 파행적 공업구조 ● 남농북공(南農北工) ● 일본의 기형적 경제지배 구조(한국경제 공업부문 총자본액의 94% 소유)의 붕괴: 생산성 위축 및 물가상승 - 경제성장과 공업화 기반 마련
일본과 한국의 경제정책의 변화	경제'비군사화'/'민주화' ● 도지 라인 ● 경제자립의 길(방안) ● 재벌해체 ● 농지개혁 ● 노동개혁	자유(시장)경제 체제의 도입: ● 일본인 소유지 농지개혁의 단행(농지개혁법 1949년 제정 후 1950년 시행령공포) 및 농산물가격 개선 ● 물가안정과 통화가치의 안정 도모(한국정부, 1948) ● 한국전쟁으로 인한 금융질서의 혼란 탈피책(1950) 및 통화개혁(1953)
재정(재원조달 수단)	- 전후 특수 ● 국제적인 군수 경기	미국의 경제원조 ● 소비재를 중심으로 한 원조(434백만달러) - 한국의 환율정책과 연계 ● 원조물자의 대충자금
주요 정책	연합국군최고사령관총사	미군정 vs.한국정부

	전후(1945): 일본	전후(1945): 한국
시스템	전간체제→전후(戰後)체제	전후(戰後)체제←전간체제: 신탁통치
수행자	령부(GHQ/SCAP) '전후부흥원'	• <한미경제원조협정>체결(1948.12) • 한미경제안정위원회(1950.1) • 한국정부–미국경제협조처(ECA)

첫째, 사례별 재해부흥 프로세스에서의 일본 시스템(거버넌스)의 변용에 관한 것이다. 일본 시스템의 변용을 요약하면, 전쟁과 전쟁 사이를 의미하는 '전간(戰間)체제'에서 벗어나 전후(1945)는 말 그대로 '전후(戰後)체제'로 변화하고 있다. 한편 한국은 기존(既定) 정책의 비효율적 대응이 지속되어 체제 변화 및 거버넌스가 제대로 작동되지 못하고 전간(戰間)체제가 지속되었다고 할 수 있다.

둘째, 글로벌 경제의 변동에 따른 일본 경제정책의 대응관계에 관한 것이다. 전전(戰前)에는 경제대공황(1929-33)의 발생과 맞물린 쇼와(昭和)공황이 발생하여 '전시(戰時)경제'라 할 수 있다. 전후(1945)는 GATT(관세 및 무역에 관한 일반협정) 체제하의 무역자유화 추진 및 '재벌해체, 농지개혁, 노동개혁 등을 통한 경제자립'으로 변동되었다. 이에 비해 전후(1945) 한국의 시스템은 '전후 신탁통치 체제'로 작동의 주체가 일본에서 미국으로 변화되었을 뿐이었다고 할 수 있다. 특히 해방 후 남북으로 국토가 분단된 상태로 미국무성 주도의 신탁통치 하에 자유시장경제 체제를 도입하는 과정에 있었다. 일본과 마찬가지로 국제체제로의 복귀를 위해 노력했다고 평가하기 보다는, 당시 한국은 식민지 환경하의 파행적 공업구조로부터의 어떻게든 탈피하려는 모색기에 해당하며, '경제성장과 공업화 기반 마련'을 위해 노력하였다고 할 수 있다.

셋째, 재원조달을 위한 수단인 재정정책에 관한 비교분석이다. 관동대지진(1923) 후 '국채 외채의 발행' 및 '긴축재정정책의 실시', 전후(1945)는 '세계 시스템으로의 복귀'를 통한 경제대국으로 진입 등의 정책변화가 이루어졌다. 한편, 한국은 자유시장경제 체제의 도입을 위한 '일본인 소유지 농지개혁의 단행 및 농산물가격 개선', '통화개혁(1953)'

등 다양한 경제정책의 시도과정에서 정책실행에 필요한 재원을 조달하기 위한 수단(재정)으로 주로 '미국의 경제원조'에 의존했다.

넷째, 재해 후 일본의 부흥정책을 추진한 주요 정책결정자의 역할 변화에 관한 것이다. 관동대지진(1923) 후 일본정부의 '부흥원' 운영, 전후(1945)는 연합군최고사령부(GHQ)와 일본정부가 주도하는 구도로 변화하였다. 특히 한국과 일본을 비교하자면, 전후 부흥(현장) 과정에서 주된 정책 수행자가 바뀌고 있는 것을 의미한다. 한국에 비해 일본은 취약성이 훨씬 적어, 전후 경제부흥에 안정적인 프로세스로 운영된 경향을 보이고 있는 것이다. 이에 비해 전후 한국의 부흥정책을 추진한 주요 정책수행자는 한국정부 수립(1948년 8월 15일) 이전까지는 '미군정'이었으며, '한국 경제의 안정'을 목표로 설정하고 노력했다.

2) 전후 재해 거버넌스의 변화와 한일의 제도 선택

본 논문에서는 전후 일본과 한국의 경제정책 및 재해 거버넌스의 변용 및 제도(체제) 선택에 관한 분석결과를 본 논문의 분석틀을 바탕으로 요약하면 다음과 같다([표 7] 참조).

[표 7] 전후 재해 거버넌스의 변화와 제도(체제)의 선택

		제도에 대한 '취약성'의 정도	
		강	약
정책 수용의 지향	연속	**A 제도 표류(drift)** 기존(既定) 정책의 비효율적 대응이 지속되어 체제변화 및 거버넌스 미흡 예): 전후 한국의 재해 거버넌스 전간(戰間)체제→전간체제	**B 제도 전용(conversion)** 기존 정책의 전략적 재정의 혹은 전용 예): 유치산업에 관한 정부역할의 재편 전간(戰間)체제→포스트·전간)체제
	단절	**C 제도 중층화(layering)** 기존 정책을 보완하며 새로운 정책의 도입 예): 전후 미국 주도의 자유무역체제 구축 전간(戰間)체제→전간·후(戰間後)체제	**D 제도 치환(displacement)** 체제전환이 용이하여 새로운 체제 도입 및 대응 원활 예): 전후 일본의 재해 거버넌스 전간(戰間)체제→전후(戰後)체제

출처: 필자작성, [표 3]의 재사용

첫째, 일본은 전간체제로부터의 정책 변용(단절)에 성공(D)했으나, 한국은 실패(A)했다고 할 수 있다. 체제변화에 따른 한국과 일본의 재해 거버넌스 및 경제정책 추진(변용)에 있어서 가장 중요한 상관변수라 할 수 있는 취약성의 정도가 그 원인이다. 즉 취약성이 한국에 비해 낮은 일본으로서는 새로운 정책(제도)의 제시(displacement), 즉 '제도치환(D)'이 용이한 환경이었음에 비해서, 한국은 식민지 경제환경의 연장선이라는 상황하에서 '제도 치환'(D)이 어려워 효율적인 거버넌스의 제시가 제대로 이루어지지 못했다(A)는 점이 그 배경이다. 또한 한국은 전후체제하에서 1950년 한국전쟁 발발이라는 새로운 재해와 맞물려 경제회생(부활·재생) 정책이 제대로 제시되거나 시행되지 못했다는 점도 동시에 작용하였다[32].

32/ 한편, 일본으로서는 동일한 요소(전제조건)인 '한국전쟁'이 발발하면서 이른바 전쟁특수(特需)로 인해 유효수요 부족 상황에서 해소되고 생산이 회복되고 기업의 합리화가 진행되는 등 일본경제에 획기적인 환경변화 요인으로 작용하였다. 남기정 (2012)「한국전쟁 시기 특별수요의 발생과 '생산기지' 일본의 탄생: 특별수요의 군사적 성격에 주목하여,『한일군사문화연구』한일군사문화학회, 제13권, pp.253~278.

둘째, 특히 한국은 재해 거버넌스와 경제정책에 있어서, 전전(戰前)의 식민지 환경하의 파행적 경제 구조가 전후에도 지속적으로 영향을 미치는 '정책(환경)의 연속성'이 저해요인으로 작용하였으며, 게다가 단절('전간체제의 극복'이라는) 정책이 존재했다하더라도 신탁 통치하에서 실행 메커니즘이 효율적이지 못했다는 점이다. 결과적으로 한국은 정책추진의 메커니즘의 부재 혹은 비효율적인 작동으로 인해 기존 정책을 전략적으로 새롭게 정의하고 혹은 변화(conversion)시키려는 '제도 전용(B)' 혹은 효율적인 '제도 중층화(C) 정책 제시나 실행에 실패한 것으로 분석된다.

셋째, 일본의 재해 거버넌스 및 경제정책을 한마디로 요약하면, 제도에 대한 '취약성'이 약하고, '정책수용의 지향'에 관해서는 단절이 우선되는 상황에서, 즉 전간체제의 극복 및 새로운 제도의 도입이라는 유형 D(제도 치환)의 수요(요구)가 강한 상황이었다. 특히 일본 정부(현재 경제산업성/옛 통상산업성이 주도)의 '경사생산방식' 등 적극적인 산업정책의 추진으로 한국의 '제도 표류(A)'형 재해 거버넌스에 비해 효율적인 정책실행으로 경제대국의 발판을 마련하게 되었다고 평가할 수 있다.

참고문헌

〈한국어 문헌 및 주요 참고 자료〉

김영근(2012)「동일본대지진 이후의 일본경제와 통상정책: TPP정책을 중심으로(東日本大震災後の日本
　　経済と通商政策 : TPP政策を中心に)"『일본연구논총』Vol.35, 현대일본학회, pp.33-66.

김영근(2013)「대재해 이후 일본 경제정책의 변용: 간토·한신아와지·동일본 대지진, 전후의 비교 분
　　석」김기석 엮음/김영근 외『동일본대지진과 일본의 진로: 일본 사회의 패러다임 변화』한울,
　　pp.90-126[김영근(2013)「災害後日本経済政策の変容-関東·戦後·阪神淡路·東日本大震災の比較
　　分析-」『일어일문학연구』제84집 2권, pp.375-406(일본어)]

권혁은(2012)「1950년 한미경제안정위원회의 설립과 안정화정책의 성격」『한국사론』제58권, pp.283
　　-352.

김광석·래리 E. 웨스트팔(1976)『한국의 외환·무역정책』한국개발연구원(KDI).

김연석(1992)『일본경제·무역의 분석: 한국경제를 위한 교훈의 모색』문음사.

다카하시 조센 편저/곽해선 옮김(2002)『일본경제 50년사: 사라진 일본경제의 기적』다락원.

마쓰오카　순지(松岡俊二)(2012)『フクシマ原発の失敗─事故対応過程の検証とこれからの安全規制(일본
　　원자력 정책의 실패)』早稲田大学出版部/김영근 옮김(2013), 고려대학교출판부.

미와 료이치 저/권혁기 옮김(2005)『근대와 현대 일본경제사』보고사.

송규진(2011)「일제말(1937-1945) 통제경제정책과 실행과정:『매일신보』를 중심으로」『역사학연구』제42
　　권, pp.141-175.

송지영(2013)『일본경제론』청록출판사.

李海珠(1980)『韓国工業化の歴史的展開─工業化政策の展開における韓日比較の視点(한국공업화의 역사적
　　전개공업화정책의 전개에 있어서 한일비교의 시점)』(日本)税務経理協会(일본어).

이해주(1982)「援助經濟下의 消費財工業發展과 資本蓄積: 1945-60年의 韓國의 工業化」『경제학연구』제
　　30집, pp.293-318.

정창영(1985)「해방후 40년간의 산업정책의 전개」『한국국제경제학회 하계정책세미나 발표논문집』

위키피디아 한국판(http://ko.wikipedia.org/)

〈일본어 문헌 및 주요 참고 자료〉

이나다 요시히사 稲田義久(1999)「震災からの復興に影さす不況──震災４年目の兵庫県経済」藤本建夫編
　　『阪神大震災と経済再建』勁草書房, pp.1-43.

이무라 기요코 井村喜代子(1993)『現代日本経済論─敗戦から「経済大国」を経て』有斐閣.

이와타 기쿠오 岩田規久男(2011)『経済復興─大震災から立ち上がる』筑摩書房.

위키피디아일본어판『ウィキペディア(Wikipedia)』(日本語版) http://ja.wikipedia.org/wiki/

오이카와 요시오부, 와타나베 게이치, 니키 요시카즈 老川慶喜·渡辺恵一·仁木良和(2002)『日本経済史
　　─太閤検地から戦後復興まで』光文社.

오오타 야스오, 아리마 요시유키 太田康夫·有馬良行(2012)『戦後復興秘録─世銀融資に学ぶ日本再生』日
　　本経済新聞出版社

간사이학원대학 COE 재해부흥제도연구회 편 関西学院大学COE災害復興制度研究会編(2005)『災害復興
　　─阪神·淡路大震災から10年』関西学院大学出版会.

기타야마 도시야 北山俊哉(2011)『福祉国家の制度発展と地方政府』有斐閣.

고바야시 게이치로 小林慶一郎(2011)「大震災に立ち向かう-大震災後の経済政策のあり方-」キャノング
　　ローバル戦略研究所, 2011年3月18日.

재단법인 국토기술연구센터(財)国土技術研究センター(http://www.jice.or.jp/)資料

닉 티라소, 마쓰무라 다카오, 토니 메이슨, 하세가와 준이치 ティラッソー(Nick Tiratsoo)·松村高夫·

메이슨(Tony Mason)·長谷川淳一『戦災復興の日英比較』知泉書館, 2006年.

나카타니 이와오 中谷巖(2011)『日本経済の歴史的転換』東洋経済新報社, 1996年.

후타가미 소키치, 요코야마 요시노리 二神壮吉·横山禎徳編(2011)『大震災夏興ビジョン—先駆的地域社会の実現—』オーム社.

하시모토 주로 橋本寿朗(1995)『戦後の日本経済』岩波新書.

후쿠다 도쿠조 저, 야마나카 시게키, 이노우에 다쿠토시 편 福田徳三著、山中茂樹·井上琢智編(2012)『復興経済の原理及若干問題』(復刻版)関西学院大学出版会.

일본 외무성경제국(外務省経済局) http://www.mofa.go.jp/mofaj/gaiko

일본경제재생본부 http://www.kantei.go.jp/jp/singi/keizaisaisei/

〈영어 문헌 및 주요 참고 자료〉

Ruggie, John Gerard(1983) "International Regimes, Transactions, and Change: Embedded Liberalism in the Postwar Economic Order," *International Organization*, pp.379–415.

일본 재정의 지속가능성과
재정규율

김규판 | 金奎坂 Kim, Gyu-pan

일본 게이오대학(慶應義塾大學)에서 경제학 박사(응용미시경제학전공) 학위를 받았다. 이후 주택산업연구원 책임연구원, 감사원 연구관을 거쳐 2009년 5월부터 대외경제정책연구원(KIEP) 일본팀 연구위원으로 재직 중이다.

전공분야는 기업경제이며 최근의 연구 관심은 일본의 거시경제, 재정, 통상정책 등이다.

주요 업적으로는 『저성장시대 일본 정부의 규제개혁에 관한 연구』(대외경제정책연구원, 2015)(공저), 『일본의 FTA 추진전략과 정책적 시사점』(대외경제정책연구원, 2014)(공저), 『일본 재정의 지속가능성과 재정규율에 관한 연구』(대외경제정책연구원, 2013)(공저), 『G2 시대 일본의 대중(對中) 경제협력 현황과 시사점』(대외경제정책연구원, 2012)(공저) 등이 있다.

1. 일본재정의 현황

한 국가의 재정적자가 확대되어 국가채무가 누적되면 그 국가가 발행한 국채의 채무상환능력에 대한 시장(market)의 회의가 확산될 것이고, 이것이 극단적인 경우 국채가격 폭락, 외국자본의 유출, 금융시장 혼란, 재정재건에 따른 긴축과 경제혼란을 초래할 가능성이 높아짐은 자명하다. 2010년 이후 그리스, 스페인, 이탈리아 등 일련의 남유럽 국가가 경험한 재정위기와 2015년 그리스의 EU 탈퇴여부를 둘러싼 논란은 한 국가의 재정건전성이 얼마나 중요한가를 보여주기에 충분하다.

일본은 1990년대 초반 버블경제가 붕괴되고 경기불황이 장기화되면서, 단 한 해도 재정균형을 달성한 적이 없다. 2013년 4월 아베노믹스가 시작되면서 경기회복에 대한 기대감이 높아지면 재정수지도 개선될 것이라는 일본 정부의 예측과는 달리, 2014년 일본의 재정수지는 GDP 대비 7.2%의 적자로 2000년대 중반 고이즈미 내각 당시의 수준까지도 회복되지 못하고 있다. 이와 같이 재정적자가 일상화된 상태에서, 세입(government revenue)에서 국채발행액 등 정부차입을 제외하고, 세출(government expenditure)에서도 기존에 정부가 발행한 국채에 대한 원금·이자 상환액을 제외한 기초재정수지(primary fiscal balance) 역시 2014년 6.2%의 적자를 나타냈다. 일본 정부가 재정을 운용하는 데 있어 국채발행에 의존하지 않고서는 더 이상 정책적 경비조차 충당할 수 없는 상태가 고착화된 것이다.

[그림 1] 일본의 GDP 대비 재정수지 비율 추이

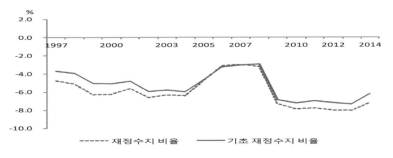

	1997	2002	2007	2009	2011	2013	2014
재정수지	−4.8	−5.9	−3.0	−7.3	−7.8	−8.1	−7.2
기초재정수지	−3.7	−6.6	−3.0	−6.9	−7.0	−7.4	−6.2

출처: OECD, Economic Outlook, Analysis and Forecasts, June 2015

1990년대 초반의 버블 붕괴 이후 20년 이상 지속된 재정적자는 당연히 국가채무가 누적되는 결과를 초래하였는데, 당시 하시모토(橋本龍太郎) 내각이 '재정구조개혁 원년'으로 선포한 1997년에는 GDP 대비 국가채무 비율이 100%를 넘어섰고, 2009년에는 급기야 200%를 초과하였다.([그림 2] 참조) 2014년 한국의 GDP 대비 국가채무 비율이 35.7%(IMF Database, 2015)임을 감안하면, 일본의 재정운용 상태를 대충이나마 가늠할 수 있을 것이다.

[그림 2] 일본의 GDP 대비 국가채무 비율 추이

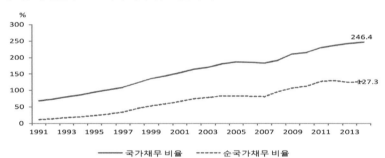

	1997	2002	2007	2009	2011	2013	2014
국가채무	109.1	164.0	183.0	210.2	229.8	242.6	246.4
순국가채무	34.1	74.5	80.5	106.2	127.3	122.9	127.3

주: 2014년은 IMF 추정치임.
출처: IMF, World Economic Outlook Database, April 2015.

그렇다고 해서 일본이 그리스처럼 국가부도 상태에 처할 가능성은 거의 없지만, 재무성(財務省)(2012, p.21)이 지적하는 바와 같이 아무리 일본이 외환보유고를 많이 보유하고 있더라도 국가채무가 과다하면 정부의 정책자유도가 낮아지고, 정부의 자금조달 증가에 따라 민간기업의 자금조달이 어려워지며(crowding out), 국채발행 자체에 내포된 세대 간 불공평성 확대 문제와 국채에 대한 신용 불안에 따른 금융시장 혼란 리스트 역시 무시할 수 없는 사회·경제적 문제를 야기할 수 있다는 점에서 경계할 필요가 있다.

본고는 일본의 국가채무가 거의 한계상황에 달한 가운데, 과연 일본 재정은 지속가능한(sustainable) 것인지, 이 문제에 대해 일본의 경제학자나 이코노미스트들은 어떠한 견해를 갖고 있는지를 먼저 살펴본다. 그리고 왜 일본의 재정적자와 국가채무 문제가 이렇게까지 심각하게 되었는가를 정부의 재정규율(fiscal discipline)이라는 관점에서 분석하는데, 특히 과거 일본 정부가 추진한 재정건전화 계획과 현 아베내각의 구상을 재정규율(fiscal discipline) 관점에 비추어 평가하고자 한다.

2. 일본 재정의 지속가능성에 관한 논의

가. 일본 재정의 지속가능성: 개념 및 실증분석 결과

경제학에서 말하는 재정의 지속가능성이란 정부가 기업이나 가계처럼 채무불이행(insolvency) 상태로 빠지지 않고, 현 시점과 장래 시점에서 장기적으로 세입과 세출을 일치시켜 수지 균형을 이루는 것을 의미한다. 다시 말해 정부가 자신이 직면한 현 시점과 장래 시점 간 예산제약(intertemporal budget constraint)하에서 재정정책을 유지한다면 재정은 지속가능하다고 할 수 있다. 만일 재정이 지속가능하지 않다면 정부는 채무불이행을 선언하거나 채무상환을 위한 화폐발행(monetization of debt)을 단행해야 한다.

좀 더 쉽게 설명하자면, 한 국가의 정부가 현 시점에서 기존에 발행한 국채를 새로운 국채발행에 의존하지 않고 미래에 발생할 기초 재정수지 흑자, 즉 세수에서 정책적 경비를 뺀 금액(현재가치)으로 상환할 수 있다면 GDP 대비 국가채무 비율은 시간이 흐름에 따라 무한대로 발산하지 않고 일정한 값으로 수렴하게 되는데, 이와 같은 'no-Ponzi' 게임 조건을 충족하면 그 국가의 재정은 지속가능하다고 진단한다. 즉,

1 / 일본 재정의
지속가능성에 대한 검증
방법론이나 결과에 대한
서베이는 김규판 외(2013),
pp.48-55를 참조할 것.

현 시점의 국가채무액이 미래에 발생할 기초 재정수지의 현재가치 합계와 일치하면 재정은 지속 가능하다.

일본 재정의 지속가능성에 관한 검증[1]은 Ihori et al.(2003)가 효시라 할 수 있다. 그 실증분석 결과에 따르면, 명목 이자율과 명목 경제성장률의 차이가 재정의 지속가능성 여부를 결정짓는 가장 중요한 변수이다. 1996년까지만 하더라도 그 차이에 상관없이 일본 재정은 지속가능한데, 그 차이가 5% 포인트를 초과하면 1997년을 경계로 일본 재정이 지속가능하지 못하다는 결론을 내리고 있다. 즉 명목 이자율이 높고 명목 경제성장률이 낮은 상황에서는 정부의 국채상환 부담이 가중되는 반면 세수가 뒷받침되지 못하여 그만큼 재정위기의 가능성이 높아질 것이라고 지적하였다.

Ito(2011, pp.63-66)는 GDP 대비 국가채무 비율이 증가하더라도 기초 재정수지 비율이 개선되면 일본 재정은 지속가능하다는 관점에서, 중앙정부 일반회계만을 대상으로 한 기초재정수지 비율을 종속변수로 한 회계분석에서는 2002년까지, 그리고 지자체를 포함한 경우에는 1998년까지만 재정이 지속하였다는 결론을 도출하였다. 한편, 도이(土居丈郎)(2008)는 2100년 말의 국가채무 비율이 2010년의 144%(자체 추정치)로 되돌아오기 위해서는 GDP 대비 세입 비율을 2010년 33.9%(자체 추정치)에서 40.5%로 끌어올려야 하는데, 소비세 인상만으로 그 재원을 마련한다고 가정하면 소비세율을 17%로까지 인상하여 재정의 지속가능성을 확보할 수 있다고 지적하였다.

Hoshi and Ito(2012)는 일본의 국채발행액(잔액)이 국내 민간부문의 저축을 초과하는 시점을 재정위기 시점이라 규정하고, 정부가 매년 신규 발행할 수 있는 국채량은 전년도 민간부문의 저축액과, 민간부문이 국채를 제외한 금융자산에 투자하고 있는 금액에 의해 제약을 받는다는 가정 아래, 그 시점을 2024년으로 예측하였다. 이 때 경제성장률은 이 '위기' 시점을 결정하는 데 별 영향이 없고, 고령화에 따른 사회보장비 지출 급증이 국채발행액 급증과 민간부문의 저축률 둔화에 결정적인 영향을 미칠 것이라는 점을 강조하였다.

나. 국채 리스크

일본의 높은 국채비율과 재정수지 적자 누적에 따른 재정의 지속가능성에 대한 회의에도 불구하고 장기금리는 매우 낮은 수준이다. 일본 정부가 재정위기의 가능성을 인지하기 시작한 2000년 이후 국채 10년물 수익률로 평가한 일본의 장기금리는 [그림 3]에서 확인할 수 있듯이, 1% 전후의 매우 낮고 안정적인 흐름을 유지하고 있다. 2013년 4월 아베노믹스 이후에는 0.5%대로까지 떨어졌다.

[그림 3] 일본의 장기금리 추이

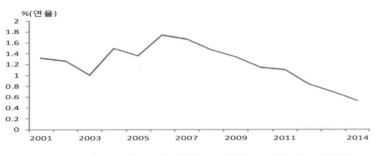

	2001	2003	2005	2007	2009	2011	2013	2014
금리(%)	1.319	1.003	1.355	1.666	1.334	1.102	0.69	0.52

주: 일본 재무성이 발행하는 국채 10년물의 연 수익률임.
출처: OECD, Economic Outlook No.97. June 2015.

이와 같은 수수께끼를 풀 수 있는 하나의 단서는 일본 국내 기관투자자들의 국내편향적(home biased) 투자행태이다. [그림 4]에서 알 수 있듯이 2000년 이후 해외투자자들의 일본 국채 보유비율은 2005년 말 3.8%에서 2015년 3월말에는 8.5%로까지 점증하였음에도, 한국을 비롯한 주요 국가에 비해 외국인투자자의 국채보유 비율이 매우 낮다. 해외투자자들의 일본 국채보유 비율이 낮다는 것은 그만큼 일본 국채의 수익률이 낮음을 의미하고, 동시에 디플레이션이 지속되는 상황에서 은행이나 생명보험사와 같은 일본의 국내 기관투자자들이 안정자산인 국채 이외에 별다른 투자 대안을 찾고 있지 못함을 의미하고 있기도 하다. 일본 재무성이 신규 국채를 발행하기 위해 입찰을 실시할 때마다 국내 기관투자자 중심으로 국채가 무난히 소화되고 있음은 이를 방증한다.

[그림 4] 투자자별 일본 국채보유 구성비   (기간 말 시점, stock, %)

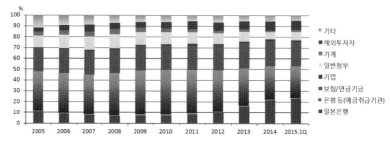

주요 투자자	2005	2010	2012	2014	2015.1Q
해외투자자	3.8	5.8	7.7	8.2	8.5
보험/연금기금	21.4	22.6	23.0	23.7	23.2
예금취급기관(은행 등)	36.9	41.5	38.3	31.1	29.6
일본은행	11.0	7.6	10.4	21.8	23.1

출처: 일본은행(日本銀行), "資金循環"에 기초하여 작성.

3. 재정규율

가. 역대 일본 정부의 재정구조 개혁: 재정준칙의 제시와 이행의 미비

한 국가의 GDP 대비 국가채무 비율과 같은 재정 지표를 보면 그 정부가 얼마나 엄격한 규율을 갖고 재정을 운용하고 있는가를 대략 파악할 수 있다. 이러한 관점에서 보면, 선진국 가운데 국가채무 비율이 가장 높은 일본은 국가채무가 누적되는 과정에서 정부의 재정규율이 상당부분 이완되었거나, 아니면 다른 선진국에 비해 재정규율을 강화할 수 있는 제도적 장치를 갖추지 못하고 있다고 유추할 수 있다. 여기서 제도적 장치란 예산을 편성하고 승인하고 집행하는 과정에서 작동하는 준칙(rule)과 규정(regulation), 즉 포괄적 의미의 예산제도(budget institution)를 의미한다.

결국 재정준칙(fiscal rules)은 예산제도를 구성하는 한 요소임을 알 수 있는데, 그 유형은 채무준칙(debt rule), 수지균형 준칙(balance rule), 세출준칙(expenditure rule), 세입준칙(revenue rule) 4가지로 대별할 수 있다. 채무준칙은 GDP 대비 국채비율에 명시적인 상한선 혹은 목표치를 설정하는 것이고, 재정균형 준칙은 한 해 재정수지 내지는 기초 재정수지에 대해 일정한 수치 제약을 부과하는 것인데, 경우에 따라서는 수 해에 걸쳐 수치 제약을 설정하거나, 경기변동을 고려한 재정수지(cyclically adjusted balance)에 수치 제약을 가할 수도 있다. 세출준칙은 정부지출의 총액 혹은 경상지출과 같은 특정 항목의 지출액 내지는 증가율을 3년~5년 동안 제약하는 것이 일반적이고, 세입준칙이란 말 그래도 정부가 세입확보를 위해 세율을 인상하거나 새로운 세제를 도입하는 것을 말한다.

1990년대 이후 일본 정부의 재정구조 개혁은 중장기 재정건전화 목표를 제시하고, 그것을 달성하기 위해 세출삭감과 세입확보를 도모하는데 역점을 두었다. 1997년 당시 자민당 하시모토(橋本竜太郞) 내각은 1990년대 중반에 들어서서 버블붕괴 이후 경기회복 징조가 보이기 시작하자, 1997년을 '재정구조 개혁 원년'으로 선포하고, 재정개혁 추진기구로서 정부와 자민당 인사가 참여하는 '재정구조개혁추진회의'를 설치하였다. 앞에서 살펴보았듯이, 1997년 당시는 일본의 GDP 대비 국가채무 비율이 처음으로 100%를 넘는 '위기' 상황이었다. 재정구조개혁추진회의의 재정구조 개혁 논의는 1997년 11월 재정구조개혁법(財政構造改革の推進に関する特別措置法)이라는 법률 제정으로까지 이어졌다.

1990년대 이후 두 번째로 재정 구조개혁에 나선 것은 고이즈미(小泉純一郞) 내각(2001년~2006년)이었다. 고이즈미 내각은 2001년 6월과 2002년 1월에도 각의결정을 통해 국채발행 억제를 핵심으로 한 재정건전화 계획을 발표한 데 이어, 2006년 7월에는 세출·세입 통합개혁(歲出·歲入一体改革)을 각의결정하였다.

마지막으로 2009년 정권교체에 성공한 민주당 정권은 '정치주도'의 예산편성을 전면에 내걸었고, 2010년 6월 간(菅直人) 내각은 국가전략실 주도로 '재정운영전략'을 각의결정하였다. 과거 자민당 정권의 재정

운영은 공공투자의 비효율성과 세입확보책의 결여, 두 가지 측면에 문제가 있다고 보고, 공공투자를 중심으로 한 세출삭감과 소비세 인상을 핵심으로 한 세입확보에 주력하였다.

[표 1] 1990년대 이후 일본 정부의 재정 구조개혁

	재정구조개혁 (1997년)	세출·세입 통합개혁 (2006년)	재정운영전략 (2010년)
집중개혁기간	1998년~2000년	2007년~2011년	2011년~2013년
재정건전화 목표 (채무준칙, 수지균형 준칙)	· 2003년도까지 GDP 대비 재정적자 비율을 3% 이하로 축소 · 적자국채 발행 중단, 2003년도 국채의존도를 1997년도 수준 이하로 억제	· 2011년도까지 기초 재정수지를 흑자로 전환 · 2015년 이후 GDP 대비 국가채무 비율의 안정적하향화	· 2015년도까지 기초 재정적자 비율을 2010년도 대비 절반으로 줄이고, 2020년도에는 흑자화 · 2021년도 이후 GDP 대비 국가채무 비율의 안정적 하향화 · 2011년도부터 3년간 매년 신규 국채발행규모를 44조 엔(2010년 수준) 이하로 억제
세출준칙	· 주요 세출항목에 대해 세출상한(ceiling)과 함께 구체적인 삭감 목표 제시	· 총 16.5조 엔의 세출삭감 및 세입확보가 필요하다고 보고, 향후 5년간 세출을 총 11.4조 엔~13.4조 엔 삭감	· 기초 재정수지 대상 경비도 10년 수준(71조 엔) 이하로 억제, 예산사업의 재검토(事業仕分け)
세입준칙	· 소비세율 인상(3%→5%)1)	· 구체적 세입확보책은 불투명	· 소비세율 인상(5%→8%)1) · pay as go 원칙 명시2)
법적 지위	법률(재정구조개혁법)	각의결정	각의결정

주: 1) 소비세율 인상을 통한 재정건전화 방안은 1997년 하시모토 내각의 재정구조개혁과 2010년 칸 내각의 재정운영전략에 명시되어 있는 것은 아님.
2) pay as you go 원칙이란, 정부가 세출 증가 또는 세입 감소를 수반하는 정책을 새로 도입하는 경우에는 이에 대응하는 항구적 세출 삭감 또는 항구적 세입 확보 조치를 강구해야 한다는 것을 말함.
출처: 나카자토(中里透)(2015) 및 김규판(2010)을 참고하여 작성.

<aside>2/ 일본 재정운용에서 가장 대표적인 세입준칙은 소비세율 인상이라 할 수 있다. 1997년 4월부터 3%에서 5%로 인상하기로 한 소비세율 인상은 1994년 무라야마 내각 당시에 결정된 사안이었고, 2014년 4월 1일부터 단행된, 5%에서 8%로의 소비세율 인상은 2010년 당시 재정운영전략에는 구체적 수치가 제시되지 않았고, 그 이후인 2012년 8월 사회보장과 세제의 통합개혁(社会保障·</aside>

이들 3차례의 재정 구조개혁의 공통점은 앞에서 살펴 본 4가지 재정준칙 중 채무준칙과 수지균형 준칙을 재정건전화 목표로 설정한 다음, 그것을 실행하기 위해 주로 세출삭감이라는 세출준칙에 방점을 두었다는 점이다.[2]

재정건전화 목표는 3차례 재정 구조개혁 모두 목표를 달성한 적은 없지만, 재정건전화 계획을 발표한 시점에서 향후 3년간의 집중 개혁기간에 걸쳐 GDP 대비 재정적자 비율을 삭감한다는 수지균형 준칙을 채택하였다. 하시모토 내각은 3년 이내에 재정적자 비율을 3% 이하로 축소하겠다는 것이었고, 고이즈미 내각도 3년 이내에 기초 재정수지를 흑자로

전환하겠다는 목표로 내걸었다. 대신 칸 내각은 5년 이내인 2015년도까지 기초 재정적자 비율을 2010년도 대비 절반으로 줄이고, 2020년도에는 흑자화하겠다는 비교적 중장기적인 목표를 제시하였다. 단, 채무준칙과 관련해서는 명확한 수치목표를 제시하지 않고 "몇 년 이후에는 국가채무 비율을 안정적으로 낮추겠다"는 식의 애매모호한 목표를 내걸었다.

세출준칙과 관련해서는 1997년 당시 하시모토 내각이 재정구조개혁법을 통해 세출 상한(ceiling) 목표를 제시하였다. 3년간의 집중개혁 기간 중에, 첫째 1998년도 사회보장 관련지출을 전년도 대비 증액 폭을 3,000억 엔 이하로 억제하고, 1999년도와 2000년도에는 전년도 대비 102%를 초과하지 않도록 하였으며, 둘째 공공투자와 관련해서는 1998년도 본예산에서는 전년도 대비 93% 이하로 축소하고, 1999년도와 2000년도 본예산에서는 전년도 예산을 초과하지 않도록 규정하였으며, 셋째 교육예산에 대해서도 국립대학과 사립대학에 대한 국가보조금 축소와 공립 의무교육 대상 교직원의 급여 억제를 규정하였고, 마지막으로 방위비, ODA, 과학기술진흥비, 에너지대책비, 중소기업 대책비 등 거의 모든 국가지원사업에 대해 세출상한을 설정하였다.(수상관저(首相官邸), 1997)

고이즈미 내각이 2006년 각의결정한 세출·세입 통합개혁 역시 세출준칙에 역점을 두었다. 2011년까지 향후 5년에 걸쳐 총 16.5조 엔의 세출삭감 및 세입확보가 필요하다고 보고, 정부지출을 총 11.4조 엔~13.4조 엔 삭감하겠다는 수치목표를 제시한 것이다. 분야별 삭감목표는 사회보장비 지출 1.6조 엔(정부의 일반회계 기준으로는 1.1조 엔), 인건비 2.6조 엔, 공공투자 3.9조 엔~5.6조 엔, ODA와 과학기술 등 기타 분야 3.3조엔~4.5조 엔이었다. 단, 총 16.5조 엔 중 나머지 2조엔~5조 엔은 세입개혁으로 충당하겠다고 밝혔으나 구체적인 수단은 명시하지 않았다.(수상관저(首相官邸)(2006), p.48)

'사업재검토'(事業仕分け)는 간 민주당 내각의 세출삭감 핵심 수단이었다. 2009년 11월 11일부터 9일간, 정부기관 체육관에서 주민이 방청객으로 참여하고 인터넷으로 중계되는 가운데 이루어진 첫 번째 사

税の一体改革)이라는 각의결정에서 "2014년 4월부터 8%, 2015년 10월부터 10%"라는 2단계 인상안으로 구체화되었다. 단, 소비세율의 2단계 인상안을 규정한 소비증세법은 추후 경기흐름을 봐가면서 최종 결정한다는 단서를 달았는데, 2012년 12월 중의원 선거에서 재집권에 성공한 자민당 아베내각은 2013년 10월 1일 소비세율을 8%로 인상하는 1단계 인상은 계획대로 2014년 4월 1일부터 실시하되, 8%에서 10%로의 추가 인상은 2017년 4월로 연기한다고 결정하였다.

업재검토는 정부기관의 사업에 대해 타당성을 검토하여 사업을 폐지하거나 축소하는 성과를 남겼다. 2010년도 예산편성에서 정부부처의 개산요구에 명시된 447개 사업으로부터 약 7,400억 엔을 삭감하고, 공공법인이나 독립행정법인 같은 정부산하기관의 기금반환 등을 합하면 약 1.6조 엔의 세출삭감 성과를 본 것이다.

1990년대 이후 3차례에 걸친 재정 구조개혁은 [그림 5]에서처럼 공공투자를 중심으로 세출삭감에 다소 성과를 가져온 것처럼 보인다. 일반회계 세출에서 공공투자가 차지하는 비중이 1993년 18.2%를 정점으로 2012년에는 5.2%로까지 하락하였기 때문이다.

그러나 1990년대 초반의 버블붕괴와 1990년대 후반의 금융위기를 거치면서 경기대책 명분으로 일본 정부가 총 123조 엔에 달하는 천문학적 규모의 예산을 투입하였음은 주지의 사실이다. 이와 같은 대규모 공공투자가 민간부문의 유효수요를 유발하여 GDP를 증가시키는 승수효과(multiplier)를 충분히 발휘하였다면 국가채무 부담을 완화시켰을 것이나, 공공투자의 승수효과가 저하되는 가운데 도로, 터널, 다리, 지방공항 등 비효율적이고 무분별한 투자는 국가채무를 팽창시키는 결과만 초래하였다는 게 중론이다. 다시 말해 과거 재정 구조개혁은 결과적으로 정부의 공공투자를 축소시키는 데 일조하였으나 투자의 비효율성은 고스란히 국가채무를 누적시키는 결과를 초래하였다고 봐야 할 것이다.

[그림 5] 일본의 주요 세출 내역 (단위: %)

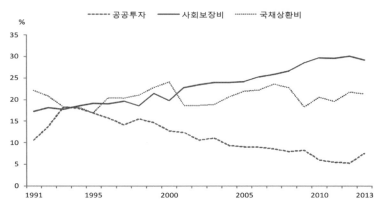

(단위: 조 엔)

	1991	2000	2005	2010	2013
공공투자	7.4	11.4	7.7	5.7	7.5
사회보험비[1]	7.6	11.1	16.1	20.3	21.8
	(10.8%)	(12.5%)	(18.8%)	(21.3%)	(21.8%)
국채상환	15.5	21.4	18.7	19.5	21.3
지자체교부금	15.8	15.8	17.4	18.8	17.6
세출총액	70.5	89.3	85.5	95.3	100.2

주: 1) 사회보장비는 사회보험비(공적 연금·의료보험·간병보험 지급액)와 고용산재대책비,
공적부조(생활보호비·사회복지비·보건위생대책비)로 구성됨.
2) ( )안 수치는 전체 결산 세출액 중 사회보험비가 차지하는 비중을 나타냄.
출처: 재무성(財務省), "財政統計(予決算等データ:表20)"를 기초로 작성.

세출삭감 타깃의 또 다른 축인 사회보장비와 관련해서도 역대 재정
구조개혁은 한계가 분명하다. 정부 예산에서 사회보장비가 차지하는 비
중이 1995년 19.2%에서 2005년 24.1%, 그리고 2012년에는 30%를 돌파하
였고([그림 5] 참조), 사회보장비 중 공적연금이나 공적 의료·간병보험
에 투입되는 사회보험비가 차지하는 비중이 대략 70%임을 감안하면, 인
구 고령화가 일본 재정을 압박하고 있는 무게를 실감할 수 있다. 그럼에
도 일본 재정이 악화일로로 치닫는 과정에서 공적 연금제도와 의료보험
제도의 개혁이 불가피한데, 비록 공제연금(공무원연금) 제도를 후생연
금(국민연금) 제도로 통합하는 데는 성공하였지만, 연금수급액 및 수급
시기 조정 등 사회보장제도 개혁에는 안이하였다는 게 중론이다.

나. 재정규율의 이완

1) 재정법 미준수: 과도한 국채발행

1947년 제정된 일본 재정법 제4조는 재정규율의 일환으로 건설국
채 원칙을 규정하고 있다. 정부의 국채발행을 원칙적으로 금지하되, 공
공사업과 출자, 대출에 한해 예외적으로 국채발행을 허용한다는 것이
다. 이런 용도로 발행되는 국채가 건설국채이다.

그러나 1975년 제1차 오일쇼크를 경험한 일본정부는 특례입법을
통해 특례국채, 이른바 적자국채를 발행하였다. 앞에서 말한 공공사업

비, 출자금 및 대출금의 재원 외에, 공무원 급여와 같은 경상경비를 충당하는 용도로까지 국채발행 범위를 넓힌 것이다. 일본정부의 재정규율이 이완된 첫 번째 사례라 할 수 있다.

일본정부가 처음으로 적자국채를 발행한 1975년 이후 2014년까지 적자국채를 발행하지 않았던 시기는 1991년부터 3년이 전부였다. 2000년 이후 최근에는 적자국채 발행액이 매년 30조 엔을 넘어섰고, 전체 국채발행액에서 적자국채 발행액이 차지하는 비중 역시 1995년 15.5%에서 2014년도에는 83.7%로 급증하였다. 일반회계 세출액 중 국채발행으로 재원을 조달하는 '국채의존도'를 보더라도 2000년 들어서부터 40% 전후에 육박하는 등 재정규율이 작동하기 어려운 국채발행에 대한 의존경향이 지나치다고 봐야 할 것이다.([표 2] 참조)

[표 2] 일본 일반회계의 국채발행 내역 (단위: 억 엔, %)

	국채발행액[1]		적자국채 비율 B/A*100	국채의존도(%)[2]
	총액(A)	적자국채(B)		
1990	63,432	9,689	15.3	9.2
1995	183,959	28,511	15.5	24.2
2000	330,040	218,660	66.3	36.9
2005	312,690	235,070	75.2	36.6
2010	423,030	347,000	82.0	44.4
2013	408,510	338,370	82.8	40.8
2014	412,500	352,480	85.4	43.0
2015	368,630	308,600	83.7	38.3

주: 1) 2013년도까지는 실적이고, 2014년 이후는 본예산 기준임.
2) 국채의존도: 일반회계 세출액 대비 국채발행액(A) 비율
출처: 재무성(財務省), "財政關係基礎データ(平成27年2月)"

이이오(飯尾潤)(2004, pp. 217~220)는 이와 같이 일본 정부의 재정규율이 이미 1970년대 중반부터 이완될 수밖에 없었던 이유로서, 첫째, 자민당 정권이 이른바 국토균형발전이라는 명분하에 그간 경제개발 과정에서 소외된 농촌지역을 공공사업 예산으로 포섭하려는 경향이 확립되었고, 이 과정에서 각종 업계단체가 자민당의 후원회 조직으로 자리를 잡아갔다는 점, 둘째 1973년 다나카(田中角栄) 총리의 '복지원년' 선

포에서 알 수 있듯이, 도시지역에서의 야당 지지층을 포섭하기 위해 사회보장제도를 정비하였다는 점을 들고 있다.

2) 예산편성 시스템의 분권화: 족의원에 의한 예산 팽창

재정규율은 앞에서 논의한 재정준칙이나 법률만으로 확립될 수 없고, 실제 예산을 편성하는 과정에 개입하는 정부부처들이나 재무부, 대통령, 국회와 같은 예산편성에 관여하는 주체들의 역할이 매우 중요하다.

일본의 정부와 국회 간 권한관계를 보면, 입법과정에서 거의 권한이 없는 정부로서는 법안 심의를 위해 여당의 정조회(政務調査会)와 족의원(族議員)[3]에게 정부 제출 법안의 사전심의를 받아야 한다. 자민당 정조회 부회는 정부부처의 설명이나 업계단체로부터의 요청을 수리하면서 정책을 입안하고 심의하는 과정에서 관료-업계단체와의 연결고리 역할을 한다. 즉, 족의원과 관료, 업계단체로 형성되는 '철의 삼각형'(iron triangle)[4]이 작동하는 지점이다.

위와 같은 정관(政官)관계의 분권화는 예산편성 과정에도 그대로 적용되는데, 일본 재무성의 예산 및 세제 사정·심사는 정치인들의 정책요구를 통제할 수 있는 장치이긴 하나, 정치인들의 예산 요구가 확대되고 족의원 같은 세력이 형성되면 재무성을 포함한 관료는 더 이상 족의원의 요구를 거절하게 어렵게 되고, 정고관저(政高官低) 관계가 고착된다.(이이오(飯尾潤), 2004, p. 221) 이와 같은 정고관저 아래에서는 재무성이 확립한 재정규율 역시 이완될 수밖에 없다는 것이다. 단, 이와 같은 예산편성 시스템의 분권화 과정에서 족의원의 역할 비대에 따른 재정규율의 이완 문제는 2000년 이전, 세출에서 공공투자가 차지하는 비중이 높았던 시대에 현저하였던 것으로 보이고 그 후 잇따른 재정 구조개혁과 2010년 민주당으로의 정권교체 등 정치적 변화를 거치면서는 사회문제로까지는 비화되지 않는 양상이다.

3) 과도한 추경예산 편성

재정규율 관점에서 일본의 예산편성 과정을 보면, 본예산은 비교

3 / 족의원이란 정부부처를 단위로 한 특정 정책 분야에서 일상적으로 강력한 영향력을 행사하는 중견 이상의 국회의원을 말한다. 그 효시는 1972년 '일본열도개조론'을 제창한 자민당 다나카(田中角榮) 전 총리인데, 그를 비롯한 초창기의 족의원들은 정부부처 장관을 역임하면서 정부부처 내에 독자적인 인적네트워크를 형성하는 형태로 지위를 확보하였으나, 그 이후의 족의원들은 1980년대 후반 후생족(厚生族)으로서 명성이 높았던 하시모토(橋本竜太郎) 전 총리처럼 당과 정부부처, 국회 중역을 골고루 섭렵하면서 지위를 확보하였다. 이와이(岩井奉信)(2002), p. 33.

4 / '철의 삼각형'이란 도로, 농업, 의료 등 다양한 정책분야에서, 그 분야를 관할하는 관료조직, 관련 업계단체, 족의원 3자간 결합을 의미한다. 이 때 관료조직은 예산과 권한을 확보하기 위해 족의원을 이용하고 업계단체에 대해서는 정책적 편의를 봐주는 대신 낙하산 자리를 확보한다. 업계단체는 공사를 수주하거나 예산을 확보하기 위해 족의원에게는 정치자금과 '표'를 제공하는 '후원회' 역할을 수행하고, 관료에 대해서는 낙하산 인사 요청을 수락한다. 족의원은 업계의 요청을 들어주는 대신 정치자금과 '표'를 얻는 한편, 법안이나 예산 심의에서 관료의 편의를 봐준다.

적 엄격한 재정규율을 적용하는 경향이 있지만, 경기대책 명분으로 편성하는 추경예산은 사실상 재정규율의 '사각지대'라 할 수 있다.

다나카(田中秀明)(2011, pp. 85~86)가 지적하고 있듯이, 일본에서 국회 의결대상이 되는 예산은 일반회계, 특별회계, 정부관계기관이고, 재정규율은 이들 본예산의 예산항목에 설정하는 상한선(ceiling)을 통해 작동된다. 추경예산은 이와 같은 ceiling 적용에서 벗어나기 때문에, 정부부처로서는 당초예산에서 예산을 확보하지 못한 사업을 추경예산에 상정할 유인책을 항상 갖고 있다는 것이다.

이이오(飯尾潤)(2004, p. 215)는 1990년대 들어 추경예산이 늘어나고 있는 이유가, 재무성이 1980년대에 도입한 ceiling 제도에 있다고 본다. 즉, 정부부처는 일반회계 예산이 예산편성과정에서 재무성의 ceiling제 하에서 엄격한 사정·심사를 받게 되므로, 정책적으로 중요한 예산을 확보하기 위해 비교적 심사가 느슨한 추경예산을 택한다는 것이다.

[표 3] 일본의 일반회계 추경예산 편성 추이   (단위: 10억 엔, %)

	일반회계 본예산(A)	일반회계 추경예산(B)	일반회계 세출총액	추경예산 비중(B/A)
1990	66,237	3,414	69,651	5.2
1995	70,987	7,047	78,034	9.9
1998	77,669	10,322	87,991	13.3
2000	84,987	4,783	89,770	5.6
2005	82,183	4,522	86,705	5.5
2009	88,548	14,010	102,558	15.8
2010	92,299	4,429	96,728	4.8
2013	92,612	5,465	98,077	5.9
2014	95,882	3,118	99,000	3.3
2015	96,342	–	–	–

출처: 재무성(財務省), "財政統計(予決算等データ: 表19)"

일본 정부가 추경예산을 편성하는 이유는 1990년대 말의 일본의 금융시스템 불안과 아시아 외환위기, 2008년 글로벌 금융위기, 2011년 동일본대지진 및 후쿠시마 원전사고처럼 미처 예상하지 못한 경제·사회적 충격이 발생할 때 긴급 경제조치 성격으로 예산을 추가로 편성하기 위한 것이다.([표 3] 참조) 그럼에도 불구하고 2011년 3월 발생한 동일본대지진과 후쿠시마 원전사고의 복구예산으로 일본 정부가 편성한 추경예산에 '비복구예산'이 대폭 포함된 사례[5]가 되풀이되고 있는 것을 보면, 추경예산 편성이 재정규율 이완으로 연결되고 비효율적 예산집행의 대표 사례라는 점을 부정하기 어려운 것도 사실이다.

4. 결론: 아베 내각의 재정건전화 계획과 일본 재정의 미래

현 아베내각은 동일본대지진 복구 비용과 저출산·고령화에 따른 세출증가 압력으로 지속가능한 재정 및 사회보장제도를 구축함과 동시에, 가계나 기업의 재정에 대한 불안을 불식하고 민간저축을 국채매입이 아닌 민간투자로 연결하기 위해서는 재정건전화도 매우 중요한 현안이라고 인식하고 있다. 그렇지만 재정 및 사회보장제도의 지속가능성을 확보하고 한편으로는 재정건전화도 추진한다는 것은 '두 마리 토끼'에 비유할 수 있다.

아베내각의 재정운영 방향은 2013년 8월 각의결정한 중기재정계획(中期財政計画)과 2015년 6월 30일 각의결정한 경제·재정운영 및 개혁의 기본방침(骨太の方針)에 명시되어 있다.([표 4] 참조) 중기재정계획은 노다(野田佳彦) 민주당 정권이 2012년 8월 책정한 사회보장과 세제의 통합개혁(社会保障·税の一体改革)을 답습하여 재정건전화 목표를 "2015년도까지 기초 재정적자 비율을 2010년도 대비 절반으로 줄이고, 2020년도에는 흑자화"하는 것으로 설정하였다. 이와 같은 2020년까지 기초 재정수지를 흑자화하겠다는 수지균형 준칙은 경제·재정운영 및 개혁의 기본방침에도 승계되었다.

5 / 일본 회계검사원(会計検査院: 한국의 감사원에 해당)이 2013년 10월 발표한 자료에 따르면, 1,401개 약 15.2조 엔(단, 인건비 제외)의 복구사업 가운데 재해지역의 복구와는 전혀 상관이 없는 사업이 326건으로서 전체 1/4, 관련 사업예산도 약 1.4조 엔에 이른다. 그 대표적인 사례로 재해지역 이외의 지자체 청사의 내진화나 국립경기장의 개·보수, 구직자에 대한 직업훈련비 지급, 포경(捕鯨)업자에 대한 보조금 지급 등이 거론되었다(每日新聞, 2013.10.31일자).

일본 재정의 지속가능성과 재정규율 / 김규판

[표 4] 아베내각의 재정구조 개혁

	중기재정계획(2013년 8월)	경제·재정운영 및 개혁의 기본방침 (2015년 6월)
재정건전화 목표 (채무준칙, 수지균형 준칙)	·2015년도까지 기초 재정적자 비율을 2010년도 대비 절반으로 줄이고, 2020년도에는 흑자화 ·2021년도 이후 GDP 대비 국가채무 비율의 안정적 하향화 ·2014년도 및 2015년도 신규국채발행액은 전년도를 상회하지 않도록 최대한 노력	·2020년도까지 기초 재정수지를 흑자화
세출준칙	·구체적 수치목표 부재	·구체적 수치목표 대신 완만한 목표만 제시
세입준칙	·소비세율 추가 인상(8%→10%): 2017년 4월1)	−2)
법적지위	각의결정	각의결정

주: 1) 소비세율 추가인상 계획은 중기재정계획 발표 이후인 2013년 10월에 별도로 결정함.
2) 세입준칙을 제시하지 못한 채, "경제구조의 고도화, 고부가가치화를 통한 세입확대"라는
출처: 내각부(內閣府), "中期財政計画"(2013.8.8) 및 "経済財政運営と改革の基本方針2015"(2015.6.30)을 기초로 작성.

그러나 아베내각의 재정건전화 계획은 2020년까지 기초 재정수지를 흑자화하겠다는 목표 외에, 정부가 어떻게 재정규율을 강화할 것인지 commitment(약속)를 찾아보기 어렵다는 점에서 한계가 명확하다.

아베 내각이 경제·재정운영 및 개혁의 기본방침을 정하는 과정에서 가장 논란이 되었던 것은 재정규율의 재정준칙 중 세출준칙이었다. 2020년도까지 기초 재정수지를 흑자화하기 위해 2017년 4월 소비세 추가인상이 계획된 상황에서 세입준칙을 추가하는 것은 경제적 부담이 크므로, 세출삭감에 대한 구체적 수치목표를 제시하는 것이 불가피하다는 여론이 비등하였던 것이다. 예를 들어 죠치대학(上智大学) 교수 나카자토(中里透)(2015)는 현재 일본 재정 상태를 고려하면 사회보장이나 공공투자 분야에 대해 세출 상한(ceiling)을 설정하는 것이 가장 중요하다고 보았는데, 정부의 세출상한에 대한 commitment(약속)가 애매모호한 상태에서, 증세든 자연증세든 세수가 증가하면 그 증세분이 새로운 세출을 낳을 공산이 크므로 재정건전화에 역행할 소지가 있다고 지적한다.

경제·재정운영 및 개혁의 기본방침은 2015년도 예산상 31.5조 엔의 사회보장비와 25.8조 엔의 기타 정책성 경비에 대해 향후 3년간 1.6

조 엔(사회보장비 1.5조 엔, 기타 정책성 경비 0.1조 엔) 증액에 머물도록 억제한다는 '세출개혁' 방침을 명시하였다.[6] 사회보장비 지출을 줄이기 위한 방법으로서는, 외래진료비와 간병보험비의 개인 부담비율 인상, 신약보다 싼 복제약(generic drug) 사용의 확대, 고소득자의 연금수급액 삭감을 예시로 들었다. 그러나 이와 같은 세출삭감 방향은 2006년 당시 향후 5년간 사회보장비 지출을 1.6조 엔 삭감하기로 한 고이즈미 내각의 세출·세입 통합개혁은 물론, 1998년도 사회보장 관련지출의 전년도 대비 증액 폭을 3,000억 엔 이하로 억제하고, 1999년도와 2000년도에는 전년도 대비 102%를 초과하지 않도록 규정한 하시모토 내각의 개정구조개혁법에 훨씬 미치지 못한다고 할 수 있다.

요컨대 아베내각은 아베노믹스에 대한 낙관론에 근거하여 경제성장에 따른 '자연증세'로 재정을 재건하겠다는 '성장중시론'으로 일관하고 있다. 물론 아베노믹스가 낙관론대로 "명목 3%, 실질 2%대의 경제성장률"을 실현한다면 세수증가에 따른 재정수지 개선이 현실화될 수 있을 것이지만, 지난 2년간의 아베노믹스 실적을 뒤돌아보면 그 가능성은 매우 낮아 보인다. 오히려 지금은 재정규율론을 강조하는 재무성이나 일부 학자들 견해처럼, 세출준칙과 세입준칙을 더 명확히 천명하는 방식으로 재정규율을 강화하여 재정건전화에 대한 시장(market)의 신뢰를 회복하는 것이 급선무인 것 같다.

6 / 카와노(河野龍太郞) BNP파리바증권 이코노미스트는 지금처럼 매년 1조엔 씩 증가하는 사회보장비 지출을 방치한 상태에서는 설령 소비세율을 25%로 인상하더라도 2040년경에는 국채발행 잔액이 민간부문의 금융순자산 규모를 능가하여 재정위기가 찾아온다고 경고하고, 아베내각은 사회보장비 지출 증액을 향후 3년간 매년 5,000억 엔으로 억제함과 동시에 소비세율은 15%로 인상할 것을 주문하고 있다.(일본경제신문(日本経済新聞), 2015.6.24.일자)

참고문헌

〈한국어 문헌 및 주요 참고 자료〉
김규판(2010), "일본의 재정건전화 계획에 대한 평가와 시사점", 『지역경제 포커스』 10–33호. 대외경제정책연구원. 2010.7.22.
김규판·이형근·김은지·서영경(2013), 『일본 재정의 지속가능성과 재정규율에 관한 연구』, 연구보고서 12–23. 대외경제정책연구원

〈일본어 문헌 및 주요 참고 자료〉
나카자토토오루(中里透)(2015), "財政健全化どう進める一歳出の上限約束溯早急に", 『日本経済新聞』, 2015.6.22.
내각부(內閣府)(2013), "中期財政計画". 2013.8.8. (http://www5.cao.go.jp/keizai-shimon/kaigi/minutes/2013/0808/shiryo_01.pdf)(검색일: 2015.7.12.)

_____(2015), "経済財政運営と改革の基本方針2015", 2015.6.30. (http://www5.cao.go.jp/keizai-shimon/kaigi/cabinet/2015/2015_basicpolicies_ja.pdf)(검색일: 2015.7.12.)

다나카히데아키(田中秀明)(2011), 『財政規律と予算制度改革』. 日本評論社

도이타케로(土居丈郎)(2008), "政府債務の持続可能性を担保する今後の財政運営のあり方に関するシミュレーション分析", 『三田学会雑誌』. 100巻4号. pp.131–160.

수상관저(首相官邸)(1997), "財政構造改革の推進について", 1997.6.3. (http://www.kantei.go.jp/jp/kaikaku/pamphlet/p15.html) (검색일: 2015.5.20.)

_____(2006), "今後の経済財政運営及び経済社会の構造改革に関する基本方針2006", (http://www5.cao.go.jp/keizai-shimon/minutes/2006/0707/item1.pdf) (검색일: 2015.5.20)

이와이토모아키(岩井奉信)(2002), "真の抵抗勢力は、族議員を許す日本政治システムの欠陥だ", 『エコノミスト』. 2002.3.12.

이이오준(飯尾潤)(2004), "財政改革における政党と官僚制", 青木昌彦・鶴光太郎編著 『日本の財政改革』 第4章. 東洋経済新報社.

재무성(財務省)(2012), 『日本の財政関係資料』. 2012.9.

〈영어 문헌 및 주요 참고 자료〉

Hoshi, T. and T. Ito(2012), "Defying Gravity: How long will Japanese Government Bond Prices remain high?". *NBER Working Paper* 18287.

Ihori, T. T. Nakazato, and M. Kawade. 2003. "Japan's Fiscal Policies in the 1990s". *The World Economy*. 26(3). pp. 325–338.

Ito, T. 2011. "Sustainability of Japanese Sovereign Debt". in Ito, T. and F. Parulian(eds.), *Assessment on the Impact of Stimulus, Fiscal Transparency and Fiscal Risk*. ERIA Research Project Report 2010–01. pp.29–76.

〈웹사이트〉

IMF, World Economic Outlook Database, April 2015. (https://www.imf.org/external/pubs/ft/weo/2015/01/weodata/index.aspx)(검색일:2015.6.29)

OECD, Economic Outlook, Analysis and Forecasts, June 2015. (http://www.oecd.org/eco)(검색일: 2015.6.29)

OECD, Economic Outlook No.97. June 2015 (http://stats.oecd.org)(검색일: 2015.7.10.)

일본은행(日本銀行), "資金循環"(https://www.stat-search.boj.or.jp)(검색일: 2015.7.10)

재무성(財務省), "財政関係基礎データ(平成27年2月)"(http://www.mof.go.jp/budget/fiscal_condition/basic_data/201502/index.htm)(검색일: 2015.7.1)

_____, 財政統計(予決算等データ) (http://www.mof.go.jp/budget/reference/statistics/data.htm) (검색일: 2015.7.1)

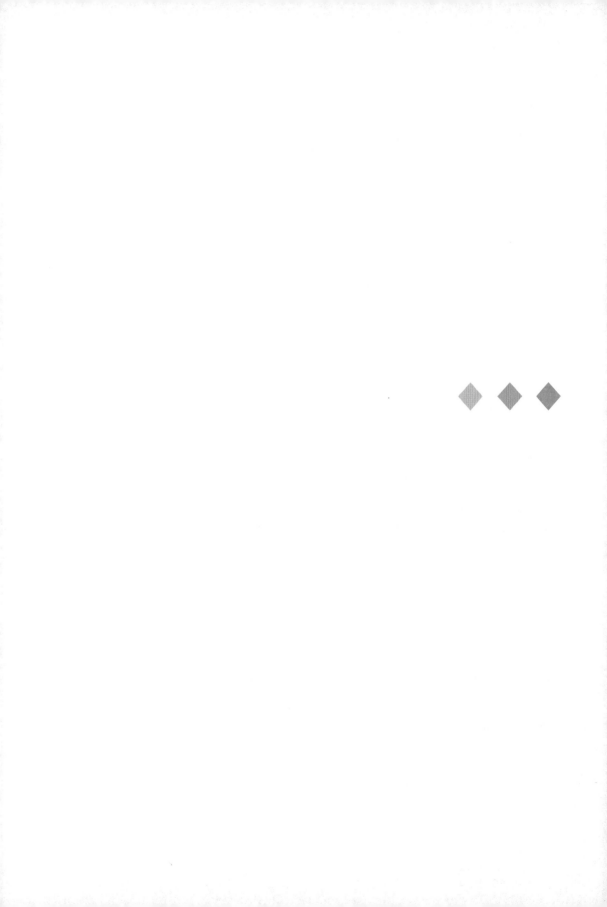

일본 외환거래 자유화에 따른
금융투자 산업의 변화와 시사점

현 석 | 玄 奭 Hyun, Suk

일본 게이오대학(慶應義塾大學)에서 경제학 박사 학위를 받았다. 일본총합연구개발기구(NIRA) 객원연구원, 와세다대학 법학과 객원연구원, 일본국제협력은행(JBIC) ABMI담당관, 한국은행 금융경제연구원 과장을 거쳐 2010년 8월부터 자본시장연구원 국제금융실 연구위원과 대외금융협력센터장으로 재직 중이다.
대외적으로는 2009년에 아시아개발은행(ADB) 컨설턴트로서 ASEAN+3 Bond Market Forum(ABMF) 설립에 관여하였고 이후 최근까지 ABMF National Member와 한국 사무국 대표로서 활동하였다. 또한 캄보디아, 라오스, 베트남을 대상으로 기획재정부 경제발전경험공유(KSP) 사업과 한국은행 지식교류프로그램(BOK-KPP) 사업을 담당하였다.

전공분야는 금융경제이며 주요 연구 분야는 국제금융, 아시아 자본시장, 일본 거시경제 등이다. 주요업적으로는 채권시장 국제화와 전문투자자 시장에 관한 소고(금융투자, 2016), 원화 국제화의 가능성에 관한 연구(국제금융연구, 2015), Currency Internationalization and Bond Market Development in Asian Economies(Oxford University Press, 2014 with Shigehito Inukai), Identification of Systemically Important Financial Institutions and Implications for Financial Architecture in Korea(Global Economic Review, 2013 with Naoyuki Yoshino) 등 외 논문이 다수 존재한다.

일본경제는 1990년을 전후해 버블경제가 붕괴하면서 저성장·저금리시대가 고착화되는 구조적 변화를 겪게 되었다. 1990년 8%대에 달했던 일본국채(10년물) 금리는 2013년 초반 0.75%까지 하락하였으며, 일본 부동산가격지수도 1990년 고점 이후 최근까지 침체에서 벗어나지 못하고 있다. 또한 1990년 이후 디플레이션이 지속되는 가운데 초고령사회[1]에 진입하면서 경제 활력이 저하되고 저성장 기조가 지속되고 있다.

1 / 65세 이상 인구가 전체 인구의 20%를 상회하는 경우를 의미한다.

[그림 1] 일본 장기금리 및 주가 동향 (1996년 7월~2013년 1월)

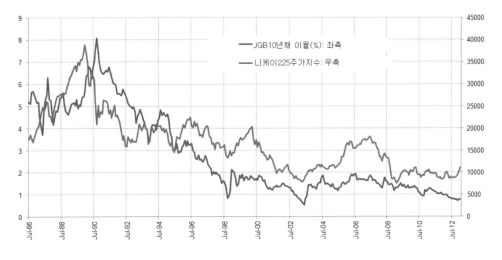

자료: 자본시장연구원(2013), KCMI-NOMURA 공동세미나 발표자료

일본경제의 저성장·저금리시대 돌입 이후 금융시장도 일련의 변화를 겪어 왔다. 우선 시중은행들의 국채 보유량이 증가였다. 이는 기업들의 과잉채무 조정을 통한 대차대조표 재조정(rebalancing)에 들어가면서 은행들의 기업대출이 급감하게 되고, 이에 따라 국채매입 비중이 점차 확대된 데 따른 결과이다.

[그림 2] 일본경제 장기변화: 성장변화와 고령화

자료: 자본시장연구원(2013), KCMI-NOMURA 공동세미나 발표자료

반면, 일본의 개인 투자자는 저금리로 인한 수익률 하락에도 불구하고 안전자산을 선호하는 현상이 지속되었다. 1990년대 중반 은행과 증권회사 파산 등 금융위기를 경험하면서 안정성 위주의 투자전략을 선호하는 경향이 강화되었다. 또한 일본 개인금융자산의 70% 이상을 고령층(60세 이상)이 보유하고 있다는 점도 저금리시대에 안전자산의 선호현상이 유지되는 배경으로 작용하고 있다. 2012년 말 기준 일본채권투자액의 90% 이상을 일본 국내기관 및 개인이 보유하고 있는 반면에, 일본 채권시장에 대한 외국인 투자비중은 9.3%에 불과하다.

일본 증권업계는 1990년 이후 본격적인 침체에 돌입하였다. 1980년 당시 노무라 증권이 자산규모에서 세계최대 증권사에 등극하는 등 80년대 급성장하였던 일본 증권업계는 자산버블 붕괴와 더불어 본격적인 침체기에 돌입하였다.[2] 또한 주식시장 침체 등 본격적인 불황까지 겹치면서 일본 증권업계에서는 1996년~2005년 사이 85개의 증권사가 파산하는 등 본격적인 구조조정이 진행되었다.

이런 배경 하에 일본 정부는 제도 및 세제 개편을 통해 자본시장의 활성화를 위해서 노력하였다. 대표적인 예로 1998년 외환거래법 개

2 / 1980년 기준 노무라증권 자산규모는 3,790억 달러로, 씨티(2,040억 달러), 메릴린치(550억 달러) 등 주요 대형IB 자산규모를 크게 상회하였다.

정과 2007년 자본시장경쟁력 강화방안을 통해 금융투자상품 범위를 확대할 수 있는 제도적 틀을 마련하였다. 그리고 펀드투자 등 관련 상품에 대한 세제혜택 제공을 통해 예금에 집중된 금융자산을 자본시장으로 유도하도록 노력을 기울여 왔다. 그러나 고령자에 편중된 개인금융자산은 여전히 예금 위주로 운용되고 있으며 가계자산에서 예금이 차지하는 비중도 절반 이상이다.

[그림 3] 일본의 가계 금융자산 구성- 펀드투자 비중

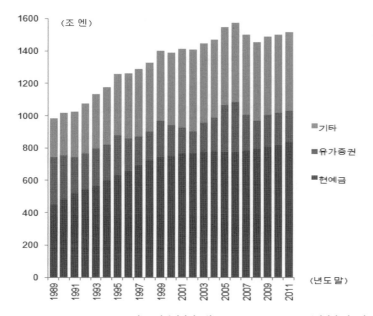

자료: 자본시장연구원(2013), KCMI-NOMURA 공동세미나 발표자료.

저성장·저금리 지속이 장기화되면서 최근에는 투자자들의 위험선호도가 점차 변화하고 있다. 전체 금융자산 중 펀드자산의 비중에는 큰 변화가 없으나, 펀드가입자의 위험자산 선호도는 점차 증가하고 있다. 주식형펀드의 비중이 크게 늘어 2000년 중반 이후 출시 펀드의 절반 이상을 차지하고 있으며, 해외주식 및 채권에 투자하는 해외펀드의 규모 또한 빠르게 증가하고 있다. 장기간 초저금리 환경을 겪은 일본의 투자자들 사이에 고수익에 안정적인 현금 흐름을 창출하는 해외채권 투자

의 붐이 일면서 해외 지역에서 발행되어 주로 일본 개인투자자에게 재판매되는 외화표시채권(우리다시(賣出)채권[3])이 주목을 받게 되었다. 신흥국 채권 등 고위험·고수익채권 투자펀드 또한 점차 확대되고 있다. 이는 일본투자자의 위험선호도가 증가하고 있음을 시사한다.

해외증권 투자가 늘어나면서 해외증권에 관한 법제도도 정비되었다. 특히 해외증권우리다시의 경우, 이미 발행된 해외증권에 대해 불특정다수의 투자자에게 권유가 행해지지만 통상의 우리다시와는 달리 발행계획서가 교부되지 않고 금상법상의 공시도 행하지 않는다. 일본 금융상품거래법 (이하 금상법)은 우리다시 중 해외에서 공시가 이루어지고 있는 일정한 유가증권에 대해 필요한 정보가 투자자에게 제공되고 있다는 것 등을 일정 요건으로 정하여 유가증권신고서 등에 의한 법정 공시를 면제하고 있다.

본고에서는 저금리·저성장 하에 일본 금융투자산업의 변화를 외환거래 자유화와 금융상품거래법의 우리다시제도를 중심으로 살펴보고자 한다. 특히 1990년대초 버블붕괴 이후, 20년간 장기 불황이 계속되고 있는 가운데 금융경쟁력을 제고하기 위해 외환거래를 전면 자유화한 1998년 일본 외환법의 개정과 우리다시제도를 중심으로 일본 금융투자산업의 변화를 고찰하고자 한다. 그리고 이를 바탕으로 저성장·저금리 국면에 진입한 우리 경제에 대한 시사점을 찾고자 한다.

1. 일본 외환법 개정과 외환거래 자유화

일본은 1990년대초 버블붕괴 이후 지난 20년간 저금리·저성장 아래에서 투자자산의 수익률 제고를 위해 포트폴리오를 해외증권투자 등 외화표시 자산으로 다변화하고 적극적인 해외투자를 도모하였다. 한편으로 일본 정부는 외환법 개정을 통해 이를 지원하는 동시에 세계 각국의 경제주체들이 엔화를 쉽게 매매할 수 있도록 엔화 국제화를 도모하였다. 또한 금융경쟁력을 강화하여 일본의 금융시스템을 미국·영국과 같은 글로벌 기준으로 개편해 나가면서 글로벌 시장에서 이들과 경쟁할 수 있는 경쟁력을 갖추고, 도쿄를 국제금융시장으로 육성하고자 하는 노력을 기울였다.

1) 일본 외환법의 변천

1933년에 "외환 관리법"이란 명칭으로 처음 제정된 일본 외환법은 1949년 "외환 및 외국 무역 관리법"으로 변경되면서 당시 일본 경제를 둘러싼 대외환경에 의해 대외거래 원칙금지를 목적으로 하였다. 1980년에는 대외거래를 원칙적으로 자유롭게 하도록 법을 개정하였으나 1) 외환거래가 외국환은행 및 지정 증권사를 통해서만 가능했다는 점, 2) 외국환 은행의 외환 포지션에 규제가 있었다는 점, 3) 비거주자 간의 엔화 거래나 거주자 간의 외환거래가 규제되고 있는 점 등에서 완전한 외환거래 자유화에 이르지는 못하였다. 즉, 1980년 외환법은 외환거래를 원칙적으로 자유화한다고 밝혔으나 실질적으로 개인이나 기업의 외화거래는 규제를 받아 왔다.

[표 1] 일본 외환법의 주요 변천내용

연도	내용
1933	"외환 관리법" 제정 (외환은행 제도의 도입)
1949	고정환율 설정 1달러=360엔, "외환 및 외국 무역 관리법"과 "외자에 관한 법률" 제정
1952	IMF, 세계은행에 가맹, 외환 관리 위원회를 폐지, 외환 등 심의회 설치
1973	변동환율제 시행, 대내 직접 투자에 대해 예외 업종을 제외하고 원칙적인 자유화 결정
1980	외환법을 원칙적으로 자유 법체계로 개정, "외자에 관한 법률" 폐지
1998	내외자본 거래 등의 자유화와 외환업무 완전 자유화에 적합하도록 외환법 일부 개정 (제목에 관리라는 단어를 삭제하고, "외환 및 외국 무역법"으로 수정)

일본 외환법이 실질적으로 자유화를 허용한 것은 1998년 4월 1일, 외환거래를 전면적으로 자유화하는 일본 외환법(이하, 신외환법)이 시행되면서 부터이다. 즉, 신외환법은 종래의 해외투자 신고제를 사후 보고제로 바꾸는 등 외환거래에 대한 각종 규제를 철폐했다. 구체적인 자유화 조치로는 1) 외국환 업무의 자유화 2) 금융 및 자본거래의 자유화

로 나눌 수 있으며, 전자화폐를 해외결제 수단으로 인정하는 첨단기술 대응전략도 포함된다. 개정 외환법은 외환거래에 관한 거의 모든 규제를 철폐하여 기업이나 개인이 마음대로 대외금융거래를 할 수 있게 되었다. 이에 따라 일본 금융시장이 국제금융센터 수준의 자유도를 확보하여 외국 금융기관들도 자유롭게 일본 거주자의 금융자산에 접근할 수 있을 뿐만 아니라 해외진출도 더욱 증가하는 계기가 되었다.

[표 2] 1998년에 개정된 외환법의 개요

제1장 총칙
 1. 정의규정: 지불수단(현금)에 전자화폐 추가
 2. 외국환시세: 일본 엔화시세의 안정에 주력

제2장 외국환 공인 은행 및 환전상
 ─ 외환업무 자유화, 외국환 공인 은행제도 및 환전상 제도 폐지

제3장 지불 등
 1. 대외거래 지불·결제 허가제 폐지
 2. 국제적 경제제재시 대외지불 허가제 도입
 3. 은행 등의 고객 신분 확인 의무
 4. 지불수단(현금)의 반출입시 세관 신고 의무

제4장 자본거래 등
 1. 자본거래의 허가·사전 신청제 원칙 폐지
 2. 국제적 경제제재시 자본거래 허가제 발동

제5장 대내직접투자 (1992년의 자유화 조치 유지)

제6장 외국무역
 ─ 현행법을 기본적으로 유지하는 한편 사후보고제도 정비

2) 외국환 업무의 자유화

4 / 1998년 4월 이전에는 외국환은행, 지정 증권회사, 지정 환전상만이 외환업무가 가능하였다.

은행들은 외국환 업무에 대한 지정제도[4]가 폐지됨에 따라 외환업무에 대하여 자유로운 진입과 퇴출이 가능해졌다. 신규 외환업무의 확대로 수수료 인하 및 서비스 효율 제고와 같은 시장내 경쟁이 유발되는 효과도 발생하였다. 그리고 금융기관의 외화 보유 포지션 규제가 폐지되어 각 금융기관들은 외화 포지션을 자율적으로 확대할 수 있게 되었다. 단, 자유화에 따른 부작용을 억제하기 위해 금융기관들은 경영 투명성을 제고하고, 정부는 은행법 등의 금융기관 관련 법률 등을 통해

각 금융기관들에 대한 감시를 강화하였다.

또한 금융투자업에 대해서도 외환법 개정으로 인하여 외국환 업무가 자유화되어 외국환은행제도, 지정증권제도가 폐지됨에 따라 금융투자업의 외환업무에 대한 자유로운 진출과 퇴출이 가능하게 되었다. 지정증권제도가 폐지됨에 따라 증권사는 자유롭게 외환 서비스 사업을 진행할 수 있게 되었다. 증권사뿐만 아니라 손해보험사, 생명보험사, 종합상사, 일반 제조업체, 유통업체, 여행사 및 개인도 가능하게 되었다.

일본 외환법 개정에는 일본의 금융시스템을 미국·영국과 같은 글로벌 기준으로 개편해 나가면서 글로벌 시장에서 이들과 경쟁할 수 있는 경쟁력을 갖추는 것과 도쿄를 국제금융시장으로 육성하고자 하는 정책도 포함되어 있다. 그리고 외환거래를 자유화해 세계 각국의 경제주체들이 엔화를 쉽게 매매할 수 있게 하고 또한 도쿄시장을 활성화시켜 세계 각국의 경제주체들이 일본 엔화를 결제수단으로 활용하도록 유도하는 것을 통해 엔화 국제화를 촉진하였다. 일본은 아시아 각국에 대한 금융지원을 엔화 베이스로 실시하면서 각국 정부나 중앙은행들로 하여금 도쿄 국제금융시장에서 다국간 결제 계좌를 개설하도록 유도해 나갔다.

3) 금융 및 자본거래의 자유화

개정 외환법의 시행으로 기업과 개인의 각종 해외자본거래 및 대금결제에 대한 기존의 신청 및 허가제도가 폐지되었다. 경제제재 조치 발동 등과 같은 긴급한 상황을 제외하고는 자본거래의 완전한 자유가 보장되었다. 또한 자유화 조치의 결과, 개인이나 기업은 외국에 있는 은행에 직접 엔화 및 외화를 예금할 수 있게 되었다.

즉 개인이나 기업이 해외 은행에 엔화 및 외화 예금계좌를 개설하고 무역대금 결제, 증권투자 결제 및 통신판매 결제 등을 실시하여 해외예금 보유가 자유화되었다. 그리고 국내 판매대금을 달러화로 수금하고 이를 외화예금 계좌에 합하여 수입대금을 결제하고 수출대금을 달러화 예금계좌에 예치해 자재 구매대금 결제 등으로 활용하여 거주자 간의 외화 결제가 가능해졌다.

또한 대외결제도 자유화되어서 국내외 자회사간에 외환수급의 상쇄(netting) 결제가 가능해 졌고 상쇄결제센터를 일본 국내 혹은 국제금융시장에 설립하여 외환 리스크나 금리 리스크 등의 일괄적인 관리가 가능해졌다. 그리고 해외에 있는 금융기관으로부터 주식·채권을 직접 구입하고 외국기업들이 일본 국내에서 자유롭게 채권을 발행할 수 있도록 함은 물론, 일본기업들도 일본정부에 신고 없이 해외금융시장에서 채권을 발행하게 되어 증권 발행과 거래도 자유화되었다.

따라서 외국에 있는 금융기관에 계좌를 자유롭게 개설한 후 수입대금을 결제할 수 있게 되면서 송금 수수료를 절약하는 효과도 발생하였다. 또한 기업은 수출을 통해 획득한 외화를 환전하지 않고 다른 계열사에 매각하거나 멀티네팅[5] 등의 결제 수단으로 사용하게 되었다. 그리고 일본기업과 개인은 거주자나 비거주자를 구분하지 않고 모든 경제주체들과 자유로이 금융거래를 할 수 있게 되었다.

4) 외환법 개정 이후 해외 주요 금융투자상품 추이

일본은 1990년대초 버블붕괴와 경제성장률 및 금리 하락에 대응하여 적극적인 해외 투자와 진출을 모색하였다. 이에 따라 일본의 대외증권투자 잔액은 1990년말 5,958억 달러에서 2011년말 3조 3,752억달러로 증가하였다. 이런 해외 투자가 증가하는 배경 하에 일본 증권사들은 구조조정과 함께 위탁매매 전략에서 고객 자산관리 및 해외진출 지원 등으로 업무를 전환하였다.

1998년 외환거래법 개정 이후 외화예금·외화표시 MMF는 금융기관의 적극적인 상품제공과 판촉 등으로 인하여 꾸준히 성장하였다. 외화예금 및 외화표시 MMF 잔액은 각각 2000년 3.7조엔, 9.8조엔에서 2011년말 5.6조엔과 15.4조엔으로 크게 증가하였다.

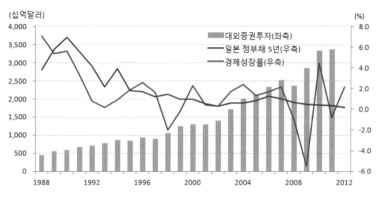

[그림 4] 일본 경제성장률, 금리 및 대외증권투자잔액 추이

자료: 한국은행, Datastream, Bloomberg

[표 3] 외화예금 및 외화표시 MMF의 순자산액 추이 (단위: 조엔)

	2000	2001	2002	2003	2004	2005	2006	2007	2008	2009	2010	2011
외화예금	3.7	4.1	4.8	5.8	5.9	4.8	4.3	4.3	4.9	5.3	5.4	5.6
외화표시 MMF	9.8	12.1	12.2	7.1	10.5	16.6	22.1	28.3	18.4	21.8	19.0	15.4

자료: 일본은행 자금순환통계

    1990년대초 버블붕괴 이후 국내 주식시장의 불황으로 인하여 투자자들이 주식시장을 떠나면서 주식형 펀드 비중이 급감하고 채권형 펀드가 급증하여 20년간 약 50조엔 규모의 순자산총액(AUM)을 유지하였다. 해외투자형 상품들이 AUM 중 75%를 차지하고, 이중 해외채권형이 50%를 차지하였다. 2011년말 기준으로 일본펀드 유형별 순자산총액의 비중은 해외채권형 50%, 해외주식형 14%, 해외 REITs 11%, 기타 25%였다.

    이렇게 투자자 위험선호도의 변화에 따라 일본 증권사는 다양한 상품을 출시하였다. 해외채권형 펀드 및 고수익채권 등을 통해 다양한 고위험·고수익 상품을 제공하고 있으며, 2009년 이후에는 투자통화를 고객이 선택할 수 있는 통화선택형 펀드(Double-Decker펀드)의 성장세가 확대되고 있다.

[표 4] 일본의 순자산액 상위펀드 (2011년말)

유형	펀드명	AUM (억엔)
해외 채권형	글로벌 소버린오픈	19,176
	短期호주달러채오픈	11,589
	하이그레이드오세아니아 본드	9,054
	노무라G고수익채권 (자원국통화)	8,247
해외 REITs형	新光US-REIT오픈	6,462
	라살 글로벌 REIT	6,387
해외 주식형	Pictet글로벌인컴주식	6,298
	브라질본드오픈	6,192
	(통화선택S)신흥국채권(브라질 헤알)	6,016
밸런스형	재산3분법F(부동산, 채권, 주식)	5,023

자료: 금융투자협회(2013)

해외채권형 펀드(21.7조엔)의 유형별 비중은 고수익채권(20.9%), 이머징채권(26.2%) 비중이 가장 높고 오세아니아를 포함하면 고수익·이머징채권이 해외채권형 펀드 순자산총액의 61.1%를 차지하였다. 글로벌 금융위기 이후에는 선진국 채권 비중이 줄어들고 호주, 브라질 등 고수익·이머징 채권 비중이 늘어났다. 글로벌 금융위기와 유럽재정위기 이후 미국채의 비중은 10년전 57%에서 27%로, 유로채는 33%에서 8%로 축소된 반면, 고금리 통화인 호주채권의 비중은 동 기간 1%에서 34%로, 브라질은 0%에서 11%로 확대되었다. 그리고 이머징채권 펀드 AUM은 2008년 0.8조엔에서 2011년말 6.2조엔으로 급성장하였다.

2008년 금융위기 이후 글로벌 부동산 시장이 안정화되면서 전 세계 REITs시장에 분산투자하는 해외 REITs가 인기를 얻게 되었다. 2012년말 일본 펀드시장에서 글로벌 REITs 펀드는 4.8조엔 규모로 11.11%를 차지(국내 REITs 펀드는 1.8%)하고 있다. 글로벌 REITs시장에서 미국 60%, 일본 6% 이상이 차지하고 있다. 최근에는 양도이익과세 이월조치(일본판 UP-REIT[6]s) 등으로 일본시장의 비중은 더욱 확대될 것으로 예상된다.

그리고 저금리·초고령화 사회에 진입하면서 월지급식 펀드가 10년간 꾸준히 성장하며 일본 펀드시장을 장악하였다. 2000년대 초부터 꾸준히 성장하여 2011년말 일본 공모주가형 주식펀드(ETF 제외)가 AUM

6 / UP-REITs란 부동산의 소유자가 현물(부동산)을 출자(양도)하여 REITs의 지분을 받고 이에 따른 부동산 양도세 및 소득세의 납부를 REITs에서 처분할 때까지 연기(이연) 가능한 REITs를 의미한다.

의 약 76%를 차지하게 되었다. 특히, 월지급식 펀드 중에서는 기초자산 수익+환율관련 수익이 기대되는 통화선택형 펀드가 가장 많은 인기를 얻고 있다. 통화선택형 펀드는 1) 신흥국채권, REITs, 고배당주식 등 기초자산에 투자하면서, 2) 브라질 헤알, 호주 달러 등 자신이 선택한 고금리 통화로 운용하는 구조로써 일명 더블데커 펀드로 지칭되고 있다. 통화선택형 펀드의 기초자산은 대부분 고수익 · 이머징채권이고, 통화선택은 브라질 헤알이 49%로 압도적이다.

[표 5] 월지급식 펀드 수의 추이 (단위: 개수)

	2001	2002	2003	2004	2005	2006	2007	2008	2009	2010	2011
전체	655	738	857	983	1,155	1,380	1,638	1,899	2,252	2,600	2,838
월지급식	25	49	111	164	231	291	360	424	567	759	943
비율 (%)	4	7	13	17	20	21	22	22	25	29	33

자료: 금융투자협회(2013)

더블데커펀드는 해외 투자대상에 다양한 통화를 선택해 투자할 수 있도록 통화선택 옵션이 추가된 상품으로 투자자산 변동수익과 더불어 통화가치 변동에 따른 수익을 추가로 얻을 수 있는 상품이다. 통화선택에 따른 추가 수익 또는 손실이 포함된 더블데커 펀드는 1) 자산가격 변동에 따른 수익, 2) 선택한 통화와 자국통화와의 환차익, 3) 선택한 통화와 기준통화와의 금리차에서 발생하는 통화 헤지프리미엄 등 다양한 수익(또는 손실) 창출이 가능하다. (아래 그림 참조)

[그림 5] 통화선택형 펀드의 수익 구조

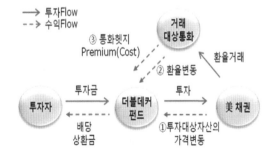

더블데커펀드는 2009년 노무라 증권에서 처음 출시된 이후로 전세계 뮤츄얼 펀드의 15%(8위 규모)를 차지할 정도로 크게 성장하고 있다. 2012년 당시에는 브라질의 높은 금리 및 통화 절상 등으로 헤알화가 가장 선호하는 통화로서 추가 수익을 제공하였으며, 상품에 따라 다양한 통화 선택이 가능하도록 설계되었다.[7] 반면 환율변동성 및 선택 통화국의 금리 변동에 따라 수익 변동성이 크기 때문에 일본 금융청은 해당 상품 판매시 상품의 위험 공시 및 위험 인지를 필수적 요건으로 부과하고 있다.

7/ 노무라 자산운용의 미달러화 표시 고수익펀드의 경우 美 달러, 엔, 유로, 호주 달러, 브라질 헤알, 남아공 란도, 터키 리라 등 8개 통화 선택 가능.

[그림 6] 더블데커 펀드 순자산 총액

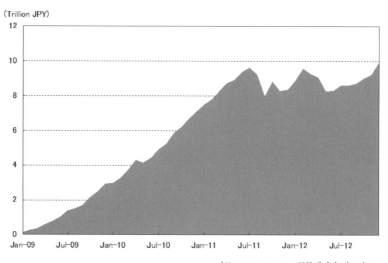

(Trillion JPY)

자료: KCMI-NOMURA 공동세미나 발표자료

5) 엔–위안 직거래와 도쿄시장의 활성화

외환법 개정을 통해 일본은 세계 각국의 경제주체들이 엔화를 쉽게 매매할 수 있도록 엔화 국제화를 추진하고 금융경쟁력을 강화하고자 노력해 왔다. 한편으로는 일본의 금융시스템을 미국·영국과 같은 글로벌 기준으로 개편해 나가면서 글로벌 시장에서 이들과 경쟁할 수 있는 경쟁력을 갖춰 도쿄를 국제금융시장으로 육성하는 노력도 기울여 왔다. 이런 노력으로 도쿄시장에서는 엔화뿐만 아니라 다양한 국제통화들도 자유롭게 거래되고 있다. 또한 최근에는 중국정부의 위안화 국제화 노력에 맞춰서 1) 세계 2위와 3위 경제권 간의 대규모 교역, 2) 외환거래 (세계3위, 아시아 1위) 경쟁력, 3) 일본 대형은행들의 경쟁력 등을 활용하여 위안화 허브를 유치, 도쿄시장의 활성화에도 나서고 있다. 이런 노력의 일환으로 2011년 12월 일본과 중국 양국 정부합의에 따라 2012년 6월 1일부터 상해 외환시장과 도쿄 외환시장에서 엔-위안화 직거래를 시작하였다. 엔-위안화 직거래가 시작되자 상해 외환시장에서 엔화 거래액이 2012년 5월 3.9억 달러에서 6월 113억 달러로 급증하였다.

그러나 도쿄 외환시장에서는 직거래 시작시점에서 일평균 100억 엔 수준이었다가 최근 엔화 약세로 인해 위안화 조기 확보 움직임으로 증가하였으나 상해 외환시장에 비하면 작은 규모에 머물고 있다. 도쿄 외환시장에서는 3대 메가은행과 외환중개업자들이 자발적으로 상시호가를 제공하고 거래를 개시하고 있으나 도쿄 외환시장의 위안화 거래 규모가 작은 이유에는 일본계 은행과 일본진출 중국계 은행 간에 시장을 통하지 않는 자기계정거래 존재도 영향을 미친 것으로 보인다.

중국의 외환거래는 상해외환거래시스템(CEFTS)에 집중되어 있다. 외환거래는 시장조성자(market maker)가 지정되어 있으며 시장조성자가 매도·매입가를 제시하고 거래에 응하도록 의무를 부과하고 있다. 현재 CEFTS에서 중국 위안화와 거래가 인정되고 있는 통화는 미국 달러, 유로, 일본 엔, 홍콩 달러, 영국 파운드, 말레이시아 링깃, 러시아 루블, 캐나다 달러, 호주 달러로 9개이다. 2012년 6월 1일 엔-위안 직거래 전문 시장조성자 제도를 도입하여 일본계 은행 3곳을 포함한 10개 은행을 지정하였다. 전문 시장조성자들은 항상 엔-위안 거래의 매도·매입 가격을 제시하고 거래에 응하게 의무를 부과하여 엔-위안 거래 상대방 발견을 용이하게 하고 있다.

한편 도쿄에서 2012년 6월 이전에는 중국정부의 규제로 은행간 위안화 매매는 불가능하였으나 이후 규제완화로 은행간 시장에서 위안화 매매는 가능하게 되었다. 주로 대형은행 중심으로 브로커를 경유하여 보이스브로킹방식으로 엔-위안 직거래가 시작되고 거래 대상은 홍콩에서 거래되는 위안화(CNH)로서 거래 종류나 시세차이 등에 관한 규제는 없다. 그러나 BIS의 TCBS 자료를 보면, 엔화와 위안화 간의 거래 비중은 2010년에 비해 2013년 2.85%p 증가하였으나 절대적 규모는 아직 작은 편이다.

일본은 위안화뿐만 아니라 아시아를 중심으로 아시아 현지통화 간의 거래를 확대하고자 노력을 기울이며 엔화와의 거래를 늘려나가 도쿄시장을 국제화하고자 노력하고 있다. 또한 도쿄시장에서 위안화표시 채권 등 외화표시 채권의 거래를 활성화시키기 위해서 증권결제 인프라와 국제표준인 증권과 자금의 동시결제(delivery versus payment)가 가능한 외화자금 결제시스템을 구축하고자 노력을 기울이고 있다.

[표 6] OTC 외환시장에서 대위안화 거래 　　　　　　　　　　　(일평균, 백만달러)

	2013		2010		증감
TOT	100.00	33,519	100.00	12,110	
AUD	0.54	182	0.02	2	0.53
CAD	0.22	73	0.02	3	0.19
CHF	0.04	12	0.05	6	−0.01
EUR	1.69	565	2.19	265	−0.50
GBP	0.22	75	0.08	10	0.14
JPY	3.45	1,157	0.60	73	2.85
SEK	0.01	3	0.07	9	−0.07
USD	92.09	30,866	80.45	9,742	11.64
RES	1.75	586	16.52	2,000	−14.77

자료: BIS Triennial Central Bank Survey(TCBS) (2010, 2013)

2. 일본의 우리다시(賣出)제도와 해외채권 투자

우리 경제도 저성장·저금리 시대에 진입하면서 최근 국내에서는 상대적으로 안정적이며 고수익을 창출할 수 있는 해외채권이 새로운 투자기회로 떠오르고 있다. 증권사들은 그동안 꾸준히 팔려온 브라질 국채를 시작으로 최근 들어서는 터키 국채, 멕시코 국채 등도 경쟁적으로 판매하고 있다. 그리고 이런 해외 국채뿐만 아니라 많은 증권사들이 우리기업이 해외에서 발행한 일본의 우리다시채권도 판매하기 시작하였다.

원래 우리다시채권은 해외 지역에서 발행되어 주로 일본 개인투자자에게 재판매되는 외화표시채권을 말하며 우리다시는 일본어로 매출(賣出)을 의미한다. 장기간 초저금리 환경을 겪은 일본의 개인투자자들 사이에 고수익에 안정적인 현금 흐름을 창출하는 해외채권 투자의 붐이 일면서 우리다시채권이 주목을 받게 되었다. 일본의 금상법은 우리다시 중 해외에서 공시가 이루어지고 있는 일정한 유가증권에 대해 필요한 정보가 투자자에게 제공되고 있다는 것 등을 일정 요건으로 유가증권신고서 등에 의한 법정공시를 면제하고 있다.

1) 우리다시채권 현황

일본 국내의 우리다시채권의 발행 현황을 보면 엔화를 제외하고는 주로 신흥국 통화로 발행되기 때문에 고금리 및 환차익에 대한 기대로 비교적 높은 투자수익이 실현될 가능성이 높음을 알 수 있다. 그리고 발행자의 높은 신용등급(주로 AA+ 이상) 및 비교적 짧은 만기(평균 만기: 3.85년(2013.08.19 기준)) 등이 안정성을 제공하고 있다. 따라서 초저금리 기조가 계속되고 있는 가운데 우리다시채권이 일본 국내의 개인투자자들에게 인기를 끌고 있다.

특히 기관투자자에 비해 금리민감도 및 구매 단위가 작은 개인투자자를 대상으로 발행하기 때문에 요구수익률도 상대적으로 낮아 조달비용 절감이 가능하다. 그리고 조달 통화 다변화로 유동성 개선 효과 및 현재 침체된 사무라이 시장의 대체시장으로도 활용 가능하다는 평가를 받고 있다. 또한 [표 기의 사무라이채권과의 주요 차이점을 보면 우리다시채권은 일반적으로 중장기채권(medium term note, MTN)과 우리다시제도를 이용하여 유연하게 발행되고 있다. 그리고 일본에서 판매되는 엔화표시 비거주자 발행채권인 사무라이채권과는 달리 유연하게 투자자의 수요에 맞춰 다양한 통화로 발행되고 있다는 점이 크게 다르다. 사무라이채권의 경우, 발행 물량의 80~90%가 기관투자자들에게 판매되고 있으나 우리다시채권은 주로 개인투자자들을 대상으로 판매되고 있다. 발행금액도 사무라이채권의 경우 3억 달러 이상의 대규모인 반면에 1~2억 달러의 소규모로 발행되고 있고, 사무라이채권은 주로 5년물이 선호되고 있으나 우리다시채권의 만기는 2~3년 정도로 짧다.

우리다시채권의 주요 발행기관은 국책은행(예: 호주은행/산업은행), 글로벌IB(예: 골드만삭스, 모건스탠리, 도이치뱅크), 국제기구(예: IDB(미주개발은행), IFC(국제금융공사), 유럽/아시아/아프리카 개발은행) 등 신용등급이 높은 기관이 주를 이루고 있다.

[표 7] 사무라이채권과 우리다시채권의 비교

	사무라이채권	우리다시채권
정의	일본에서 판매되는 엔화표시 비거주자 발행채권	일본 개인투자자에게 발행된 채권(notes)
상장	비상장	좌동
발행소요기간	4~5주	2~3개월
판매방법	수요예측	좌동
주요 투자자	80~90% 물량이 일본 기관투자자에게 판매됨.	일본 개인투자자들
발행금액	대규모(3억 달러 이상)	소규모(1~2억 달러)
발행통화	일본 엔화	다양한 통화(일본엔 포함)
수수료	30bp 내외	100bp 내외
만기일	5, 3, 7년 (선호순서)	2, 3, 4년
연속공시	증권보고서를 일본재무성의 관동재무국에 문서화할 의무	좌동
준거법	일본법	English law/일본법
신용평가	S&P, Moody's, JCR 혹은 R&I 중 한 곳에서 받음.	좌동
장점	공식시장에서 credit name 설립 대규모 발행 일본 기관투자자들에게 접근	기존 MTN과 우리다시제도를 이용한 유연한 공급 경쟁적 가격설정 발행통화의 유연성
약점	프리미엄을 추구하는 투자자	소규모 발행

자료: Daiwa Capital Markets(2010) 및 각종 자료에서 정리

[그림 기에서 보듯이 저금리 하의 투자자의 수요에 따라 우리다시채권은 발행건수가 지속적으로 증가하는 추세를 보이고 있으며, 발행금액도 증가 추세를 보이고 있다. 2013년 기준으로 [표 8]을 보면 우리

다시채권 발행기관은 주로 앞서 본대로 국제기구나 국책은행이며 신용등급은 대체로 AA+등급 이상의 발행이 42.3%를 차지하고 있다. AAA등급 발행자도 36.2%를 차지하고 있고 발행기관 대부분이 A등급 이상의 높은 신용도를 갖고 있어 안정성 면에서 매우 양호하다.

[그림 8]의 우리다시채권 발행통화의 비중을 보면, 전체 발행물 중 일본 엔화 발행이 가장 높은 비중을 차지(65.9%, 2013.08.19 기준)하고 있다. 엔화표시 우리다시채권의 발행이 가장 높은 비중을 차지하는 이유는 해외자산보다는 우선적으로 엔화자산 내에서 고수익(higher yield)을 추구하는 일본 개인투자자들의 보수적인 성향 때문이다. 그러나 그외 호주 달러화, 터키 리라화, 브라질 헤알화, 멕시코 페소화 등 신흥국 통화가 상대적으로 높은 비중을 차지하고 있다. 호주달러는 전형적인 고수익 통화로서 우리다시채권에서 높은 인기를 누려온 통화 중의 하나였으나 호주중앙은행의 기준금리 인하 등의 영향으로 발행 비중은 감소하고 있는 추세이다.

[그림 7] 우리다시채권 신규발행 추이

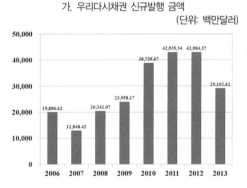

가. 우리다시채권 신규발행 금액
(단위: 백만달러)

나. 우리다시채권 신규발행 건수
(단위: 건)

주 : 2013년은 1~3분기 누적
자료: Bloomberg

[표 8] 우리다시채권 발행금리 및 만기 현황 (2013.8.19 기준)

가. 우리다시채권 발행금리

발행금리	비중(%)
6% 이상	32.30
5% 이상~6% 미만	11.88
4% 이상~5% 미만	12.57
3% 이상~4% 미만	18.45
0.5% 이상~3% 미만	24.34
0.5% 미만	0.46
합계	100.00

나. 우리다시채권 만기현황

잔존만기	비중
1년 미만	7.04
1년 이상~2년 미만	8.65
2년 이상~3년 미만	15.69
3년 이상~4년 미만	23.30
4년 이상~5년 미만	18.34
5년 이상	26.99
합계	100.00

자료: Bloomberg

[그림 8] 우리다시채권 통화별 발행 비중   (단위: %)

가. 2012년

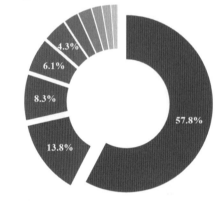

- 일본 엔
- 호주 달러
- 터키 리라
- 브라질 헤알
- 남아프리카 란드
- 뉴질랜드 달러
- 미국 달러
- 러시아 루블
- 멕시코 페소
- 인도네시아 루피아
- 인도 루피
- 유로

나. 2013년

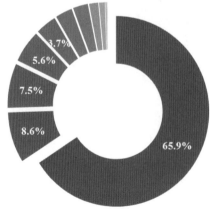

- 일본 엔
- 호주 달러
- 멕시코 페소
- 미국 달러
- 터키 리라
- 브라질 헤알
- 남아프리카 란드
- 러시아 루블
- 뉴질랜드 달러
- 인도네시아 루피아
- 인도 루피
- 헝가리 포린트
- 유로

주 : 1) 2013년은 1~3분기 누적, 2) 범례순서는 비중이 높은 순
자료: Bloomberg

[그림 9] 발행 신용등급 (S&P 기준)

	2013	2012	2011	2010	2009	2008	2007	2006
AAA	317 (36.2)	538 (42.5)	461 (41.1)	229 (29.7)	98 (23.0)	61 (12.7)	40 (16.2)	60 (23.5)
AA+	53 (6.1)	77 (6.1)	97 (8.6)	116 (15.1)	71 (16.6)	50 (10.4)	16 (6.5)	10 (3.9)
AA−	102 (11.7)	152 (12.0)	109 (9.7)	55 (7.1)	57 (13.3)	28 (5.8)	38 (15.4)	18 (7.1)
A+	86 (9.8)	46 (3.6)	13 (1.2)	2 (0.3)	2 (0.5)			
A	223 (25.5)	249 (19.7)	164 (14.6)	54 (7.0)	12 (2.8)		14 (5.7)	12 (4.7)
A−	24 (2.7)	6 (0.5)	26 (2.3)	12 (1.6)	3 (0.7)	24 (5.0)	23 (9.3)	12 (4.7)
BBB	3 (0.3)	49 (3.9)	5 (0.4)	4 (0.5)				2 (0.8)
BBB−	4 (0.5)	4 (0.3)	2 (0.2)		1 (0.2)	3 (0.6)		2 (0.8)
BB+			95 (8.5)	32 (4.2)	8 (1.9)	8 (1.7)	3 (1.2)	7 (2.7)
N.A./NR	63 (7.2)	146 (11.5)	151 (13.4)	266 (34.5)	175 (41.0)	309 (63.9)	113 (45.7)	132 (51.8)
전체	875 (100.0)	1,267 (100.0)	1,123 (100.0)	770 (100.0)	427 (100.0)	483 (100.0)	247 (100.0)	255 (100.0)

주 : 2013년은 8.19일까지 누적

자료: Bloomberg

우리나라 발행사의 경우, 2011년에 수출입은행이 처음 발행한 이후로 증가 추세이며 2011~2013년(08.19일 현재)까지 총 41건을 발행하였다. 총 41건 중 수출입은행이 2013년 2건, 2012년 22건, 2011년 12건으로 36건을 발행하였으며, 나머지 5건은 산업은행이 발행하였다. 최근 대신증권 등은 수출입은행이 발행한 우리다시채권을 판매하기 시작하였는데 표면금리가 연 6% 이상을 차지하는 채권이 32.3%를 차지하고 있다. 그리고 만기가 3년 이상~4년 미만인 채권과 5년 이상인 채권이 각각 높은 비중을 차지하고 있어 평균 만기가 짧아 기간대비 높은 수익을 얻을 수 있어 인기를 끌고 있다.

2) 우리다시(賣出)의 법적 정의

발행시장에서 공시규제(발행 공시)는 신규 발행되는 유가증권이 다수의 투자자에게 판매·권유될 경우뿐만 아니라 이미 발행된 유가증권이 다수의 투자자에게 판매·권유되는 경우에 대해서도 해당된다. 이런 발행 공시의 적용대상이 되는 기발행 유가증권의 판매·권유를 금상법에서는 우리다시(賣出)라고 한다. 우리다시에 해당하는 기발행 유가증권의 판매·권유에는 원칙으로 유가증권신고서 등에 의한 정보공시가 요구된다.

8 / 적격기관투자자가 포함되는 경우로 그 유가증권이 취득자인 적격기관투자자로부터 적격기관투자자 이외의 자에게 양도될 우려가 적은 경우는 그 적격기관투자자를 제외한다.

9 / 특정투자자만을 상대방으로 할 경우는 제외한다.

최근 금상법은 우리다시에 대한 정의를 재검토하고 있는데 구체적으로 주식과 사채와 같은 소위 제1항 유가증권의 경우, 우리다시에 대한 정의는 개정 전에는 이미 발행된 유가증권의 매수권유 등에서 균일한 조건으로 다수의 자(50명 이상)를 상대방으로 행할 경우였다. 그러나 개정 후에는 이미 발행된 유가증권의 매수권유 등에서 다수의 자(50명 이상[8])를 상대방으로 행할 경우[9]로 변경되었다. 즉, 기발행 유가증권에 대한 법정발행 공시규제인 우리다시는 개정전의 금융상품거래법 하에서는 다수의 자(50인 이상)와 균일한 조건이라는 두 개의 요건이었으나 후자가 삭제되었다.

이런 개정의 배경에는 다음과 같은 문제점이 있다. 실무적으로는 금융상품거래업자 등에 의한 기발행 외국유가증권의 판매에서 약정자 수를 기준으로 49인에게 균일한 조건의 내용을 근소하게 변경하면서 판매하고 있었다. 따라서 대량의 유가증권이 거의 같은 조건으로 본래 필요한 법정공시 없이 판매되는 경우, 투자자 보호 측면에서 바람직하지 않은 상황이 생길 우려가 있었다. 또한 유통시장에서 유동성을 부여하기 위해 행해지는 시장조성자(market maker)는 본래 반드시 법정공시는 필요하지 않지만 다수자(50인 이상)에 대해 동시에 같이 매도하려 한다는 점에서 우리다시에 해당할 가능성이 있었고 오히려 형식적인 요건이 적용됨에 따라 본래 필요하지 않은 공시가 요구될 가능성이 있었다.

다만, 균일한 조건이 우리다시의 요건에서 삭제될 경우, 광범위한 유가증권의 매매행위가 법정공시 의무의 대상이 될 우려가 있어서 이에 정령·내각부령에서 거래의 유형 등에 따라 개별 법정공시 의무의 적용 제외사항을 정하였다. 이외에도 유가증권의 성질, 투자자의 속성 등에 따라 법정공시의무면제 등의 특례를 정하였다. 또한 일정한 해외증권의 우리다시에 대해서는 특별한 정보제공의 법적구조 하에서 법정공시는 요하지 않는 해외증권 우리다시제도도 정비하였다. 본장에서는 초저금리하에 개인투자자들의 관심이 높아진 해외증권 우리다시제도를 중심으로 살펴보고자 한다.

3) 해외증권 우리다시

해외증권 우리다시에서는 이미 발행된 해외증권에 대해 불특정다수의 투자자에게 권유가 행해지지만 통상의 우리다시와는 달리 발행계획서가 교부되지 않고 금상법상의 공시도 행하지 않는다. 단, 금융상품업자 등이 투자자에 대해 그 발행자의 최근 사업연도에 관한 정보인 해외증권정보를 제공 또는 공표하는 것이 정령에 정해져 있다. 또한 해외증권우리다시가 행해지는 해외증권에 대해서는 법령에서 정하는 일정한 요건을 충족할 필요가 있으나 양도에 관한 제한은 없다.

금상법은 우리다시 중에 해외에서 공시가 이루어지고 있는 일정한 유가증권에 대해 필요한 정보가 투자자에게 제공되고 있다는 것 등을 요건으로 유가증권신고서 등에 의한 법정공시를 면제하고 있다. 이 법정공시가 면제되는 우리다시를 금상법에서는 해외증권우리다시라 한다. 해외증권 우리다시의 구체적인 정의는 4조 1항 4호에서 규정하고 있다.

> 외국에서 이미 발행된 유가증권 또는 이에 준하는 것으로서 정령에서 정하는 유가증권[10]의 우리다시(금융상품거래업자 등이 행하는 경우에 한함.) 중 국내에서 해당 유가증권에 대한 매매가격에 관한 정보를 용이하게 취득할 수 있는 것 외에 정령에서 정하는 요건을 만족하는 것

10 / 구체적으로는 국내에서 이미 발행된 유가증권으로, 그 발행 시에 유가증권의 권유 등이 국내에서 행해지지 않았던 것이 지정되어 있음.

또한 필요한 정보제공 등에 더해 우리다시에 수반되는 권유 등을

금융상품거래업자가 행하는 것이 요건으로 되어 있다. 이는 가격정보와 해외증권정보의 제공·공표가 투자자에게 확실히 행해지는 것을 확보함과 동시에 해당 유가증권의 매매가 원활히 행해지도록 하기 위함이다. 해외증권 우리다시로서 법정공시 면제가 인정되기 위한 정령에서 정하는 요건의 구체적인 내용에 대해서는 '외국국채', '외국지방채' 등의 종별에 따라 요건이 정해져 있다.[11] 유가증권의 종별에 따라 상세하게 정해져 있으나 기본적으로는 다음과 같은 점이 중요한 요건이라 할 수 있다.

11/ 금상법 시행령 2조 12의 3 참조

① 국내에서 매매가격 정보를 인터넷 등에 의해 용이하게 취득 가능할 것
② 유통시장이 존재할 것(지정 외국금융거래소에 상장, 외국에서 계속해서 거래)
③ 지정 외국금융상품거래소의 규칙 또는 유통국의 법령에 근거해 발행자에 관한 정보를 국내에서 인터넷 등에 의해 용이하게 취득 가능할 것

4) 해외증권 우리다시의 제공·공표

① 해외증권 우리다시에 의해 유가증권을 매도할 경우
② 해외증권 우리다시에 의해 유가증권을 취득하고 또 그 금융상품거래업자 등에게 그 유가증권의 보관을 위탁하고 있는 자, 그 외 이에 준하는 자로서 내각부령에서 정하는 자로부터 청구가 있었던 경우
③ 투자자의 투자판단에 중요한 영향을 미치는 사실이 생긴 경우로서 내각부령에서 정하는 경우

해외증권 우리다시에 대해 법정공시 의무의 면제를 받기 위해서는 금융상품거래업자 등이 권유시 그리고 그 후에도 계속해서 필요한 정보를 투자자에게 제공 또는 공표할 것이 요구된다. 구체적으로 해외증권 우리다시를 행하는(행한) 금융상품거래업자 등은 원칙적으로 해당 유가증권 및 해당 유가증권의 발행자에 관한 정보로서 내각부령에서 정하는 정보를 다음과 같은 시점에 제공 또는 공표해야 한다.[12]

12/ 금상법 27조 32의2 참조

이상에 해당한 경우 해외증권정보로서 요구되는 모든 사항을 제공·공표하는 것이 원칙이나 예외적으로 다음의 정보를 제공·공표하는 것으로 대체하는 것도 인정된다.

　　해외증권정보의 내용은 그 해외증권의 종별에 따라 상세하게 정하
고 있다. 예를 들어 해외발행채권의 경우, 발행자 정보, 증권 정보, 증
권정보 등의 제공 및 공표에 관한 내각부령 15조 1항 각호에 언급할 경
우에 해당할 때는 그 뜻과 그 내용의 정보를 포함시켜야 한다. 그리고
이런 해외증권정보는 그 시점에서 제공·공표하는 것이 가능한 최근
사업연도에 관련된 정보여야 한다. 또한 해외증권정보의 전부 또는 일
부가 발행자, 그 외 이에 준하는 자에 의해 공표되는 정보에 포함되어
있을 경우에는 공표 정보나 공표 정보가 공표되고 있는 홈페이지에 관
한 정보로 대용가능하다.

　　그러나 이런 특례의 적용을 받기 위해서는 공표되고 있는 정보가
다음의 요건을 충족할 필요가 있다. 즉 공표정보가 (국내의) 법령, 유가
증권의 발행에 관련된 외국의 법령 또는 그 유가증권이 상장되어 있는
금융상품거래소·지정외국금융상품거래소의 규칙에 근거해 공표되고
있어야 하며 국내에서 공표 정보를 인터넷을 통해 용이하게 취득할 수
있을 것과 공표정보가 일본어 또는 영어로 공표되어 있어야 한다. 그
리고 금융상품거래업자 등이 고객 등에게 해외증권정보를 제공·공표
하는 구체적인 방법은 다음과 같이 정해져 있다.

　　해외증권 우리다시에 해당하는 경우라도 특정 증권정보를 공표하
고 있는 경우 그 외 내각부령에서 정하는 경우에는 해외증권정보의 제

13 / 금상법 27조의 32의2
단서 참조

14 / 증권정보부령 13조
참조

공·공표 의무가 면제된다.[13] 이런해외증권정보의 제공·공표의무가 면제되는 구체적인 요건은 다음과 같다.[14]

① 유가증권의 발행자가 다른 유가증권에 대해 유가증권 보고서를 제출하고 있고 또한 그 해외증권 우리다시와 관한 유가증권에 관한 일정한 정보(증권정보)를 제공·공표하는 경우
② 유가증권에 대해 특정 증권정보 또는 발행자 정보가 공표되고 있고 또한 그 유가증권에 관한 일정한 정보(증권정보)를 제공 또는 공표하는 경우
③ 외국국채, 외국지방채, 외국특수법인채(외국의 정부 또는 지방공공단체가 원금의 상환 및 이윤의 지급에 대해 보증을 하고 있는 경우에 한함)로 해외증권 우리다시를 행하려고 하는 금융상품거래업자 등이 그 유가증권 또는 그 발행자가 발행하는 같은 종류의 다른 유가증권의 매매가 둘 이상의 금융상품거래업자 등에 의해 계속해서 행해지거나 또는 행하는 것을 인가금융상품거래업협회의 규칙에서 정하는 바에 의해 확인할 수 있는 경우
④ 해외증권 우리다시의 상대방이 적격기관투자자인 경우(그 유가증권을 매도할 때까지 그 적격기관투자자로부터 제공·공표의 청구가 있었던 경우)

3. 시사점

지난 20년간 저금리·저성장 하에 일본 투자자들은 투자 수익률 제고를 위해서 해외증권투자 등 외화자산으로 포트폴리오의 다변화를 시도하였다. 그리고 90년대 버블 붕괴 이후 주식시장의 장기 불황과 초저금리정책 등으로 인하여 예금과 주식에서 수익형 펀드와 해외채권 등으로 자금이 이동하였다. 한편으로 외환거래의 완전 자유화로 해외증권투자나 해외진출 등의 해외투자도 활성화되었다. 이런 변화는 1998년 외환법 개정과 2007년 자본시장경쟁력 강화방안 등의 정책적 노력과도 밀접한 관계가 있다.

최근 우리 경제도 저금리 하에서 상대적으로 높은 수익을 제공하는 해외채권이 개인 투자자들에게 많은 인기를 끌고 있다. 그러나 기본적으로 이런 채권들은 헤지를 하지 않기 때문에 환차익에 따른 잠재적 손실 위험이 따른다. 즉, 채권발행자는 일반적으로 통화스왑을 통해 환리스크를 제거하는 반면, 투자자는 환리스크 전체에 노출되어 환율 변동에 취약하다. 따라서 우리기업이 발행한 해외 채권, 일종의 우리다시 채권이 국내로 환류되어 발생되는 문제들을 검토할 필요가 있다. '증권

의 발행 및 공시 등에 관한 규정'에 따르면, 한국 기업이 발행한 해외 채권이 1년 이내 국내투자자에게 전매될 가능성이 있는 경우에는 국내 투자자 보호를 위하여 유가증권신고서 제출을 의무화하고 있으나 국내 적격기관투자자로 환류될 때 동 규정에 정한 요건을 모두 충족한 경우 유가증권신고서 제출 의무가 면제된다[15]. 그리고 해외발행 증권의 경우 사모 발행증권은 발행시점에 해당 증권의 80% 이상이 거주자 이외의 자에게 배정되어야 하는 환류 규정은 유통과정을 통해 국내에 제한 없이 유입될 수 있기 때문에 실질적으로 국내 환류 제약조건으로서의 역할을 한다고 보기 어렵기 때문이다.

현재 규정상으로는 발행자가 국내에 유가증권신고서를 제출한 경우에만 매출행위를 할 수 있는데 현재로서는 투자매매를 하지 못하여 단순 중개로만 해외채권을 판매하여 투자자 보호가 소홀시 될 우려가 있다. 따라서 증권사들의 자기운용과 함께 투자자의 위험 관리를 통해 적극적으로 해외채권을 판매할 수 있도록 국내판 우리다시제도의 도입 및 정비가 필요하다.

금융투자상품의 외화표시 거래 혹은 외화 지급거래의 경우나 비거주자와 거래하는 경우, 기획재정부 장관이 별도로 지정하는 업무만 영위 가능하다. 외국환업무도 외국환은행 이외의 금융기관은 외국환취급기관으로서 제한적 외국환 업무를 인정하고 있다. 따라서 저성장·저금리 시대에 증가하는 해외투자 수요에 맞춰 국내 투자자들에게 다양한 외화표시 상품이 제공될 수 있도록 외환관련 서비스를 제공하는 외환거래 취급기관과 운용 범위도 자율화할 필요가 있다. 예를 들면 자산운용사의 은행간 외환시장의 참여 허용이나 외화표시 증권을 담보로 한 환매조건부채권(RP) 매매거래의 자유화 등 외환시장 안정성을 해치지 않는 범위 내에서 점진적인 외환거래의 자유화를 추진하며 관련 법제도 환경을 정비해야 할 것이다.

15 / 가. 외국통화로 표시하여 발행하고 외국통화로 원리금을 지급할 것
나. 발행금액의 100분의 80이상을 거주자 외의 자에게 배정할 것(발행시점에서 발행인 또는 인수인으로부터 취득하는 것에 한한다)
다. 사채권이 감독원장이 정하는 해외주요시장(이하 이 목에서 "해외주요시장"이라 한다)에 상장되거나 해외주요시장 소재지국의 외국금융투자감독기관에 등록 또는 신고, 그 밖에 모집으로 볼 수 있는 절차를 거친 것
라. 발행당시 또는 발행일부터 1년 이내에 전문투자자가 아닌 거주자에게 해당 사채권을 양도할 수 없다는 뜻을 해당 사채권의 권면(실물발행의 경우에 한한다), 인수계약서, 취득계약서 및 청약권유문서에 기재하는 조치를 취할 것
마. 발행인과 주관회사(주관회사가 있는 경우에 한한다. 이하 이 목에서 같다)가 가목부터 라목까지의 조치를 취하고 관련 증빙서류를 발행인 및 주관회사가 각각 또는 공동으로 보관할 것

참고문헌

〈한국어 문헌 및 주요 참고 자료〉
금융투자협회, 2013, 지난 20년간 일본 금융투자상품의 변화와 시사점
이지평, 1998, 일본 신외환법의 영향과 기업의 대응 방안, LG경제연구원
일본은행 자금순환통계 (http://www.boj.or.jp/statistics/sj/index.htm/)
자본시장연구원, 2013, KCMI-NOMURA 공동세미나 발표자료
현석, 2013, 일본의 우리다시채권(Uridashi Bond)과 시사점, 금융투자 157호, 금융투자협회
현석, 2014, 일본의 외환거래 자유화와 금융투자산업의 변화, 금융투자 163호, 금융투자협회

〈일본어 문헌 및 주요 참고 자료〉
이노우에 다케시 井上武, 1998, 施行された改定為替法, 野村資本市場研究所
요코야마 준 横山淳, 2010, 「有価証券の売出し」に関する政令・付令, 大和総研
우에다 겐지 植田賢司, 2012, 拡大するオフショア人民元市場と東京市場の未来, 国際通貨研究所
구로누마 에쓰로 黒沼悦郎, 2013 ,「金融商品取引法入門」<第5版>、日本経済新聞出版社

〈영어 문헌 및 주요 참고 자료〉
BIS, Triennial Central Bank Survey (TCBS) of foreign exchange and derivatives market activity in 2010, 2013
Daiwa Capital Markets, 2010, "Introduction to Uridashi Bonds"
F Nishi and A Vergus, 2006, Asian Bond Issues in Tokyo: History, Structure and Prospects, BIS Paper No.30

일본경제의 진로

아베노믹스 양적완화와
일본경제의 진로

김규판 | 金奎坂 Kim, Gyu-pan

일본 게이오대학(慶應義塾大學)에서 경제학 박사(응용미시경제학전공) 학위를 받았다. 이후 주택산업연구원 책임연구원, 감사원 연구관을 거쳐 2009년 5월부터 대외경제정책연구원(KIEP) 일본팀 연구위원으로 재직 중이다.

전공분야는 기업경제이며 최근의 연구 관심은 일본의 거시경제, 재정, 통상정책 등이다.

주요 업적으로는 『저성장시대 일본 정부의 규제개혁에 관한 연구』(대외경제정책연구원, 2015)(공저), 『일본의 FTA 추진전략과 정책적 시사점』(대외경제정책연구원, 2014)(공저), 『일본 재정의 지속가능성과 재정규율에 관한 연구』(대외경제정책연구원, 2013)(공저), 『G2 시대 일본의 대중(對中) 경제협력 현황과 시사점』(대외경제정책연구원, 2012)(공저) 등이 있다.

1. 2015년 일본경제 개황

2012년 12월 중의선 선거에서 승리하여 재집권에 성공한 제2차 아베내각의 경제정책, 즉 아베노믹스가 3년 넘게 출구전략(exit strategy)을 전혀 고려하지 않은 채 지속되고 있다. 아베노믹스의 첫 번째 화살이라 불리는 양적완화는 2013년 4월 처음으로 그 실행계획이 발표되었고, 2014년 4월의 소비세 인상에 따른 경기악화가 의외로 심각하자 10월에는 추가 양적완화 계획을 발표함으로써 양적완화 기조를 유지하고 있다. 양적완화의 궁극적 목표는 "2년 이내, 2%의 물가안정목표 실현"을 통해 일본경제가 디플레이션에서 벗어나는 것이라 할 수 있다.

일본은행의 양적완화는 미국 연방준비제도이사회(Fed)가 2008년 글로벌 금융위기 이후 3차례에 걸쳐 실시한 양적완화(quantitative easing)처럼, 시중에 유통 중인 국채와, ETF와 J-REIT와 같은 민간 리스크 자산을 집중 매입하여 통화량(monetary base)[1]을 늘리겠다는 것이 핵심이다.([표 1] 참조) 일본은행의 자산매입 규모를 보면 단연 국채 비중이 압도적으로 높고, 일본은행이 은행이나 보험사를 비롯한 금융기관으로부터 국채를 매입하면, 이들 투자자는 일본은행으로부터 받은

1 / 'monetary base'(본원통화)란 현금통화(일본은행권)와 일본은행 당좌예금 합계를 말한다. 일본은행 당좌예금이란 은행 등 금융기관이 일본은행에 개설하고 있는 당좌예금 계좌를 의미하고, 일본은행이 국채매입 방식으로 양적완화를 실시하면, 해당 국채를 매각한 금융기관의 일본은행 당좌예금에 매각대금이 입금되므로 그 규모는 일본은행의 국채매입액에 의해 거의 결정된다. 2013년 3월말, 제차 양적완화를 단행하기 직전만 하더라도 일본은행 당좌예금 잔액은 약 50조 엔이었으나 두 차례에 걸친 양적완화 결과, 2015년 4월 현재 그 규모는 205조 엔을 뛰어 넘었다. (일본은행(日本銀行), 데이터베이스("時系列統計データ") 참조)

[표 1] 아베노믹스의 양적완화

정책수단	제1차 양적완화(2013.4.4)	제2차 양적완화(2014.10.31)
본원통화(monetary base) 증가	138조 엔(2012년 말)→270조 엔(2014년 말)	연간 증가폭을 약 80조 엔으로 확대(제1차 양적완화 시에는 연간 약 60~70조 엔 증가)
장기국채 매입 확대	·매월 4조 엔→7조 엔 ·일본은행의 장기국채 보유액: 89조 엔(2012년 말)→190조 엔(2014년 말) ·일본은행의 보유 국채 평균잔존기간: 약 3년→7년	·일본은행의 장기국채 보유액: 연간 증가폭을 약 80조 엔으로 확대(제1차 양적완화 시에는 연간 약 50조 엔 증가) ·일본은행의 보유 국채 평균잔존기간: 7년~10년(제1차 양적완화 때보다 최대 3년 연장)
리스크 자산매입 확대:	·일본은행의 ETF 보유액: 1.5조 엔(2012년 말)→3.5조 엔(2014년 말) ·일본은행의 J-REIT 매입: 연간 100억 엔→300억 엔, 2012년 말 1,100억 엔→2014년 말 1,700억 엔	·일본은행의 ETF 보유액: 연간 3조 엔 증가(제1차 양적완화 때보다 3배 확대) ·일본은행의 J-REIT 매입: 연간 약 900억 엔 증가(제1차 양적완화 때보다 3배 확대) ·JPX日経400 연동 ETF를 신규 매입 대상 자산으로 편입

주: 본원통화(Monetary Base)=현금통화+일본은행당좌예금, ETF(Exchange Traded Funds): 상장투자신탁,
J-REIT(Japanese Real Estate Investment Trust): 부동산투자신탁
출처: 일본은행(日本銀行), "2%の物価安定目標と量的·質的金融緩和"(2013.4.4.) 및
"量的·質的金融緩和の拡大"(2014.10.31)

대금을 시중에 유통시키므로 일본은행은 국채매입량을 조절하여 시중 통화량을 조절할 수 있는 것이다.

일본은행의 양적완화가 2년여 간 실시된 가운데, 2014년 일본경제는 지표상으로 보았을 때 실질 GDP가 전년보다 오히려 0.1% 하락하는 등 4월 단행된 소비세율 인상(5%→8%) 여파가 큰 것으로 나타난다.([표 2] 참조) 2015년 들어서도 일본경제는 뚜렷한 성장 모멘텀을 찾지 못하고 있음을 알 수 있다.

[표 2] 일본의 주요 거시경제지표 추이   (단위: 전기대비 증가율, 연율, %)

| | 2010년 | 2011년 | 2012년 | 2013년 | 2014년 | 2014년 | | | | 2015년 |
						Q1	Q2	Q3	Q4	Q1
실질 GDP	4.7	−0.5	1.4	1.6	−0.1	1.1	−1.7	−0.5	0.3	1.0
개인소비	2.8	0.3	2.0	2.1	−1.3	2.1	−5.1	0.4	0.4	0.4
주택투자	−4.5	5.1	2.9	8.8	−5.1	2.0	−10.8	−6.4	−0.6	1.7
설비투자	0.3	4.1	3.7	0.4	3.9	5.1	−4.8	−0.1	0.3	2.7
정부지출	1.9	1.2	1.7	1.9	0.2	−0.3	0.3	0.2	0.3	0.1
공공투자	0.7	−8.2	2.8	8.0	3.8	−0.9	0.7	1.6	0.1	−1.5
수　　출	24.4	−0.4	−0.1	1.2	8.4	6.1	0.0	1.6	3.2	2.4
수　　입	11.1	5.9	5.3	3.1	7.4	6.6	−5.2	1.1	1.4	2.9

출처: 내각부(內閣府), 「国民経済計算(GDP統計)」

그렇다면 2014년 일본경제가 아베노믹스 양적완화에도 불구하고 여전히 저성장에서 헤어 나오지 못하고 있는 이유는 무엇일까? 본고는 2014년 일본경제를 소비세율 인상에 따른 소비 냉각만으로 설명 및 진단하기 부족하다는 점, 일본경제의 잠재성장률을 끌어올리지 않는 이상, 양적완화는 효과가 없을 뿐만 아니라 오히려 역효과만 초래할 수 있다는 문제의식에서, 아베노믹스 양적완화가 제기한 주요 쟁점을 정리하고 있다. 첫 번째 쟁점은 2013년 4월 아베노믹스 양적완화가 표방한 "2년내, 2% 물가상승률 달성", 즉 디플레이션 탈피 목표가 가능하겠는가라는 문제제기와, 일본은행이 미국 Fed처럼 양적완화 축소를 단행하고자 하는 경우 일본은행이 직면할 수 있는 리스크는 무엇인가하는 것이다. 두 번째 쟁점은 아베노믹스 지지자들이 양적완화의 효과로서

제3부 일본경제의 진로 08

154

강조한 "양적완화→엔화약세 및 주가상승→소비"라는 자산효과(wealth effect)를 검증하는 것이다. 그리고 마지막 쟁점은 아베노믹스 양적완화 결과 초래된 엔화약세가 정작 수출증가, 경상수지 개선 효과를 초래하였는지를 살펴보는 것, 이른바 'J-curve 효과'를 검증하는 것이다.

2. 아베노믹스 양적완화의 주요 쟁점(1): 디플레이션 탈피와 출구전략

가. 디플레이션 탈피의 요원화

아베노믹스 양적완화 이후 일본의 소비자물가 동향을 보면, 2013년 6월부터 CPI(소비자물가지수)와 Core 인플레이션율(신선식품 제외)이 플러스로 전환된 데 이어 2013년 10월부터는 Core 인플레이션율(식품과 에너지 제외)도 플러스로 전환되었음이 가장 눈에 띈다.([그림 1] 참조) 이로써 디플레이션 탈피에 대한 기대가 확산되었음은 주지의 사실이다. 그런데 이러한 물가상승을 견인한 품목을 보면 일부 내구소비재도 있지만, 가솔린이나 등유와 같은 에너지 관련 제품이 주종을 이루

[그림 1] 일본의 소비자물가상승률 추이

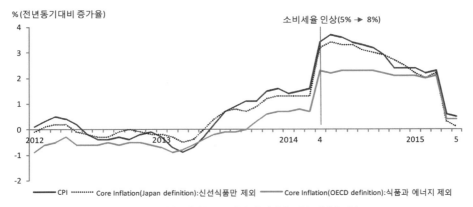

주: Core Inflation(Japan definition): 소비자물가지수(CPI) 작성 시 신선식품만을 제외한 지수, Core Inflation(OECD definition): 소비자물가지수 작성 시 식품과 에너지를 제외한 지수
출처: 총무성통계국(総務省統計局), 「統計表」

고 있는데, 이들 품목은 아베노믹스 양적완화에 따른 엔화약세와 후쿠시마 원전사고 이후 원자력발전의 가동 중지 영향을 받아 일본 국내 가격이 크게 상승하였다는 점에서 한계가 있다고 할 수 있다[2].

2014년 들어서는 4월부터 9월까지 CPI(소비자물가지수)와 Core 인플레이션율(신선식품 제외) 모두 3%대에 진입하였고 Core 인플레이션율(식품과 에너지 제외) 역시 2%에 진입하였다. 그런데 이와 같은 소비자 물가지수의 상승은 주지하는 바와 같이 2014년 4월에 단행된, 5%에서 8%로의 소비세율 인상에 따른 것인데, 소비세율 인상 여파가 가라앉은 2015년 4월부터는 CPI(소비자물가지수), Core 인플레이션율(신선식품 제외), Core 인플레이션율(식품과 에너지 제외) 모두 플러스이긴 하지만 0%대로 소비세율 인상 이전의 시점 수준으로 되돌아가고 말았다. 소비세율 인상 직후인 2014년 4월부터 9월까지의 CPI나 Core 인플레이션율도 소비세율 인상효과를 제외한 '순수한' 의미의 소비자물가상승률에서는 1%대의 낮은 수준이라고 봐야 할 것이다.

[그림 2] 일본의 GDP Gap과 기대인플레이션율

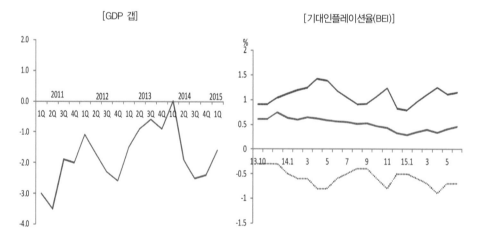

주: 1) GDP 갭=(실제 GDP-잠재 GDP)/잠재 GDP×100. 2) BEI= 명목 채권 수익률(국채수익률) - 실질 수익률(물가연동채권수익률). 수익률은 월말치임.
출처: 내각부(內閣府) "2015年1-3月期GDP2次速報後のGDPギャップの推計結果について", 2015.6.15.
출처: 하마쵸SCI(浜町SCI)가 제공하는 금리데이터에 근거하여 작성.

일반적으로 소비자물가상승률을 설명하는 변수로는 거시적인 GDP 갭[3]과 기대 인플레이션율을 들 수 있다. GDP 갭이 만일 디플레이션 갭 상태에서 벗어나지 못하고 있으면 이는 그만큼 물가를 끌어올릴 만한 수요가 부족하다는 것이고, 만일 기대 인플레이션이 낮다면 그것은 그만큼 시장(market) 참가자들이 앞으로의 물가상승률을 낮게 예상하고 있다는 것을 의미한다.

[그림 2]는 아베노믹스 양적완화를 전후로 한 GDP 갭과 기대 인플레이션 추정치 추이를 보여주고 있다. 여기서 알 수 있듯이, 아베노믹스 양적완화가 단행된 2013년 4월 이후 GDP 갭은 경향적으로는 2008년 글로벌 금융위기 이후의 경기침체 국면에 비해 다소 호전되고 있는 것이 사실이지만, 2014년 1사분기를 제외하곤 줄곧 마이너스 대를 벗어나지 못하였고, BEI로 측정한 기대인플레이션율[4] 역시 제1차 양적완화를 단행한 2013년 4월에만 1.4%로 나타났을 뿐 나머지 기간에는 1% 전후의 낮은 수준을 벗어나지 못하고 있다.

일본의 디플레이션 현상은 이와 같은 거시 변수로 설명할 수도 있지만, 실제 기업들의 가격설정 행동(pricing behavior)을 보면 일본이 디플레이션에서 벗어나기 어려운 이유를 가늠할 수 있다. 와타나베(渡辺努)(2015)는 일본은 이미 1995년부터 경기하강국면에서 매년 1%정도씩 소비자물가(CPI)가 하락하였지만 실제 전체 품목 중 절반 이상은 가격을 낮추지 않는 '가격경직성'을 보였다고 지적하였다. 스위스의 경우 2009년에 물가가 하락하였음에도 이러한 경직성 현상은 없었던 점에 비추어 볼 때 이는 일본 특유의 현상이라는 게 그의 설명이다.

그렇다면 2013년 4월 일본은행의 양적완화를 전후로 해서는 어떠한 변화가 있었는가? 이에 대해 시노다·무라세(篠田周·村瀬拓人)(2015)는 Core 인플레이션율(신선식품 제외)이 전년동기에 비해 각각 0.2% 하락하고 1.3% 상승한 2012년 12월과 2014년 3월, 두 시점에서 가격변화가 전혀 없었던 품목의 비중이 무려 79%[5]에 이르고 있음을 지적하면서, 와타나베(渡辺努)(2015)가 제시한 일본기업의 경직적 가격설정 행동을 지지하고 있다.

3/ GDP 갭(Gap)이란 한 국가의 공급측면의 생산능력과 실제 수요 간의 괴리를 나타내는 지표로서 총수요가 총 공급 능력에 미치지 못하면 마이너스 값으로 계측되어 디플레이션 갭이 존재하고 이 때는 한 국가가 경기불황 상태에 있다고 진단한다.

4/ 일반적으로 기대 인플레이션율을 측정하는 방법으로는 직접 소비자와 기업을 대상으로 인플레이션 예상치를 설문 조사하는 방법도 있지만, 본고에서는 인플레이션율에 따라 원금이 조정되는 물가연동 국채 수익률을 이용하여 기대 인플레이션을 추정하는 방법을 사용한다. 기대 인플레이션을 추정하는데 물가연동 국채 수익률을 이용하는 이유는, 일반적인 고정금리 국채는 원금과 쿠폰 수익률이 고정되어 있어 물가가 상승하면 국채의 실질가치가 하락하는 반면, 물가연동 국채는 쿠폰 수익률은 고정되어 있지만 물가상승에 연동하여 원금이 증가하기 때문에 인플레이션이 발생해도 실질가치는 하락하지 않는 채권이기 때문이다. BEI(Break Even Inflation Rate)란 만기가 동일한 물가연동국채와 명목 국채에 투자할 때 이들 두 채권의 수익률이 같아지는 인플레이션율을 가리키고, 명목 국채 수익률(국채 수익률)에서 실질 수익률(물가연동국채 수익률)을 뺀 값으로 계산한다. 본고에서 명목 국채와 물가연동국채 수익률은 모두 10년물의 수익률을 사용하였다.

아베노믹스 양적완화와 일본경제의 진로 / 김규판

5 / 예를 들어 철도요금,
국립대학수업료, 우편요금,
이발요금, 연극관람료 등의
서비스 품목과, 식용유,
루즈, 파운데이션, 여성용
스타킹 피아노 등의 재화가
여기에 해당한다. 2014년
3월의 경우 물가상승을
견인한 품목은 10% 이상
가격이 상승한 전기요금
(10.0% 상승), 해외패키지
여행(13.2% 상승), 수입품
핸드백(21.9% 상승) 등
일부에 지나지 않는다.
시노다 · 무라세(篠田周 ·
村瀨拓人)(2015) 참조.

6 / 코미야(小宮一慶)
(2015)는 2014년 4월
소비세율 인상 이후 Core
인플레이션율(신선제품
제외) 추이를 제시하면서
2015년 말까지 물가상승률
2% 달성은 어렵다고 결론
짓고 있다. 그럼에도 코미야
(小宮一慶)를 포함한 많은
이코노미스트들은 기대
인플레이션율을 높이는
것이 중요하다고 역설하고
있으나 구체적 방법론을
제시하는 데까지는 미치지
못하고 있다.

7 / 공통담보 opera-
tion이란 일본은행이 민간
금융기관이 제공한 국채,
지방채, 회사채 등을 담보로
해당 금융기관에게 자금을
공급하는 공개시장조작
(operation)을 의미하나,
[그림 3]의 일본은행
대차대조표상의 공통담보
operation은 민간 금융
기관으로부터 담보로 받은
자산(국채, 지방채, 회사채
등)을 말한다.

이와 같이 일본 기업들이 물가상승률 변화에 직면하여 가격조정에 소극적인 이유는 메뉴코스트(menu cost) 가설로 설명할 수 있다. 1년 단위로 보았을 때, 일본처럼 디플레이션이 완만한 상태에서는 기업이 수요조사를 하고 가격표의 교체 작업이나 새로운 가격을 소비자에게 광고하는 데 드는 메뉴코스트가 가격인하에 따른 매출액 증가 이익을 초과하므로 가격인하에 소극적일 수 있다는 것이다. 아베노믹스의 양적완화 시기에도 과거에 가격을 인하하지 않았던 기업들은 실제 가격이 적정 가격보다 높기 때문에 물가상승 압력이 발생하고 적정가격이 상승한다 하더라도 곧바로 가격을 올리지는 못할 것이다. 이러한 메뉴코스트 가설은 아베노믹스의 양적완화가 물가급등을 초래하지 않는 한, 물가상승률을 단숨에 끌어올리는 것은 쉽지 않다는 것을 시사한다[6].

2) 출구전략의 불투명성과 리스크

아베노믹스의 양적완화는 대량의 국채매입을 통해 일본은행의 자산 · 부채 규모를 2005년 말 약 156조 엔에서 2014년 말 약 300조 엔으로 10년 사이에 2배 가까이 팽창시키는 결과를 초래하였다. 2014년 말 현재 일본은행의 자산 · 부채 규모는 GDP 대비 60%를 초과하는 것으로 미국 등 다른 양적완화 시행 국가들의 약 20%대에 비해 매우 높다.

일본은행은 양적완화 개시와 함께 국채 매입에 관한 기존의 암묵적 룰을 폐지하였는데, 첫째 일본은행이 인수할 수 있는 장기국채 총액을 일본은행권(현금통화)의 유통 잔액 이하로 제한한 '은행권(銀行券)룰'을 폐지하였고, 둘째 국채를 매입하더라도 잔존기간 3년 미만의 것으로 제한한다는 암묵적 룰을 폐지하였다. 여기서 일본은행이 은행권룰을 폐지하였다는 것은 [그림 3]에서 알 수 있듯이, 2005년 말과 달리 2014년 말 현재에는 일본은행이 보유하고 있는 장기국채(201.7조 엔)가 일본은행권 발행액(93조 엔)보다 훨씬 더 많고, 대차대조표 원리상 일본은행의 부채인 당좌예금(178조 엔)이 자산인 공통담보 operation[7] (31.7조 엔)보다 훨씬 더 많음을 의미한다.

[그림 3] 일본은행의 대차대조표(B/S): 2005년 말 vs. 2014년 말

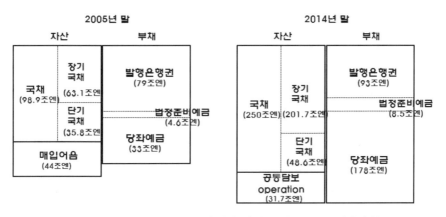

출처: 가와무라(河村小百合)(2015), p.31에서 재인용.

　　이러한 상황에서는 만일 일본은행이 양적완화를 종결하고자 하더
라도 단기간에 자신의 대차대조표에서 제공할 수 있는 자금은 공통 담
보 operation, 31.7조에 불과하여, 민간 금융기관의 당좌예금 178조 엔
에서 법정 준비금 8.5조 엔을 뺀 137.8조 엔 만큼의 초과준비가 남게 되
는데, 이는 그만큼 단기 금융시장에 잉여자금이 존재함을 의미한다. 다
시 말해 일본은행은 지금 당장으로서는 공개시장조작을 통해 자금수급
을 조정하여 정책목표에 맞춰 단기 금융시장 금리를 유도하는 정상적
인 통화정책을 수행할 수 없는 상황에 있다. 일본은행이 정상적인 통화
정책을 수행할 수 있는 상황으로 돌아가기 위해서는 언젠가는 출구전
략 혹은 양적완화 축소가 불가피하다는 것이다.

　　가와무라(河村小百合)(2015)는 일본은행이 보유 국채의 만기에 맞
춰 재투자(roll over)하지 않는 방식을 취한다면 자산규모를 1/2로 축소
하는 데 현재 보유국채의 평균 잔존 년수인 5.6년이 소요될 것으로 추
정하고, 이렇게 오랜 기간 동안 긴축 금융정책을 전혀 실시하지 않고서
는 단기 금융시장의 잉여자금 문제를 해결할 수 없다고 지적한다.

　　나아가 가와무라(河村小百合)(2015)와 구고(久後翔太郎)(2015)는
일본은행이 선택할 수 있는 출구전략의 유력 후보로서, 현행 0.1%인 초
과준비 금리[8]를 인상하여 단기금융시장의 잉여자금을 흡수하는 방안을

8/ 일본은행의 '보완당좌
예금제도'로서 금융기관이
일본은행 당좌예금 계좌에
예치한 당좌 예금 중 초과준
비에 대해서는 금리를 부여
하는 제도를 말한다.

거론한다. 이와 같은 출구전략에 대해 가와무라(河村小百合)(2015)는, 만일 일본은행이 미국 Fed처럼 출구전략으로서 단 1%의 시장 금리 인상 유도 정책을 실시할 경우에도, 일본은행이 보유하고 있는 국채(단, 단기국채인 국고단기증권은 제외)의 가중평균 수익률이 0.91%에 불과(미국 Fed: 3.4%, BOE: 4.36%)하여 일본은행이 손실 상태에 빠질 리스크가 도사리고 있다고 지적한다. 구고(久後翔太郎)(2015)는 금리인상 시나리오에서는 2015년부터 2032년까지 일본은행의 누적 손실액이 최대 2조 엔에 달할 것이라고 예측한다.

이러한 출구전략 리스크가 현실화되면 그렇지 않아도 일본 정부가 매년 신규발행 혹은 차환(roll over)하는 국채규모가 GDP의 56%에 이르고 있는 상황에서 일본 정부가 일본은행에 손실보전을 실시하기에는 재정 부담이 너무 막중할 것이고, 이것이 일본의 재정위기설을 다시 부추기는 진원지가 될 것이다.

3. 아베노믹스 양적완화의 주요 쟁점(2): 자산효과

당초 아베노믹스 양적양화가 노렸던 경제적 효과는 엔화약세와 주가상승을 통한 소비, 투자, 수출 등 유효수요 확대였다. 아베노믹스 지지자들이 제시하는 경제의 선순환 구조란 양적완화를 통해 엔화약세가 실현되면 수출기업의 수익성 개선에 대한 기대감으로 주가가 상승하고 이에 따른 자산효과(wealth effect)로 소비가 증가, 이것이 다시 생산과 투자, 고용, 소득증가로 연결되어 결국은 다시 소비가 증가하는 사이클로 진입하는 것에 다름 아니다.

그렇다면 2013년 4월 아베노믹스 양적완화 단행 이후 소비는 증가하고 있는가? 아베내각 출범 이후 주가는 엔화약세를 배경으로 2015년 5월까지 거의 2배 상승하였다. 2012년 12월 아베내각 출범 이전에는 8,500에서 10,000 사이를 맴돌았던 Nikkei 225 지수는 2013년 말에 15,000대를 돌파한 데 이어 2015년 들어서는 20,000대에 육박하였다. 그렇지만 [그림 4]에서 알 수 있듯이, 일본 내각부가 작성한 소비종합지수를 보면 2014년 4월 소비세율 인상 이전까지는 완만한 소비 회복이 가시화되었으나 소비세율 인상과 함께 소비가 급랭함으로써 아베노믹스 지지자들이 주장하는 자산효과라는 것이 매우 취약한 것임을 여실히 보여주었다.

9 / 주택가격 회복에 따른 소비진작 효과에 대해서도 미국이나 영국에서는 주택가격 상승이 소비에 플러스 효과가 있으나 일본에서는 오히려 마이너스 효과가 있다는 지적이 있다. 미국이나 영국은 주택을 담보로 한 차입, 즉 모기지론 (mortgage loan)이 활성화되어 있어 자산 효과를 기대할 수 있으나 일본의 경우는 가계가 주택구입을 위해 소비를 억제하고 저축을 늘리는 경향이 강하다는 것이다. (이코노미스트(エコノミスト) 2015.3.17.일자 참조.

우나야마・고무라(宇南山卓・古村典洋)(2014)가 지적하는 바와 같이, 양적완화는 주가와 지가 등 자산 가격 상승을 수반하여 소비와 투자를 활성화한다는 자산효과가 있다고 하나, 일본의 경우 가계부문이 보유하고 있는 금융자산 중 주식이 차지하는 비중은 2014년 말 현재 9.4%로 미국의 33.1%, 유로지역 17.1%에 비해 훨씬 낮아 주가상승이 경제전체의 소비진작으로 연결되기 어렵다고 봐야 할 것이다.[9]

[그림 4] 일본의 주가지수와 소비종합지수 추이

[NIKKEI 225 지수]
(매월 거래말일 종가기준)

출처: Bloomberg

[소비종합지수]
(단위, 2005년=100, 계절조정 실질지수)

출처: 내각부(内閣府), "消費総合指数"

일본에서 양적완화 결과 엔화 강세가 약세로 돌아서고 주가가 상승하였음에도 소비가 좀처럼 움직이지 않는 이유는 스즈키(鈴木将之)(2015)가 지적하는 대로, 소비의 원천이라 할 수 있는 실질임금 소득 하락에 따른 실질 구매력 저하에서 찾아야 한다. 먼저 〈표 3〉을 통해 기업 노동자의 명목 임금소득 추이를 보면 2013년 4월 아베노믹스 양적완화 단행 이후에도 여전히 명목 임금 자체가 거의 답보상태를 거듭하고 있다. 2013년 일반 정규직 노동자의 월 평균 현금급여는 전년대비 0.7%, 2014년에도 1.3% 증가하는 데 그쳤다. 비정규직 노동자의 경우는 2014년 명목 임금이 2012년보다 더 낮다.

2013년 11월 총리 직속 자문기구인 경제재정자문회의는 일본경제가 디플레이션에서 벗어나기 위해서는 지속적인 양적완화, 성장전략, 임금인상 3가지가 중요하다고 지적하였고, 아베내각은 2014년 6월 성장전략 개정판에 공식적으로 임금인상을 주요 시책 중 하나로 적시하였다. 아베 총리 스스로 재계단체인 경단련(経団連)에 대해서는 물론 노사정회의에서 기업이 임금을 인상해 줄 것을 수차례 호소하였음은 익히 알려진 사실이다.

[표 3] 일본의 취업형태별 임금소득 추이 (단위: 월평균 금액, 엔)

	2012	2013	2014	2015			
				1월	2월	3월	4월
정규직 노동자[1]	401,694 (−0.1%)	404,723 (0.7%)	409,796 (1.3%)	345,528 (0.9%)	333,768 (0.6%)	353,200 (0.6%)	349,590 (0.9%)
정기급여	328,957 (0.3%)	329,633 (0.2%)	331,724 (0.7%)	328,395 (0.5%)	329,516 (0.5%)	331,745 (0.6%)	334,533 (0.5%)
성과급(일시금)	72,737 (−2.3%)	75,090 (3.1%)	78,072 (3.8%)	17,133 (8.2%)	4,252 (6.4%)	21,455 (1.3%)	15,057 (10.9%)
파트타임 노동자[1]	97,177 (1.5%)	96,644 (−0.6%)	96,991 (0.4%)	93,694 (0.3%)	93,571 (0.8%)	95,398 (0.6%)	98,367 (1.3%)
정기급여	94,668 (1.6%)	94,232 (−0.4%)	94,526 (0.3%)	92,636 (0.3%)	93,088 (0.8%)	94,162 (0.6%)	97,406 (1.1%)
성과급(일시금)	2,509 (−3.8%)	2,412 (−3.8%)	2,465 (2.2%)	1,058 (7.6%)	483 (13.6%)	1,236 (5.4%)	961 (37.7%)
실질임금지수 (2010년 평균=100)	99.2	98.3	95.5	81.7	79.3	83.2	82.6

주: 1) 종업원 5인 이상의 기업에 종사하는 노동자의 현금 급여총액을 나타내고, 정기급여는 기본급여(所定内給与)와 잔업수당(所定外給与)을 포함함.
2) ( )안 수치는 전년동기 대비 증가율임.
출처: 후생노동성(厚生労働省), "每月勤労統計調査"

그럼에도 실제 일본 기업의 임금인상은 매우 소극적이었고 정부나 경단련의 호소에는 기본급인 정기급여보다는 성과급과 같은 일시금 인상으로 대응하였음을 [표 3]은 보여주고 있다. 다이와소켄(大和総研)(2013)은 1994년부터 2013년 2분기까지 분기별 데이터에 입각하여 개인소비의 증가 효과가 가장 큰 부분은 정기급여임을 확인하였다. 즉, 전체 급여소득이 1% 증가한다고 가정할 때 이들 증가분이 모두 정기급여 인상분이었다면 소비는 2.6 조 엔 증가하나, 그 증가분이 모두 일시금 인상분이었다면 소비는 0.3 조 엔 증가하는 데 그친다는 것이다. 여기에 엔화약세에 따른 수입 물가 상승과 소비세율 인상이 겹치면서 아베노믹스 단행 이후 노동자들의 실질임금 수준은 2010년 수준을 100으로 보았을 때 2013년 98.3, 2014년 95.5로 낮아지고 있다. 2015년 들어서는 실질임금이 더 가빠르게 하락하고 있음도 확인할 수 있다. 다시 말해, 주가상승에 따른 소비진작 효과가 매우 제한적인데다 실질임금 하락에 따른 소비자들의 실질 구매력은 날로 저하하고 있는 점이 아베노믹스 양적완화의 앞길을 가로막는 최대의 장애물인 것으로 보인다.

4. 아베노믹스의 주요 쟁점(3): 엔화약세 효과

2012년 12월 아베노믹스가 시작된 이래 달러 대비 엔화가치는 하락세를 거듭하였다. 2011년 3월 동일본대지진 전후만 하더라도 엔/달러 환율은 70엔 대 후반에서 80엔대 전반에 이르는 엔고 '절정기'였으나, 2012년 12월 83.6엔/달러(월 평균)에서 2013년 5월 101.0엔/달러(월 평균), 2014년 11월 116.2엔/달러(월 평균), 그리고 2015년 6월에는 123.7엔/달러의 추세를 보이고 있다.([그림 5] 참조) 2013년 1월 일본은행의 '2년 이내, 2%'의 물가안정목표(price stability target) 도입과 무기한(open-ended) 자산매입 계획 선언, 4월 구로다(黒田東彦) 일본은행 신임 총재의 '차원이 다른 양적완화' 발표, 그리고 2014년 10월 일본은행의 추가 양적완화 발표가 이와 같은 엔저현상의 결정적 계기였음에는 이론의 여지가 없다.

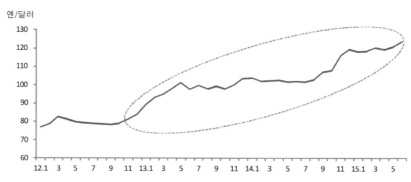

[그림 5] 엔/달러 명목환율 추이

주: 도쿄 외환시장(spot market)에서의 엔/달러 환율 월 평균치임.
출처: 일본은행(日本銀行), "時系列統計データ"

그렇다면, 달러대비 80엔대에서 120엔대로 엔화가치가 하락하는 과정에서 일본 기업의 수출입과 관련된 지표들은 어떠한 반응을 보였을까? 한 국가의 통화가치가 급락하면 해외 수출이 증가하여 경상수지를 개선시킨다는 '일반론'이 통용되었을까?

[표 4]는 호세이대학(法政大学) 고미네다카오(小峰隆夫) 교수가 아베노믹스 양적완화의 경제적 영향을 정리한 것인데, 시간이 지남에 따라 오히려 그 효과가 부정적임을 강조하고 있다.

[표 4] 엔저효과: 수출입 및 소비자물가

		2012년	2013년	2014년
달러대비 엔화 환율(연평균)		82.9엔	100.2엔	109.8엔
〃 (전년대비 변화율)		–	−17.3%	−8.7%
수입가격 변화율	엔화 표시	1.7%	13.5%	0.2%
	달러화 표시	−1.9%	−1.4%	−5.7%
수출가격 변화율	엔화 표시	0.9%	10.3%	2.9%
	달러화 표시	−1.7%	−2.1%	−2.5%
수출수량 변화율		−5.5%	−0.7%	1.4%
경상수지(조 엔)		4.2	1.5	7.8
소비자물가상승률(생선·식품 제외)		−0.2	0.8	2.8
〃 (소비세 영향 제외)		–	–	0.8%
제조업 경상이익 변화율		13.3%	36.0%	6.3%

출처: 코미네(小峰隆夫)(2015)에서 재인용.

먼저 엔화약세, 즉 엔저가 일본 기업에게 미치는 영향은 환산효과(translation effect)와 가격·물량 조정효과(price-volume effect) 두 가지로 나누어 살펴보아야 한다. 여기서 환산효과란 기업이 수출을 하거나 수입을 할 때 결제하는 통화, 즉 달러화 표시 가격을 엔화 표시 가격으로 환산하였을 때 나타나는 경제적 효과를 의미한다. 수출기업 입장에서는 엔화약세가 채산성을 개선시키는 호재이겠지만, 서비스 업체와 같은 내수 기업 입장에서는 엔화표시 수입가격, 즉 비용을 상승시키는 악재로 작용하고, 경제전체로 보면 소비자물가를 상승시키는 요인이 될 것이다.

[표 4]에서 일본 제조업의 2013년 경상이익이 전년대비 36.0%나 증가하였음은 환산효과 중에서도 수출기업의 채산성 개선효과가 내수기업의 비용증가 효과를 압도하였음을 보여준다. 나아가 일본은행이 목표로 내건 "2년 이내, 2%의 물가상승률"에는 미치지 못하지만 2013년 소비자물가상승률은 0.8%를 기록하였다. 다시 말해, 아베노믹스 양적완화는 2013년 일본 제조업의 채산성을 크게 개선한 점과 일본경제가 디플레이션에서 벗어날 것이라는 기대를 가져다주었다는 점에서 환산효과를 톡톡히 누렸다고 평가할 수 있다.

그런데 엔화약세의 가격·물량 조정효과는 엔화약세에 직면하여 일본의 수출기업들이 달러화표시 가격을 실제 얼마나 인하하여 수출물량을 늘렸는지를 점검해보아야 알 수 있다. 물론 제3자 입장에서 일본 수출기업들의 달러화 표시 가격 재조정 여부를 하나하나 확인할 방법은 없지만, 달러화 표시 가격을 엔화약세 이전 시점과 동일하게 유지하든지 인하하든지 하는 두 가지 방법을 생각해 볼 수는 있다. 만일 일본 수출기업들이 모두 달러화 표시 가격을 그대로 유지한다면 달러화 표시 가격을 엔화로 환산한 금액은 증가할 것이고, 달러화 표시 가격을 인하한다면 해외시장에서 가격경쟁력 상승으로 수출 물량이 증가할 것이다.

[표 4]에서 2013년 달러화 표시 수출가격이 전년대비 2.1% 하락하였고 수출 수량 역시 전년대비 0.7% 감소하였음은 엔화약세가 진행되는 동안 많은 수출 기업들이 달러화 표시 가격을 인하하여 수출 물량을

10 / 일본경제연구센터의 고지마(小島明)는 2013년 1년 동안 일본기업의 수출물량이 늘지 않는 이유로서 첫째, 해외로 생산거점을 옮긴 일본 기업들이 현지 조달 비율을 높임으로써 해외 생산용 자본재나 부품을 일본 으로부터 수입하는 경향이 줄어들었다는 점, 둘째 전기 ·전자 분야를 중심으로 일본 제조업의 국제경쟁력 이 크게 약화됨에 따라 수출 증가효과가 나타날 수 없다는 점, 셋째 전 세계적 으로 설비투자가 감소함에 따라 일본 기업이 경쟁력을 갖고 있는 자본재 분야의 수출이 크게 늘어나지 못하고 있는 점을 들고 있다. 김규판(2014) pp.116~117.

11 / 2015년 들어 엔화약세 기조가 장기간 유지될 것이라는 전망이 확산되자, 지금까지는 브랜드 가치 훼손을 이유로 달러화 표시 가격 인하에 소극적이었던 자동차업계(소형 승용차, 버스, 전동지게차 부품)와 전자·전기기기(반도체 메모리, 전동기, 휴대폰), 강판(스테인레스열연강판), 화학제품(폴리에칠렌) 분야에서 2014년 10월에서 2015년 5월 사이 최소 2.7%, 최대 15.9%의 달러화 표시 가격 인하를 단행하는 품목들도 나타나고 있다.(일본경제신문(日本経 済新聞)), 2015.7.6.일자)

늘리는 전략보다는 달러화 표시 가격을 유지하여 엔화표시 수출대금을 늘리는 전략을 선택하였음을 보여 준다.[10] 이에 따라 2013년 일본 제조 업의 채산성이 대폭 개선되었으나 달러화표시 수출가격을 거의 낮추지 않았기 때문에 수출수량이 증가하지 않았던 것이다.

국가전체로 보아 위와 같은 가격·물량 조정효과는 경상수지에 반 영되기 마련인데, 일본의 수출 기업들이 달러화표시 가격을 인하하는 전략을 선택하였다 치더라도 수출 물량을 늘리는 데 필요한 설비투자 나 고용 확대는 다소 시간을 요하는 것이어서, 엔화약세 초기에는 엔화 표시 수입액만이 증가하여 경상수지 개선 효과는 미미할 것이다. 기업 들이 달러화 표시 수출 가격을 인하하고 수출 물량을 늘려야만 경상수 지가 대폭 개선되는 J-Curve 효과를 기대할 수 있다. [표 4]에서 일본의 경상수지 흑자 규모가 2013년에 대폭 축소하였음은 이와 같은 J-Curve 효과가 실현되지 않았음을 보여준다.

2012년 말 이후의 아베노믹스 양적완화는 2013년 1년 동안 제조업 의 채산성 개선효과와 디플레이션 극복 기대감 고양이라는 경제적 효 과가 극히 단기에 끝났다는 점과 궁극적으로 지속적 경제성장으로 연 결되지 못하였다는 점에서 한계가 자명하다 할 수 있다. [표 4]를 다시 보면, 2014년 일본 제조업의 경상이익은 전년대비 6.3% 개선되는 데 그 쳤고, 2014년 4월의 소비세율 인상 효과를 제외한 2014년 소비자물가 상승률 역시 0.8%에 그치고 말았다. 2014년 1년 동안 달러 대비 엔화 가치의 하락폭이 2013년의 17.3%에 비해 대폭 낮아진 8.7%였음을 감안 하면, 한번 진행된 엔화약세 흐름이 약화되거나 멈추는 경우 제조업의 채산성 개선이나 소비자 물가상승에 따른 디플레이션 기대심리 역시 크게 위축되었다고 해석할 수 있다.

나아가 [표 4]에서 알 수 있듯이, 물론 2013년에 비하자면 다소 개 선되고 있는 것처럼 보이지만, 2014년 들어서도 일본의 수출기업들이 달러화 표시 수출가격을 거의 낮추지 않아 수출수량 증가효과가 매우 미미함은 여전하다[11]. [그림 6]의 실질수출 지수 역시 2014년 말과 2015 년 초를 제외하고는 아베노믹스 기간 중 수출실적이 2010년 수준을 회복하지 못하고 있음을 보여주고 있다.

[그림 6] 일본의 실질수출 지수 추이   (2010년=100)

주: 실질수출 지수란 수출 부문을 8개 그룹으로 나눈 다음, 각각의 그룹에 대응하는 수출액을
디플레이터로 실질화한 다음 계절조정 작업을 거쳐 2010년 평균값을 100으로 놓고 지수화한 것임.
출처: 일본은행(日本銀行), "時系列統計データ"

일본의 수출기업들이 엔화약세에도 불구하고 수출수량을 늘리지
못하고 있는 것은 국내 생산·해외 수출이라는 사업모델을 더 이상 채
택하지 않고 있음을 의미한다(고미네(小峰隆夫), 2015). 일본기업은 엔
화약세로 막대한 수익을 남기면서도 국내 설비투자를 늘리지 않고, 정
규직 인력 채용을 늘리지도 않을뿐더러 우수인력을 확보하기 위해 임
금을 대폭 올리지도 않을 것으로 보여, 아베노믹스의 양적완화가 일본
경제의 장기적 지속가능성을 공고히 하는 데 까지는 미치지 못하고 있
다는 해석이다. 또한 일본의 수출기업들이 엔화약세 기조가 장기화되
는 가운데 달러화 표시 가격을 인하하여 국내 생산증가를 통해 수출물
량을 늘리고자 하여도 일본 국내에서 노동력을 확보하는 데 상당한 장
벽이 있음을 시사하는 것으로도 해석할 수 있을 것이다.

5. 2015년 일본경제의 진로

2015년 일본경제는 1사분기 실질 GDP 성장률이 1.0%(전년동기 대

비, [표 2] 참조)를 기록함으로써 2014년 4월의 소비세 인상 여파에서 벗어나고 있는 것으로 보인다. 일본 국내 일각에서는 2012년 8월 당시 노다(野田佳彦) 민주당 내각이 결정한 2단계 소비세율 인상(2015년 10월, 8%→10%) 계획을 현 아베 내각이 2017년 4월로 연기한 점은 소비 회복에 호재로 작용할 것이며, 일본은행의 양적완화 기조 유지에 따른 엔화 약세 기조의 지속은 투자와 수출에도 호재일 것이라는 낙관론이 여전하다.

2015년 일본경제가 아베노믹스 지지론자들의 주장대로 경기순환 과정에서 회복기에 접어들 가능성 자체를 부정할 수는 없겠지만, 본고를 통해 본 아베노믹스 양적완화는 다음과 같은 점에서 회의적이다.

첫째, GDP 갭과 기대 인플레이션율과 같은 디플레이션 탈피 가능성을 가늠할 수 있는 거시변수들의 동향은 여전히 일본경제가 디플레이션 '늪'에서 빠져나오지 못하고 있음을 보여주고 있고, 일본은행이 양적완화를 다시 추가한다 하더라도 그 전망은 밝지 못하다는 점, 다시 말해 일본 기업들의 경제성장에 대한 기대심리가 획기적으로 변하지 않는 이상, 경직적 가격설정 행동에서 벗어날 수 없다는 점이다.

둘째, 양적완화는 주가와 지가 등 자산 가격 상승을 수반하여 소비와 투자를 활성화한다는 자산효과가 있다고 하나, 일본 가계부문이 보유하고 있는 주식 비중이 낮아 주가상승이 경제전체의 소비진작으로 연결되기 어렵다. 경제전체의 소비를 진작시키기 위해서는 실질임금 상승이 매우 중요한데 일부 대기업을 제외하곤 많은 기업들이 노동자들의 임금을 대폭 올려주기에는 가격경쟁력 관점에서 역시 한계가 자명하다는 점이다.

셋째, 아베노믹스 양적완화로 엔/달러 환율이 80엔대 전후에서 120엔대로 하락하였음에도 불구하고 많은 수출 기업들이 달러화 표시 가격을 인하하여 수출 물량을 늘리는 전략보다는 달러화 표시 가격을 유지하여 엔화표시 수출대금을 늘리는 전략을 선택하고 있는 것에서 추론할 수 있듯이, 수출기업들이 일본 국내에서 생산·고용을 늘려 수출을 확대하기에는 국내에서 노동력을 확보하는 것이 쉽지 않다는 점이다.

요컨대 2015년 이후 일본경제는 위와 같은 양적완화의 한계를 일본 정부가 어떻게 구조개혁으로 보완할 수 있을 것인가에 달려 있다 해도 과언이 아니다. 나아가 아베노믹스 양적완화는 아직 출구전략이 불명확한데, 만일 불가피하게 양적완화를 축소할 경우 일본은행 자신은 물론 금융시장이나 재정 등 경제전체에 미칠 파장을 생각하면, 일본은행이 출구전략에 대해 어떠한 입장을 피력할 것인가 하는 점도 2015년 이후 일본경제에 매우 중요한 요인이라 할 수 있다.

참고문헌

〈한국어 문헌 및 주요 참고 자료〉
김규판(2014), "아베노믹스에 대한 중간평가와 전망", 김영근·서승원 엮음 『저팬리뷰 2014: 일본의 변용』, 고려대학교 일본연구센터.

〈일본어 문헌 및 주요 참고 자료〉
다이와소켄(大和総研)(2013), "2014年の日本経済見通し：経済の好循環は本当におきるのか？", 『日本経済予測Monthly』, 2013.12.19.

스즈키마사유키(鈴木将之)(2015), "シリーズ：個人消費の論点(1)：想定以上の消費の減速", 2015년 3월. EY総合研究所.

시노다메구루·무라세타쿠토(篠田周·村瀬拓人)(2015), "物価上昇方向への感応度の低下により金融緩和の影響が限定的に", 『金融財政事情』金融財政事情研究会. 2015.3.23.

우나야마다카시·코무라노리히로(宇南山卓·古村典洋)(2014), "株価が消費に与える影響：アベノミクス期を用いた資産効果の計測", 『PRI Discussion Paper Series』 No.14A-09, 財務省財務総合政策研究所 . 2014年8月

이코노미스트(エコノミスト), "アベノミクスによる景気回復は偶然の産物", 2015.3.17.

와타나베쓰토무(渡辺努)(2015), 『デフレ期における価格の硬直化:原因と含意』, 日興フィナンシャル·インテリジェンス. 2015.2.20.

카와무라사유리(河村小百合)(2015), "異次元緩和からの正常化とは何を意味するのか", 『金融財政事情』, 金融財政事情研究会. 2015.5.18.

코미네다카오(小峰隆夫)(2015), "経済教室：円安と日本経済", 『日本経済新聞』, 2015.6.29.

코미야카즈요시(小宮一慶)(2015), "異次元緩和スタートから2年:日本経済に与えた影響と現状を考える", 『BPnet』日経BP社. 2015.4.17.
(http://www.nikkeibp.co.jp/atcl/column/15/129957/041600010)(검색일.2015.7.7)

쿠고쇼타로(久後翔太郎)(2015), "量的·質的金融緩和の展望", 『大和総研調査季報』 2015年春季号 Vol.18. 大和総合研究所.

쿠고쇼타로·하시모토마사히코(久後翔太郎·橋本政彦)(2014), "「異次元の金融緩和」 1年間の中間評価:波及経路の確認と実体経済への影響について", 『大和総研調査季報』2014年春季号. Vol.14. 大和総合研究所.

〈웹사이트〉

내각부(内閣府), "国民経済計算(GDP統計)",

  (http://www.esri.cao.go.jp/jp/sna/menu.html)(검색일: 2015.6.19)

_____, "2015年1-3月期GDP2次速報後のGDPギャップの推計結果について", 2015.6.15.

  (http://www5.cao.go.jp/keizai3/shihyo/2015/0615/1122.html)(검색일. 2015.7.8.)

_____, "消費総合指数"(www5.cao.go.jp/keizai3/getsurei/shouhi.xls)(검색일. 2015.7.8)

일본은행(日本銀行), "2%の物価安定目標と量的・質的金融緩和", 2013.4.4.

  (https://www.boj.or.jp/mopo/outline/qqe.htm)(검색일. 2015.4.2)

————————, "量的・質的金融緩和の拡大", 2014.10.31.

  (https://www.boj.or.jp/announcements/release_2014/k141031a.pdf)(검색일. 2015.4.2.)

————————, "時系列統計データ"(https://www.stat-search.boj.or.jp)(검색일. 2015.7.7)

총무성통계국(総務省統計局), "統計表" 2015.6.26.

  (http://www.e-stat.go.jp/SG1/estat/List.do?bid=000001033702&cycode=0)(검색일. 2015.7.8)

하마쵸SCI(浜町SCI), "データ・ルーム"(http://www.hamacho.net/jp/data)(검색일.2015.7.8)

후생노동성(厚生労働省), "毎月勤労統計調査"

  (http://www.mhlw.go.jp/toukei/itiran/roudou/monthly/27/2704r/2704r.html)(검색일. 2015.7.9)

한일간 소재부품산업의 협력 확대 방안

이홍배 | 李鴻培 Lee, Hongbae

일본 소카대학(創価大學)에서 경제학 박사 학위를 받았다. 이후 대외경제정책연구원(KIEP) 부연구위원 및 일본팀장을 역임한 후, 2007년 9월부터 동의대학교 상경대학 무역학과 교수로 재직 중이다. 전공분야는 국제무역통상, 경제통합, 산업 및 기술 협력이며 최근의 연구 관심은 동아시아 역내 경제통합, 산업기술의 분업 및 의존구조와 소재부품산업의 글로벌화(글로벌 가치사슬) 등이다.

　주요업적으로는 『한일관계사 1965-2015』(역사공간, 2015) (공저), 『동아시아 지역통합(일본어)』(일본 교토대학학술출판사, 2010) (공저) 『한일 FTA와 중소기업』(중소기업연구원, 2008) (공저), 『한중일 FTA의 가능성과 3국의 대외통상정책(일본어)』(일본 비스타비에스, 2004) (공저) 등 외 논문이 다수 존재한다.

1. 개관

한일 양국간 경제협력을 논할 때 반드시 거론되는 것이 바로 무역 불균형 해소와 기술이전 문제이다. 양국간 무역관계는 중간재와 자본 재 산업을 중심으로 한국의 만성적인 대일 무역적자를 초래하는 구조 적 특징을 보이고 있다. 그리고 그 원인은 양국간 소재부품산업의 기술 격차에 기인하고 있어 비단 한일 양국간 경제관계에만 국한되는 것이 아니라, 한국의 경제·산업구조 전체의 현안과제라고 할 수 있다.

그동안 한국 정부와 기업은 상대적으로 대일 기술경쟁력 열위에 있는 소재부품 및 장비 등 자본재산업 육성을 위해 지속적인 노력을 전 개해 왔으나, 실질적으로 충분한 효과를 거두기에 역부족이었다는 지 적이 일반적이다.[1] 그렇기에 한국으로서는 지금까지 미온적으로 대응 해 왔던 산업기술의 경쟁력 제고방안을 장기적 안목에서 체계적으로 추진해야 하는 딜레마에 직면해 있다. 이를 극복할 수 있는 방안 또한 대일 기술적 협력관계 강화라는 데는 이견이 없는 듯하다.

반면 일본의 소재부품산업[2]은 고도의 기술력과 막강한 경쟁력을 바탕으로 일본 제조업의 고부가가치를 창출하는데 결정적 역할을 수행 하면서 막대한 무역수지 흑자의 원천으로 작용하고 있다. 더욱이 일본 정부는 1990년대 장기불황의 영향으로 침체된 제조업의 활력을 중장기 적으로 강화·발전시키기 위해 2004년 「신산업 창조전략」을 책정하여 소재부품의 지속적인 경쟁력 확보를 도모하고 있다.[3] 또한 기술개발촉 진정책의 일환으로 2006년 「기술전략구상」을 제정하여 소재부품산업을 기반으로 하는 핵심산업의 연구개발을 활성화하고 신산업 창출과 선도 산업 발굴·육성 등을 적극 추진 중이다.[4]

물론 한국 소재부품산업이 정부의 다양한 산업정책적 지원과 관세 를 통한 보호주의에 힘입어 부품소재의 국산화 및 수입대체를 전개하 여 대일 무역수지 개선에 기여해 온 점은 주지의 사실이다. 그러나 세 계 최고의 경쟁력을 가진 일본과 비교해보면 여전히 취약한 경쟁력을 보이고 있어, 국내 산업구조 고도화의 제약요인으로 지적되고 있는 실

1 / 한국의 경우 1998년 외환위기 이후 국내 산업의 핵심적 인프라에 해당하는 소재부품분야를 2010년 까지 세계적 공급기지로 발전시켜 선진국 대열에 진입한다는 목표 하에 종합적이고 체계적인 제도적 지원방안으로 '부품소재발전기본계획(M CT-2010)'을 수립했으며, 이를 통한 관련 업체의 육성을 위해 2001년 「부품소재전문기업 등에 관한 특별조치법」을 제정하는 등, 소재부품 기술의 자체개발에 총력을 기울이고 있다.

2 / 일본은 소재부품 대신 '부재(部材)산업'이라는 용어를 사용하고 있으며, 부재산업이란 범용소재 (섬유, 화학, 비금속광물 제품, 철강, 비철금속 등)를 한 단계 더 가공하여 어느 정도 기능을 발휘하는 응용(첨단)소재와 일부 부품을 아우르는 중간 재산업을 의미한다. 또한 일본의 경우 부재산업뿐 아니라 제조장비, 소형재 (素形材)라는 이름의 모노즈쿠리(제조) 기반산업 (주조, 단조, 성형, 열처리, 절삭 등) 등이 산업경쟁력의 원천이라고 할 수 있다. 남장근(2009) 참고.

3 / 2004년 책정된 신산업창조전략은 크게 첨단신산업분야(연료전지, 정보가전, 로봇 및 콘텐츠 관련업종)와 시장수요 확대에 대응하는 신산업 분야(건강복지기기 및 서비스, 환경·에너지기기 및 서비스, 비즈니스지원 서비스)로 구분된다. 이홍배(2004).

4 / 2006년 제정된
기술전략구상은
계획단계부터 기획, 발표에
이르기까지 일본
경제산업성(METI)과
독립행정법인 신에너지·
산업기술종합개발기구(NE
DO)에 의해 추진되었으며,
중점산업으로는
정보통신산업,
생명과학산업, 환경·
에너지산업 및 제조산업
분야가 선정되었다.
이홍배(2006).

정임은 부인할 수 없을 것이다.

이에 본고는 한국과 일본의 산업 및 경제구조, 경제성장 패턴 그리고 기업의 경영패턴 등의 유사성과 긴밀성을 고려하고, 한일 양국의 산업 및 기업 환경의 급격한 변화 등을 반영한 보다 미시적인 접근방법을 도입하여, 한국 소재부품산업의 대일 협력 확대의 가능성을 고찰하는데 초점을 두고 있다. 이를 위해 그동안 한일 양국에서 추진해 온 협력사업 및 신규 협력 확대사업을 조사·분석하여 각각의 문제점과 개선점을 검토하는 동시에, 새로운 패러다임 하에서의 협력 촉진방안을 도출하는데 중점을 두고자 한다.

2. 한일간 소재부품산업의 무역구조

주지하는 바와 같이 한국의 제조업은 상대적으로 큰 비중의 대일 무역적자를 나타내고 있으며, 이러한 현상은 국내 제조업의 고도화 및 수출 증대에 편승하여 더욱 고착화되는 구조적 특징을 보이고 있다. 특히 제조업의 근간을 이루는 소재부품산업의 경우, 대세계 무역흑자 폭 확대에도 불구하고 대일 무역적자 규모는 여전히 큰 폭에 머물러 있는 현상이 유지되고 있다.

국내 소재부품산업은 지속적인 경쟁력 향상과 이에 따른 수출 증가에 힘입어 2014년 대세계 무역흑자 규모 1,079억 달러를 달성하면서 사상 최고치를 경신하였으며, 2015년 역시 1,050억 달러를 보이면서 2년 연속 1,000억 달러 흑자를 나타냈다. 소재부품산업은 2015년 기준 전 산업 수출의 50%, 무역흑자의 268% 비중을 점하면서, 한국의 경제성장을 선도하는 핵심 산업임을 증명하였다. 1997년 이후 18년 연속 무역흑자를 보이고 있다.

그러나 한편 일본에 대해서는 2009년 무역적자 폭 200억 달러를 넘어섰으며 2010년에는 243억 달러로 사상 최고 적자규모를 경신하였다. 물론 2010년을 정점으로 대일본 적자규모는 점진적이나마 감소세를 유지하고 있으나, 여전히 매우 큰 폭의 적자규모를 기록하고 있다.[5] 이러한 배경에는 소재부품산업의 수출이 일부 품목에 편중되어 있으며, 핵심·고부가가치 소재부품은 원천기술 부족으로 여전히 일본 등 선진국으로부터의 수입에 크게 의존하고 있는 등, 기술경쟁력 열위에 따른 구조적 취약성 문제가 있다고 할 수 있다. 핵심 소재부품의 기술 부재는 수입의존 심화를 야기하여 국내 산업간 파급효과 상실 → 수출과 내수의 불균형 초래 → 외부환경 변화 적응력 및 미래 기술경쟁력 확보 지연 → 경제성장 동력 약화 등의 우려를 증폭시키는 요인으로 작용한다. 특히 대부분의 소재부품관련 업체는 중소기업(99%)으로 구성되어 있어, 규모의 영세성과 R&D 투자 부진 등으로 인한 생산성 둔화(저부가가치)와 수입유발(해외단순기술 도입) 촉진 등의 악순환을 반복하고 있다.

5 / 한국기계산업진흥회 「KOAMI Data Base」의 '국가별 부품소재산업 무역현황' 참고.

[표 1] 한국 소재부품산업의 대세계 수출입 추이　　　　　(단위: 억 달러, %)

구 분		2001년	2006년	2009년	2012년	2013년	2014년	2015년
소재부품 (A)	수 출	620	1,487	1,710	2,534	2,630	2,759	2,646
	수 입	592	1,140	1,197	1,625	1,665	1,682	1,596
	무역수지	28	347	512	909	975	1,078	1,050
전산업 (B)	수 출	1,504	3,255	3,635	5,479	5,596	5,727	5,269
	수 입	1,411	3,094	3,231	5,196	5,156	5,255	4,365
	무역수지	93	161	404	283	440	472	904
비중 (A/B)	수 출	41.2	45.7	47.0	46.2	47.0	48.2	50.2
	수 입	42.0	36.8	37.0	31.3	32.3	32.0	36.6

자료: 한국기계산업진흥회, KOAMI DB.

　　한편 1997년 외환위기 이후 잠시 주춤했던 한일 양국간 소재부품산업의 무역은 2001년 이후 지속적인 증가 추세를 보여 왔으나, 2009년 미국발 글로벌 금융위기의 영향으로 전년대비 -20.2%로 큰 폭의 하락세를 보였다. 동 시점의 수출과 수입은 각각 동 -22.9%, 동 -18.9%를 기록했으며, 특히 소재부품의 수출입 감소(각각 동 -25.8%, 동 -12.7%)가 크게 작용하였다. 그러나 2010년 들어 한국경제의 급속한 경기회복과

한일간 소재부품산업의 협력 확대 방안 / 이항배

6 / 한일 양국간 총 수출입
규모는 2008년 892.1억
달러를 기록했으나,
2009년 동 712.0억 달러에
머물면서 큰 폭으로
하락하였으며, 2012년
양국간 총 수출입 규모는
각각 388억 달러, 644억
달러를 기록하면서
증가세를 유지하였다.

일본의 대대적인 경기부양책 실시, 그리고 2011년 발생한 동일본 대지
진의 참사 등의 영향으로 한일 양국간 무역규모는 증가세로 전환되었
으며, 2012년에는 교역규모 1,000억 달러를 상회하게 되었다.[6]

한편 한국의 대일 무역관계는 "수출 증가 = 수입 증가 = 수출 증
가"라는 구조적 특징을 보이고 있으며, 이는 곧 한국의 대세계 수출 증
가(감소)가 대일 수입 증가(감소)임을 의미하고 있다. 이에 따라 한국은
만성적인 대일 무역적자를 기록하고 있으며, 2012년 또한 256억 달러의
적자를 보였다. 특히 국내 소재부품산업의 대일 무역적자 비중은 타 산
업에 비하여 압도적으로 높은 상태인데, 2012년 한국의 대일 무역적자
256억 달러 중 222억 달러가 소재부품산업의 대일 무역적자로 나타나,
약 87% 비중을 차지하였다.[7] 그러나 그 이후 지속적인 대일 무역적자규
모는 감소 경향을 보이고 있다.

7 / 한국기계산업진흥회
「KOAMI Data Base」 참고.

아울러 2001년 이후 소재부품의 대일 수출입 비중 추이를 보면,
우선 수출 비중은 지속적인 하락세를 보이고 있으며, 2005년을 기점으
로 큰 폭 낮아진 상태이다. 수입 비중 또한 2001년 28% 수준에서 2015
년 17% 수준으로 낮아졌다. 그러나 핵심소재부품의 대일의존도는 심화
되는 추세가 유지되면서 적자규모는 여전히 상대적으로 높다고 할 수
있다. 2015년 소재부품의 대일 무역적자는 142억 달러로, 2011년(228억
달러)에 비하면 큰 폭 감소되었으나, 여전히 전체 대일 적자의 높은 비
중을 차지하고 있다.

〈표 2〉 소재부품산업의 대일본 수출입 현황과 무역수지 추이

(단위: 억 달러, %)

구 분	2001년	2005년	2009년	2011년	2012년	2013년	2014년	2015년
수 출	62 (10.0)	113 (9.1)	102 (6.0)	169 (6.6)	152 (6.0)	139 (5.3)	141 (5.1)	122 (4.6)
수 입	165 (27.8)	274 (27.1)	303 (25.3)	397 (23.6)	374 (23.0)	344 (20.8)	305 (18.1)	264 (16.5)
무역수지	−103	−161	−201	−228	−222	−205	−164	−142

주: 한국의 대세계 소재부품 수출입 대비 일본의 비중.
자료: 한국기계산업진흥회, KOAMI DB.

3. 한일간 기술협력의 특징과 인식 변화

1) 한일간 기술협력의 패턴 변화

돌이켜 보면 한일 양국간 기술협력은 1960년 중반 이후 우리나라의 수출지향정책과 중화학공업화 추진단계에서 본격화되었다고 할 수 있다. 보다 정확하게 말하면 상호 기술협력이라는 표현보다는 일본의 한국에 대한 기술이전이라는 표현이 더 어울릴 것 같지만, 한국경제는 수출지향공업화와 중화학공업화를 기반으로 고도의 경제성장 시대를 맞이하였다. 물론 한국경제의 고성장 국면은 공업제품을 중심으로 한 제조업에 의하여 견인되었지만, 우리 정부와 기업의 적극적이고 대대적인 기술력 향상의 노력이 뒷받침되었기에 가능했다고 할 수 있다.

일반적으로 후발국 또는 후발기업이 외국의 선진기술을 확보하는 패턴으로, ①선진국 기업에 의한 해외투자 및 합병사업, ②기술공여(라이센스 계약) 및 기술거래, ③ OEM 위탁생산 및 ODM(Original Design Manufacturing, 자사상표제조) 생산, ④기술자의 해외연수 및 외국인기술자 채용, ⑤선진국기업의 M&A 및 신규투자, ⑥선진국 기업과의 전략적 제휴 등을 들 수 있다. 물론 이에 더하여 공업제품의 수입을 통해 외국의 선진기술을 확보하는 패턴도 존재한다. 공업제품에는 상품의 자체 기능 외에 그 상품에 투입된 소재와 부품, 상품의 설계, 생산기술 등의 지식이 응축되어 있어, 해당 상품을 분해하고 분석함으로써 기술지식을 획득할 수 있기 때문이다.[8]

우리나라 또한 위에서 언급한 6가지의 패턴과 선진국으로부터의 수입을 통해 기술력 향상을 도모해 왔다고 할 수 있다. 1970년대 급속한 경제성장의 토대가 된 우리나라의 본격적인 완성품의 수출지향정책은 주요 소재와 부품을 수입에 의존했기에 가능했으며, 특히 일본으로부터의 소재부품의 수입의존도는 타 국가에 비하여 압도적이었다. 이로 인해 1970년 약 8억 달러에 불과하던 대일본 수입액은 1972년에는 17억 달러, 1978년에는 59억 달러로 급증하여 1986년에는 109억 달러로 세 자리수를 기록했다. 그 이후에도 대일 수입액은 큰 폭 상승하면서

8 / 小池洋一(2000) 및 尹明憲 (2003) 참고.

9 / 한국무역협회 『KOTIS
무역통계』.

1991년에는 211억 달러, 1995년에는 326억 달러, 2006년에는 519억 달러, 2011년에는 683억 달러로 사상 최고치를 경신하면서 기하급수적으로 증가하였다.[9]

이는 곧 한국경제의 고성장 국면은 일본으로부터의 자본재 수입을 통한 대일본 및 대세계 수출 증대에서 비롯되었음을 의미하며, 오늘날 만성적인 대일본 무역불균형 구조가 고착화되는 결과를 가져왔다고 할 수 있다.

그럼에도 불구하고 이와 같은 한일 양국간 교역 확대는 1965년 국교정상화로 이어졌으며, 이는 양국 경제관계의 활성화에 획기적인 전기로 작용하였다. 일본으로부터의 기술 도입 건수와 그 비중을 보면, 1966~1972년에는 총 250건으로 전체의 약 70%를 차지했으며, 1973~1978년에는 총 484건으로 약 57%, 1979~1985년에는 총 1,201건, 약 52%, 1986~1992년에는 총 2,110건으로 약 47%를 점하고 있다. 2000년대 들어 대일본 기술도입은 현저히 감소했으나, 2013년 여전히 미국(약 75억 달러, 63%)에 이어 두 번째로 높은 비중(약 9억 달러, 8%)을 차지하고 있다.[10]

10 / 미래창조과학부(2015)
「2013년 기술무역통계」.

일본의 한국에 대한 기술이전의 특징은 시대별로 다른 패턴을 보이고 있다는 점이다. 1965년 한일 국교정상화 이후 1970년대까지는 양국간 기술격차가 너무 컸기 때문에 오늘날과 같이 특정부분에서 한국이 일본의 기술력을 추월하는 등의 상황이 발생할 것이라고는 상상할 수 없었다. 그렇기에 일본 정부 및 기업의 입장에서는 기술이전에 대한 긴장감은 그다지 크지 않았다. 이에 한국으로의 상품 수출 및 현지생산 과정에서 기업과 기술자 등에 의해 설계도가 누설(漏洩)되거나 기술적 노하우 등이 양도되는 형태로 기술이전이 이루어졌다. 물론 대상산업은 경공업과 중화학공업 중심의 자본재산업이었으며, 이를 토대로 한국경제는 중화학공업의 발전에 따른 산업고도화를 전개할 수 있었다.

1980~1990년대는 두 차례의 석유파동과 플라자합의에 따른 엔화의 평가절상 등으로 일본경제가 새로운 국면에 직면하는 시기였다. 일본기업은 생산비용 절감이 절실했으며, 이는 해외투자를 통한 현지생

산 확대로 이어졌다. 현지생산 대상국가는 이웃나라이며 사고(思考)와 사회구조가 유사한 한국, 오랜세월 동안 유대관계를 맺고 있던 대만이었다. 일본기업은 주로 OEM방식에 의한 위탁생산에 비중을 두었기에, 일본인 기술자의 정기적인 현지방문을 통한 기술지도 및 제조과정 관리 등이 불가피하였다. 이에 따라 일본의 한국에 대한 기술이전은 자연스럽게 증가했으며, 오늘날 크게 감소했다고는 하지만 여전히 유지되고 있는 패턴이다. 또한 이 시기에는 한일 기업간에 기술공여와 기술거래가 활성화되면서 합법적인 기술이전이 촉진되었다.

2000년대 이후에는 한국의 기술적 캐치업에 대해 일본의 위기의식이 고조되는 가운데, 한국기업은 일본기업의 강력한 경쟁상대로 대두된다. 그렇기에 일본 정부는 물론 일본기업은 한국에 대한 기술이전에 신중을 기하게 되었으며, 역으로 우리나라는 더 이상 기존의 패턴으로는 일본의 선진 기술을 확보할 수 없게 된다. 그래서 우리나라가 선택한 것은 선진국 기업과의 기술제휴, 일본기업의 M&A 및 합병사업 등을 적극 전개함으로써 일본의 첨단기술을 도입하는 것이었다.[11] 물론 이 과정에서 일본의 고숙련 기술자의 초빙 또는 채용 및 우리 기술자의 일본 현지 연수 등을 통한 간접적 기술이전 패턴도 이루어졌다. 특히 2000년대 들어 본격화된 우리나라의 일본 퇴직기술자의 초청 기술지도 사업은 일본의 대한국 기술이전 견제를 극복하기 위한 방안으로 전개되고 있으며, 이를 통해 우리 기업은 생산기술 향상과 현장관리 시스템의 선진화 등 기대 이상의 성과를 거두고 있다고 할 수 있다.[12]

이상과 같은 일본의 대한국 기술이전 패턴과 시대적 변화는, 이른바 한국경제의 고도성장과 오늘날의 발전 과정에서 일본경제가 한국경제의 외부경제로서 역할을 해 왔음을 방증한다고 할 수 있다. 다시 말하면 우리나라는 특정 산업의 기술력 향상을 통한 국내 대체화 초기단계에서 국내에서 생산 가능한 부분 외에는 상당부분을 일본에서 도입하는, 예컨대 일본경제를 외부경제로 활용하는 방식을 채택하였기 때문에, 한국의 수출 증대와 경제발전 과정에서 대일본 수입 증대와 무역 불균형을 심화시키는 일방향적 의존관계가 정착된 것이다.[13]

11 / 加峯隆義(2011)와 이홍배(2011) 참고.

12 / 이홍배 외(2014a) 참고.

13 / 이종윤(2014) 참고.

그리고 이러한 한일간 수입의존도 심화와 무역불균형 현상은 양국 간 경제관계를 비롯한 정치·사회·문화 등 모든 방면에 걸쳐 초미의 관심사항으로 자리매김하면서, 오히려 상호 경제협력의 긴밀화와 지속 가능한 동반성장 패러다임 구축에 부정적 영향을 미치고 있는 것이 작금의 현실이다.[14]

14/ 이홍배 외(2009a) 참고.

[표 3] 시대별 일본의 대한국 기술이전 패턴 변화

	1960~1970년대	1980~1990년대	2000년대 이후
기술이전 유형	• 설계도 누설 • 기술적 노하우 양도 • 수입품 분해·분석에 따른 지식이전	• OEM 위탁생산 • 해외투자·생산 확대 • 기술지도·제조관리 • 기술공여·기술거래	• 전략적 기술제휴 • M&A·합병사업 • 고숙련 기술자 채용 • 일본연수·교류 확대
기술이전 대상산업	• 경공업·중화학공업 관련 자본재산업	• 전기·전자, 화학, 금속, 기계 등 소재부품 중심의 자본재산업	• 소재부품산업 • 신재생에너지 • 반도체 등 첨단산업

자료: 이홍배(2011) 「한일 부품소재산업의 협력 확대를 위한 새로운 패러다임 고찰」과 加峯隆義(2011) 「日本から韓国への技術移転の経緯」를 토대로 필자 작성.

2) 상호 기술협력에 대한 인식과 환경 변화

그러한 이유에서인가, 그동안 한일간 산업기술 관련 협력은 양국 정부에 의해 국가 및 연구기관 또는 대학 등 공식적인 채널을 통해 전개되어 왔음에도 불구하고, 성과는 미미한 수준에 머물러 있다. 그 배경에는 물론 일본측의 신중하고 소극적인 태도에 따른 요인이 크게 작용하고 있다는 지적이 일반적이지만, 한편으로는 우리 정부 및 기업의 일본에 대한 무지(無知)와 이에 따른 무모한 계획 수립 및 실행 등에서 비롯된 측면도 배제할 수 없을 것이다. 특히 일본의 지나친 경계와 자신들의 영역을 고수하겠다는 태도는 양국간 산업기술 협력에 큰 걸림돌로 작용하고 있으며, 한국이 과거사에 대한 보상심리를 내세워 일본이 양보해야 한다고 일방적으로 요구하고 있는 것 역시 협력의 목적과 효과를 저버리는 요인으로 작용했을 것이다.

특히 무엇보다도 1990년대 초 거품경제 붕괴로 야기된 일본경제의 지속되는 장기정체 상황은, 일본 내 정부의 정책담당자는 물론 기업 및 소비자(국민)들의 협력에 대한 사고와 인식을 변화시키기에 충분하였다. 이른바 신뢰를 바탕으로 하는 일본만의 독특한 협력에 대한 원칙의 근간은 유지하되, 자율성과 유연성이 추가된 형태로 협력에 대한 사고와 인식이 싹트기 시작했으며, 이러한 변화는 일본의 교육, 문화, 관습 및 사회적 현상 등에 속속히 녹아들고 있다고 하겠다.

다시 말하면 그동안 일본이 자랑해 온 유일한 자존심인 '풀세트 산업구조 하에서의 내수 위주 선순환 경기구조', '신제품 출시=국내소비자 구매', '기업의 이익=국내 소비자후생 확대' 라는 전형적인 일본적 경제 구조에 심각한 균열이 생긴 것이다. 1997년 이후 발생한 일본경제 역사상 유래 없는 금융기관의 도미노 파산, 정부·기업·소비자 등 경제 주체자의 총체적 부실, 이에 따른 대대적인 일본열도 구조개혁 단행 등의 쓰라린 경험과 고통이 수반된 험난한 여정은 일본만의 독특한 색깔을 몇 겹이나 벗어던지는 결과를 낳았다.

역설적이지만 약 20여년에 걸친 일본경제의 장기둔화는 그동안 고착화되어 있던 일본적 사고와 당연하게 여겨져 왔던 일본적 관습의 굴레에서 탈피하는 결과를 가져온 것이다. 일례로, 일본 제품만을 최고로 여기던 일본 소비자들은 더 이상 품질이 좋다는 이유만으로 가격이 비싼 일본제품을 구매하지 않는다. 아니 구매할 수 없는 상황에 직면해 있다고 하는 것이 올바른 해석일 것이다. 이제는 어느 정도 품질이 보장된다면 가격이 저렴한 제품을 구매하는 것이 일본 소비자들의 새로운 소비패턴으로 정착되고 있다. 이에 따라 내수경기에만 의존하던 일본기업, 특히 일본의 중소기업들은 너도나도 서둘러 해외시장을 개척할 수밖에 없었고, 경험이 없는 이들 기업들은 급기야 파산 또는 인수·합병되는 최악의 시나리오를 맞이하게 되었다.

그런데 더 큰 문제는 이러한 상황이 일본 내에서 아직도 현재진행형으로 계속 발생하고 있다는 것이다. 이와 같은 일본의 총체적 위기국면은 정부의 정책담당자뿐 아니라 기업의 실무자들에게 그동안 안이한 우물안 개구리식 정책추진과 사업전개에 대한 경종을 울렸으며, 마침내 정부와 기업들은 앞을 다투어 새로운 상황에 부합하는 제도 및 정책 수립, 경영전략 수립, 해외진출 촉진책 강구, 제3의 일본 탄생을 위한 산업 및 과학기술 활성화 방안 마련 등에 모든 역량을 총집결시키면서 산고(産苦)의 고통을 반복하고 있다고 하겠다.

단적인 예로, 일본은 1990년대 후반 장기불황 속에서 새로운 국가 발전의 성장동력의 하나로 자국 산업 및 기술경쟁력의 원천인 제조업의 지속적이고 차별화된 발전을 모색하기 위해 "모노즈쿠리"정책을 전면에 내세워 새로운 성장동력으로 활용하고자 노력하고 있다.[15] 그런데 최근 들어 이러한 모노즈쿠리 정책 추진에 대해 학계 및 산업계 등에서 국제적·시대적 환경 변화에 부합하는 새로운 관점과 시각의 필요성이 제기되고 있어 귀추가 주목되고 있다. 이른바 이제부터의 모노즈쿠리는 새로운 교육, 문화, 산업 및 기업 환경, 그리고 급변하는 세계정세 등에 부합해야 하며, 이를 위해서는 과거의 '어떻게 만들 것인가'에서 벗어나 '무엇을 만들 것인가'를 더 많이 고민해야 한다는 지적이다. 이는 지금까지 일본의 제조업은 '어떻게 만들 것인가'에 중점을 두고 성장해 왔지만, 앞으로는 '무엇을 만들 것인가'에 관심을 기울여야 한다는 뜻으로 해석된다.[16]

그리고 이러한 일본의 변화는, 일본이 계속 경제대국으로서 국제적 위상과 영향력을 확보하기 위해서는 자신들의 제조업과 관련 기술력에 크게 의존하고 있는 아시아 지역을 중심으로 성장동력을 발굴하겠다는 뜻으로 볼 수 있으며, 정책의 근간이 과거 공업강국으로 성장하기 위해 펼쳤던 "탈아론(脫亞論)"에서 "입아론(入亞論)"으로 전환되고 있음을 말해준다. 일본이 아시아적 가치와 아시아의 중요성을 인식하기까지는 약 200년 이상의 세월이 걸린 것이다.

이에 따라 일본정부는 일본기업(특히 중소기업)을 대상으로 "글로벌화"를 적극 추진하도록 다양하고 대대적인 정책적 지원을 전개하고 있으며, 동시에 해외기업의 일본진입 장벽을 낮추고 있다. 최근 10여년 동안 일본 제조기업의 글로벌 아웃소싱은 큰 폭으로 증가하고 있으며, 해외기업의 일본기업 M&A 등도 대폭 확대되는 추세이다. 특히 일본 제조기업의 글로벌 아웃소싱 중 중국, 한국, 대만, ASEAN 등 아시아국가들의 비중이 압도적으로 높은 상태이다.[17]

15/ 일본은 1990년대 극심한 경기정체를 극복할 수 있는 것은 바로 제조업밖에 없다는 인식이 확산되면서, 1999년 '모노즈쿠리기반기술진흥기본법' 제정을 통해 국가의 핵심산업인 제조업을 근간으로 국가발전을 달성한다는 정책을 전개하고 있다. 모노즈쿠리 정책의 핵심은 인재(기술자) 육성을 통한 기존 기술계승 촉진, 제조업 비중 강화, 국제 브랜드화를 통한 국제화 추진 등이다. 한일산업기술협력재단(2011) 참고.

16/ 모노즈쿠리는 '장인정신', '혼이 담긴' 등의 뜻을 가지고 있기에, 일본의 교육, 문화, 관습, 사고 등의 가장 기본적인 정신을 표현하는 대표적인 용어라고 할 수 있다. 이형오 외(2009) 참고.

17/ 2009년 일본 중소기업청 자료에 의하면 일본기업의 글로벌 아웃소싱은 전산업대비 5.5%에 달하고 있으며, 특히 2007년 27%에서 2008년 41%의 증가세를 나타내고 있다. 이홍배(2014b) 참고.

이러한 현상은 과거에는 상상도 못하는 일이었으나, 지금은 보편화된 경제·사회적 현상으로 받아들여지고 있는 것이 일본의 협력에 대한 사고의 변화를 방증하고 있는 것이다. 일본 스스로도 이제 혼자 모든 것을 해결하는 시대는 끝났음을 인식하고 있다. 그래서인지 자신들의 가장 핵심무기인 산업기술력을 활용하기 위해서는 중국, ASEAN, 인도 등 신흥국시장이 더욱 중요해 졌음을 인식하기에 이르렀다. 그리고 이러한 신흥국시장 개척의 성공사례는 우리나라의 경험이 가장 모범답안으로 평가되고 있기에, 일본으로서도 벤치마킹할 수밖에 없는 상황인 것이다.

4. 대일본 무역불균형 구조 변화와 협력 확대방안

1) 대일본 기술격차 축소 가시화

더욱이 한일간 기술력 차이를 대변하는 한국 소재부품산업의 대일본 수입의존도 변화를 살펴보면, 2011년 이후 현저히 감소하고 있음을 알 수 있다. 양국간 수입의존도의 변화는 곧 기술력 차이의 변화를 의미하고 있어, 우리나라의 대일본 기술력 격차가 줄어들고 있음을 나타낸다. 우리나라의 대일본 수입의존도는 1985년에는 23%대 수준이었으나 1990년 13%대로 감소한 후, 2000년대에는 11%대로 축소되었으며, 2010년에는 9%대로 꾸준히 개선되는 추이를 보이고 있다. 동 분석에 의하면 한일 양국간 기술격차는 약 25년 동안 2.5배 이상 축소되고 있다. 품목별로는 전기·전자부품의 대일본 기술격차가 가장 크게 개선되고 있으며, 이어서 일반기계부품, 금속 및 수송기계부품 순으로 의존도 감소가 현저하다. 반면 일본 소재부품산업의 대한국 수입의존도는 동기간 약 2배 증가하였다. 1985년 0.7% 수준에 불과했지만 2010년에는 1.4%로 크게 상승하고 있음을 알 수 있다(표 4] 참조).[18]

[표 4]의 분석결과는 정량적 실증분석에 따른 양국간 기술격차의 수준 변화를 제시하고 있지만, 분석에 도입된 국제산업연관표는 한일

18 / 이홍배(2014c) 참고.

19/ 국제산업연관표는 한국을 비롯한 미국, 일본, 중국 및 ASEAN 6개국을 포함한 10개국으로 구성되어 있으며, 약 5년의 시차를 두고 일본 JETRO·IDE에 의해 발표되고 있다. 가장 최신 통계는 2013년 발표된 2005년 국제산업 연관표이며, 2010년 한일 국제산업연관표는 금번 분석을 위해 2005년 국제산업연관표를 연장 추계하여 도입하고 있다. 이홍배 외(2002) 참고.

간 거래되는 모든 산업의 연관관계를 체계적이고 일목요연하게 나타내고 있어, 국제적으로 상호 의존구조를 분석하는 데 많이 사용되고 있는 신뢰도 높은 통계이다.[19] 그리고 분석에 응용된 투입계수[20]와 레온티에프 역행렬계수[21] 또한 양국간 상호 기술의존관계를 파악하는 데 매우 유용한 방법으로 인정받고 있어, 최근의 한일간 기술수준의 변화를 여실히 반영하고 있다고 할 수 있다.

[표 4] 한일 소재부품산업의 상호 수입의존도 변화

(단위: %)

구 분	한 국					일 본				
	1985	1995	2000	2005	2010	1985	1995	2000	2005	2010
소재부품	23.3	12.6	11.9	11.0	9.4	0.7	1.0	1.2	1.2	1.4

주: 한일간 소재부품산업의 기술력 수준을 반영한 상대국에 대한 수입의존도.
자료: JETRO · IDE 『Asian International Input-Output Table 2005, 2000, 1995, 1985』 IDE Statistical Data Series 및 이홍배(2014d) 「2010년 한일 국제산업연관표」.

20/ 투입계수는 기술계수(Technical Coefficient)라고 하며, 산업의 생산기술구조를 나타낸다. Leontief(1953) 참고.

21/ 레온티에프 역행렬계수는 투입계수를 행렬식으로 나타낸 것으로서, 최종수요에 의해 파급되는 생산유발의 직·간접적 연관관계를 보여준다. 이른바 국가 및 지역의 생산기술구조 및 상호 의존관계를 분석하는데 널리 도입되고 있다. 특정 국가 또는 산업의 생산기술구조에 대해서는 Chenery and Watanabe(1958) 및 이홍배(2014c) 참고.

품목별로 보면, 지난 25년 동안 우리나라 소재부품의 대일본 수입의존도는 모든 품목에서 지속적으로 낮아지고 있다. 소재분야의 경우 부품에 비하여 대일본 수입의존도는 상대적으로 낮은 수준이며, 동 기간 특히 섬유 및 화학제품의 대일본 의존도 감소 폭이 크게 나타났다. 전체 소재부품에서는 전기·전자부품의 대일본 수입의존도가 가장 큰 폭으로 하락하였으며, 이어서 일반기계부품, 금속제품 및 수송기계부품 순으로 의존도 감소세가 현저하다.

반면 일본 소재부품의 대한국 수입의존도는 지난 25년간 꾸준히 상승하고 있으며, 특히 금속제품, 일반기계부품 및 전기·전자부품의 대한국 수입의존도는 비교적 큰 폭 상승하였다. 소재분야의 대한국 수입의존도는 동 기간 큰 변화없이 유지되고 있는데, 이는 일본의 부품이 소재에 비하여 상대적으로 한국에 크게 의존하는 구조로 변화하고 있음을 나타내며, 아울러 일본 소재부품 생산(수요)증가와 한국의 대일본 수출 증가 사이의 연관성이 매우 높아졌음을 의미한다. 즉 과거와 달리, 일본 소재부품의 생산 증가가 한국으로부터의 수입 증가를 유발하는 구조적 연관관계가 심화되고 있다고 하겠다.

이는 곧 우리나라 소재부품의 기존 대일본 가격경쟁력뿐 아니라 기술경쟁력까지 지속적으로 향상되고 있음을 의미하므로, 한일간 기술적 의존관계는 과거 일방적인 한국의 대일본 기술 의존구조에서 쌍방향적인 의존구조로 전환되고 있음을 보여주고 있다. 그리고 이러한 구조적 변화는 양국간 경제협력의 걸림돌로 작용하고 있는 무역불균형 개선에 크게 기여하고 있어, 역설적이지만 오히려 양국 정부 및 기업간 경제협력의 긴밀화 노력에 새로운 지렛대 역할을 수행하는데 큰 도움이 될 것으로 기대된다.

다만 한가지 주목해야 하는 것은, 우리나라 소재부품산업의 대일본 수입의존도, 이른바 기술격차는 일본의 그것에 비하여 상대적으로 약 6배 이상 높은 수준이므로, 양국간 교역규모 확대 및 대세계 수출 증대가 한국의 대일본 무역불균형을 유발하는 구조적 문제는 여전히 존재한다는 점이다.

[표 5] 한일 소재부품산업의 품목별 상호 수입의존도 변화   (단위: %)

	한 국					일 본				
	1985	1995	2000	2005	2010	1985	1995	2000	2005	2010
섬유제품	12.5	7.3	5.7	5.1	4.4	1.6	1.3	1.3	1.2	0.9
화합물·화학제품	10.6	9.6	6.6	5.8	4.6	0.6	0.7	1.2	1.0	0.8
비금속광물제품	5.3	5.7	4.9	4.5	3.9	0.6	0.3	0.6	0.5	0.5
금속제품	12.4	9.6	13.7	13.2	12.2	1.5	1.4	1.3	1.4	1.7
일반기계부품	20.4	14.8	13.4	13.0	12.6	0.7	0.6	0.9	1.2	1.8
전기·전자부품	30.3	23.2	21.0	16.8	11.7	1.0	1.7	2.0	1.7	1.8
수송기계부품	19.9	16.8	13.6	12.8	12.0	0.6	0.6	0.8	1.0	1.4
정밀기기부품	27.8	13.6	16.1	16.5	17.0	0.7	1.0	1.3	1.4	1.6

자료: [표 4] 동일.

2) 대일본 소재부품의 협력 확대방안

상술한 한국 소재부품산업의 대일본 기술격차 축소 및 이에 따른 대일 무역불균형 구조 변화가 현저한 현 상황을 고려하면, 한국의 대일본 협력 촉진방향은 지금까지의 단속적이고 획일적인 정책지원에서 과

감히 탈피해야 할 것으로 판단된다. 이른바 보다 중장기에 걸친 강력한 제도적 지원을 통해 기업 스스로가 자체 기술개발에 모든 역량을 투입하고, 이를 통해 경쟁력을 향상시킬 수 있는 기반 및 환경 조성에 중점을 둔 지원체제 구축과 함께 이를 활용한 대일 협력 확대를 위한 세부 방안 마련이 시급한 과제라고 할 수 있다.

이하에서는 국내 소재부품산업의 대일본 협력 확대방안과 세부 실천방향에 대해 제시하고 있다.

(1) 한일 소재부품산업 클러스터간 연계협력 방안

한일 양국을 둘러싼 작금의 세계경제 환경 변화는 한일간 소재부품산업의 협력의 틀이 한국의 대일 무역역조 해소에 초점을 둔 기존의 일방적인 협력형태에서 일본과 협력을 통해 상호 이익을 창출해야 하는 협력형태로 전환되어야 함을 지적하고 있다. 이는 곧 한일간 부품소재산업이 모듈화 대응, 신재생에너지, 소재공동개발 등 양국의 공동 수요에 부합하는 분야에 대해 클러스터 활동을 통한 연계협력체계를 구축해야 하는 과제를 안고 있다고 하겠다.[22]

22 / 구체적인 내용은 이덕근(2009) 참조.

따라서 지금까지의 단순한 판로개척 위주의 시장접근방식에서 탈피하여 '상호 이익을 창출하고 공유할 수 있는' 공동전략 로드맵 마련을 통해 한국의 우수한 부품소재기업과 일본의 세트메이커와의 전략적 연계협력을 적극 모색하는 방안 구축이 요구되는 시점이다. 이 방안으로 '기술 개발 - 제조·생산 - 공급·조달 - 시장 유통'의 산업활동 전 단계에 걸쳐 한국 부품소재기업의 경쟁력 제고 및 효과적인 일본산업과의 연결고리를 확보하는 효과를 기대할 수 있을 것이다.

이를 위해서는 우선적으로 한일 클러스터 간 연계협력을 통한 공동개발, 협업생산, 수급구조형성 등 교류협력 체제의 구축이 필요하다. 그리고 핵심 소재부품기술에 대한 '전수'와 '학습'을 동시에 추진하기 위해 그간 추진되었던 개인-개인, 기관-기관 방식에서 전환하여 클러스터-클러스터간 참여와 연계협력을 추진하는 것을 고려할 수 있을 것이다. 일례로 디지털설계·생산방식에 대한 공동추진은 일본의 '모노즈쿠리

기술'과 한국의 IT기반기술이 결합되는 상생협력의 기회가 될 수 있다고 전문가들은 판단하고 있다.

또한 공동협력 네트워크에의 참여를 통한 새로운 형태의 교류협력을 모색해야 할 것이다. 그동안 추진되었던 개별기업 차원, 또는 기관간 협력의 산출물 형태로 도출되는 기술이전의 한계를 극복하고 인적교류와 양국의 특징적 장단점을 감안하면 클러스터 활동에의 참여를 통한 인재교류와 기술이전이 상호보완 될 것으로 기대된다.

물론 한일간에는 연계협력사업이 점진적으로 추진되고 있다. 일례로 이시카와현과 대구시가 디지털콘텐츠분야(2003~2005년)에서, 나가사키현과 대전시가 정보관련산업(2002~2003년)에서 전개한 바 있다. 그리고 최근 일본 오이타현은 한국의 파주시 클러스터 등과 디스플레이, 반도체분야에 대한 교류협력을 제의한 상태이며, 관련 업계는 이에 대해 구체적인 협력방안을 검토하고 있는 중이다. 더욱이 한국에는 반월시화(부품소재), 창원(첨단기계), 광주(광산업), 오창(바이오) 등 정부가 지정한 클러스터가 운영되고 있어, 향후 한일 클러스터간 연계협력 확대 가능성은 크다고 할 수 있다.

한편 이를 실현 가능한 방안으로 추진하기 위한 실천방향으로는, 첫째, 공동연구 강화를 통해 클러스터차원의 연구기술자 참여와 협력을 강화해야 하며,[23] 둘째, 기술자 교류를 활성화하고 이를 통한 기술학습의 기회를 확대하며, 양국이 필요로 하는 비즈니스와 기술에 대한 정보를 원활하게 교환하는 시스템을 구축해야 한다. 셋째, 양국간 R&D 공동연구를 위해 클러스터 공간에 상호 필요한 공동연구 Lab(연구장비 공동이용 등 협약)을 설치·운영하며, 넷째, 대규모 연구시설 및 장비의 구입비용과 기술적 위험 분산을 위해 대형·고가의 연구시설 및 장비(예; 입자가속기, 핵융합실험로 등)를 공동으로 활용하는 방안을 강구하는 것을 적극 고려해야 한다. 그리고 마지막으로 기술수요와 사업수요를 상호 연계하는 데이터베이스를 구축·운영하여 클러스터 참여기업에 대해 신사업 창출을 공동으로 지원하는 시스템을 구축하는 것이 검토되어야 할 것이다.

23 / 그동안 개별적 접촉이나 초청에 의해 추진되던 교류협력은 실질적 연계점을 확보하는 데는 미흡했다는 평가가 일반적이다. 따라서 기술전문가 그룹인 '클러스터'에 상시 참여함으로서 사람(人)과 기술(技)의 연계점을 찾고 효율적 협동연구가 가능하도록 하는 방안 모색이 중요하다.

(2) 한일 부품공용화를 위한 표준화 추진 방안

두 번째 세부방안인 한일 부품공용화를 위한 표준화 추진 방안은 한일 양국기업의 세계시장에 대한 진출환경을 개선한다는 측면을 고려하고 있다. 다시 말하면 한일 양국은 소재부품산업의 국제시장선점 및 가격경쟁력 향상을 위한 한일간의 부품 표준화 및 공용화에 대한 협력 강화가 필요하며, 이를 위해서는 단계별로 협력방안을 협의할 수 있는 체제 구축이 시급한 실정이다.

최근 세계 주요국들에서는 자국의 표준과 규격을 국제표준인 ISO 에 부합시키거나 협상을 통해 지역간에 공통규격화 하는 현상이 일반화되는 추세이다. 특히, 일본이 ISO 활동에 적극 참여하여 JIS 규격의 세계화에 상당한 성과를 거두고 있음은 주지의 사실이다.

이에 따라 KS와 JIS가 공동 표준화될 경우 한국 규격이 자연스럽게 세계화되는 효과를 기대할 수 있을 것으로 예상된다. 한일간 공동표준 제정의 시범분야로서는 철강제품을 선정하여 추진하는 것을 고려할 수 있다. 더욱이 ISO, IEC 등의 국제표준관련법은 EU 및 미국이 대부분을 장악하여 이를 무역장벽으로 이용하고 있음을 감안하면 한일간 대응책 마련이 더욱 긴요한 시점이다.[24] 일본 역시 기술의 국제 전개를 위해 표준화 전략을 강화해 나갈 필요가 있음을 인식하고 있다는 점은 양국간 관련 협의체 구성 등에 있어 매우 고무적인 현상이라고 할 수 있다.

구체적인 세부방안에 대한 실천방향으로는, 우선 양국간 관련 DB 구축, 한일 소재부품산업별 규격 조사 및 비교 등을 통한 공용화 및 표준화 가능성 등을 검토할 수 있는 위원회 구성이 요구된다. 이를 통해 한일 공용화 대상품목에 대한 수요조사 및 공용화 공통품목을 발굴하는 노력이 필요하다.[25]

더욱이 한일간 표준화 대상 품목, 표준화 기준, 신뢰성 평가기준 등을 설정하여, 표준화 대상품목 선정결과, 표준화 시행 우선순위 등을 고려한 '표준화 기술로드맵'의 작성과 함께, 상시 추진기구로서의 협력 네트워크를 구축하는 것을 검토해야 할 것이다.

이와 같이 한일 소재부품산업간 공용화 및 표준화 협력 및 추진은

24 / PASC(태평양 지역표준화 협의회)는 규모가 너무 방대하여 협의체로서 역할을 못하고 있고 시의성과 신속성이 매우 부족하므로, 한일간의 협의체 구성을 통한 공동대응의 필요성이 증대되고 있다.

25 / 한일간 위원회 설치를 통해 소재 및 부품(공작기계, 자동차, 금형), 유닛부품 등에 대해 한일 관련단체에 협조를 요청하며, 해당품목의 규격, 가격, 수요량 조사를 전개한다.

무엇보다도 EU, 미국 등에 대한 경쟁력을 강화하고, 중국 등에 대한 시장 선도 지배력을 유지하는데 긍정적 영향을 미칠 것으로 기대된다.

(3) 한일 기업간 M&A 활성화 방안

한편 한일 기업간 M&A 활성화 방안은 그동안 한일 경제협력관계 발전에 걸림돌로 지적되어 온 양국 기업의 상호 투자 확대를 도모한다는 차원에서 매우 중요한 과제라고 할 수 있다. 특히 한국 기업이 재무구조가 건전하고 높은 수준의 기술력을 보유하고 있으나 숙련기술자의 퇴직 및 후계자 부족 문제 등으로 인해 사업승계에 어려움을 겪고 있는 일본 중소기업과 M&A를 할 수 있도록 촉진하는 체계적인 시스템 구축이 핵심이다.

일본은 중소기업의 사업승계 문제가 주요한 사회불안 요인으로 대두되고 있다. 연간 29만사가 폐업하는데 이 중 후계자 부재를 이유로 폐업하는 기업이 7만사에 달하고 있는 것으로 집계되고 있으며, 특히 재무구조가 건전하고 높은 기술력을 보유하고 있음에도 불구하고 후계자 부재로 폐업하는 실정이 끊이지 않고 있다. 더욱이 자본금 1천만엔 미만 중소기업 사장의 평균연령이 1982년 52세 1개월에서 2006년 57세 11개월로 급속한 고령화 추세를 보이고 있는 것도 사회적 불안을 가중시키는 요인 중 하나이다.[26]

물론 일본 내 M&A에 대한 배타적인 정서와 인식에 큰 변화가 일어나지 않는 한 상당한 어려움이 예상되지만, 장기간 경기정체 상황에 직면해 있는 일본경제와 이에 따른 기업의 수익개선 지연 등을 고려하면, 현 시점이 한일 양국간 M&A 활성화를 통한 상호 투자증대에 매우 적절한 시기라고 판단된다.[27] 더욱이 최근 들어 일본 정부가 과거와 달리 기업간 M&A 관련 법제도의 완화 등을 통해, 보다 적극적으로 일본 내 기업간 또는 해외기업의 일본기업 M&A 촉진을 통한 경제활성화 등을 도모하고 있는 점은 매우 고무적인 환경변화라고 할 수 있다.[28]

이에 따라 한일 양국간 M&A 활성화를 위한 우호적인 분위기 조성과 논의를 위한 민간 기업 차원에서의 한일 M&A 연구회 결성, 공동편

26 / 중소기업백서 (2005년)에 의하면 전국 중소기업 약 470만사 중 90만사가 후계자부족에 직면하고 있으며, 오사카 상공회의소 조사에 의하면 기업 양도의 이유가 후계자 부재(62.2%), 업적 부진(13.4%), 다른 사업전개 (12.2%), 기타(4.2%) 등으로 나타났다. 구체적인 내용은 김종원(2009) 참조.

27 / 매도기업에 있어 자사의 매각을 계획 및 교섭하고 있는 사실이 공표되는 것은 회사의 사활문제가 될 수 있다는 인식, 그리고 M&A 계획이 알려졌을 경우, 사내의 동요, 거래 기업 및 금융기관 등에 미칠 악영향 가능성을 우려하는 정서가 고착화되어 있다.

28 / 일본 정부는 2006년 중소기업청 M&A 촉진을 위해 '사업승계 가이드 라인'을 제정하였으며, 2008년에는 '중소기업 경영승계 원활화 법'을 제정하였다.

을 위한 상담창구 설치 등에 요구되는 기본적인 정서와 인식은 점진적
이나마 개선되고 있음을 알 수 있다.[29]

29 / 최근 일본의 중소기업
경영자는 스스로 높은 매각
이익을 얻는 것 보다
기업자체의 존속, 종업원
고용의 유지를 위해 기업
매각을 결단하는 사례가
증가하고 있는 추세이다.

30 / 일본 정부는 2003년
12월 내각부
경제사회종합연구소에
학자, 실무자 등으로 구성된
M&A연구회를 설치하여
운영하고 있다. 동 연구회는
일본의 M&A 활동의 동향과
평가 등을 연구하여 M&A와
관련된 제도 정책 등에 대한
제안을 하고 있으며,
활동내용은 M&A연구회
살롱(웹사이트)을 통해
공표되어 일본의
M&A업계에 큰 영향을
미치고 있다.

따라서 최근 한일간에 확산되고 있는 기업간 M&A 촉진 분위기를
더욱 고조시키고 이를 통한 상호 투자 확대를 위해, 한일 민간차원에서
의 "한일 M&A 연구회"의 운영을 모색하는 방안을 적극 고려할 수 있을
것이다. 물론 정부차원에서 양국의 전문가가 참여하는 M&A 연구회를
통해 분위기를 조성하는데 국한되어야 한다.[30] 동 M&A 연구회는 관련
공동연구, M&A 공동펀드 조성, M&A 지원 컨설팅사업, M&A 관련 공동
연구 발표(국제세미나 개최) 등이 중점적으로 전개되어야 할 것이다.

(4) 한일 기술인력 교류 활성화 방안

또한 한국 소재부품기업이 가장 애로사항으로 지적하고 있는 것은
바로 기술 및 제품경쟁력 확보와 이를 통한 대세계 수출 확대이며, 이
를 위해 필요한 것은 세계최고의 제조 및 요소기술을 보유하고 있는 일
본 기술인력과의 교류·협력의 활성화라고 할 수 있다.

한국 소재부품기업은 최근 소재부품기술의 첨단화, 융복합화로 소
재부품기업의 기술애로를 지원하기 위한 전문 인력의 수요가 급격히
증가하고 있다. 중소 소재부품기업의 우수한 기술력을 확보하기 위해
서는 세계 최고의 제조 및 요소기술을 보유하고 있는 일본 퇴직기술자
도입의 확대 추진이 필요하다고 지적되고 있다. 물론 이에 대해 한국
정부차원에서 일본 퇴직기술자에 대한 DB 구축과 체계화된 시스템 구
축 및 운영이 추진되고는 있으나 기업의 수요와 요구를 충분히 충족시
키지는 못하는 실정이며, 일본 정부차원에서도 이러한 지원체제를 통
한 양국간 기술인력 교류 활성화에 부정적 입장을 견지하고 있어, 상당
히 미흡한 상태이다.

그럼에도 불구하고 한일 양국은 한일산업기술페어, 일본시장진출
위한 아웃소싱 상담회, 중소기업 비즈니스정보교류, 기술인재육성 및
기술연수, 차세대연구인력 일본파견 지원사업(2009년) 등을 전개하고

있으며, 국내 부품소재 제조기술의 경쟁력 제고를 위해 2008년부터 일본 단카이세대 고경력전문가, 일본 우수 퇴직기술자 유치 사업을 적극 추진하고 있다.[31]

특히 일본 우수 퇴직기술자 유치 사업은 국내 소재부품 제조기업의 기술적 애로사항 해결과 동시에 제품경쟁력 제고에 따른 신뢰도 향상 등을 통해 대세계 및 대일 수출 증대의 파급효과를 유발하고 있다.[32] 따라서 동 사업은 국내 제조기반기술의 수요 확대 시점과 일본 퇴직 연구기술 인력의 발생 시점이 상승작용하면서, 양국이 연구기술 인력분야에서 상호 원원할 수 있는 새로운 협력의 플랫폼(platform)으로 발전될 가능성을 제시해 주고 있다.

한국 기업은 일본 퇴직기술자 유치를 통해 가장 큰 애로사항이었던 기술적 문제를 해결하고 있을 뿐 아니라, 일본의 기술고문을 보유한 기업과 그 기업의 제품에 대한 대일 신뢰도 향상으로, 해당기업의 대일 수출이 크게 증대되고 있어, 일본 퇴직기술자 도입 및 교류 활성화를 반드시 필요한 사업으로 인식하고 있다.

그러나 한편으로, 일본 우수 퇴직기술자 유치 사업은 대내적으로 지원분야의 세분화, 연구기술인력의 수급 안정화 및 D/B 확충, 사업의 홍보 극대화 및 지원규모의 확충, 대외적으로(일본측)는 기술유출 인식 심화와 견제로 인한 소극적 협력자세, 일본 내 홍보 미흡과 지원체제 미비 등의 문제점과 과제를 안고 있다.[33]

특히 일본측 요인 중 정년퇴직한 숙련기술자 부재에 따른 인적자원, 기업경영 및 기술경쟁력 약화와 이로 인한 산업 고도화 지연에 대한 우려가 가장 심각하며, 이는 곧 일본 정부 및 산업·기업계의 "연구기술인력 교류·협력=기술유출=일본 이익 축소"라는 중상주의적 사고와 인식의 팽배로 나타나고 있어, 양국간 사업의 확대 및 발전에 걸림돌로 작용하고 있다.

또한 일본 제조기업의 해외아웃소싱 확대에 따른 인재이동 및 정보누출 증가→기술유출→제품경쟁력 약화→기업경영 리스크 증대 등의 부작용에 대한 우려가 고조되고 있으므로, 이에 대한 해결책 강구도 모

31 / 한일산업기술협력 재단은 한일간 기술자 연수프로그램으로 2008년 58명(초급, 중급), 2008년 동 재단 내 일본기업연구센터는 일본 퇴직기술 전문가 150명에 대한 DB를 구축하고 있으며, 일본 우수 퇴직기술자 유치 사업은 1차년도(2008년) 12개사, 2009년 20개사가 추진 중에 있다.

32 / 정태적 효과는 신기술·신제품 개발로 생산비용 절감, 수주확대 및 수출증대, 매출액 증가 등의 효과 가시화 등이 있으며, 동태적 효과로는 생산 및 경영환경 개선, 정보수집 및 확보 용이, 관련 인적·물적 네트워크 구축·확대 등 다양한 형태의 성과를 나타내고 있다.

33 / 상세한 내용은 이홍배(2009b) 참조.

34 / 2009년 일본 중소기업청 자료에 의하면 일본기업의 해외아웃소싱은 전산업 대비 5.5%에 달하고 있으며, 특히 2007년 27%에서 2008년 41%의 증가세를 나타내고 있다.

35 / 제조관련 아웃소싱은 제조 하청품, 부품, 원재료, 금형 및 최종가공 등을 의미한다.

색되어야 할 것이다.[34] 더욱이 해외아웃소싱 관련 제조업 비중이 매우 높은데, 2004년 5%대에서 2008년 10%대까지 상승한 상태이다. 아웃소싱 관련 업종 유형을 살펴보면, 제조관련이 83%를 점하고 있으며 이어서 서비스관련 업종이 10%, 연구개발관련 업종이 4%에 달한다. 그리고 국가·지역별로는 중국이 46%로 단연 높은 비중을 보이고 있으며, 이어서 ASEAN 19%, 아시아 10%, 구미지역 7% 수준을 보이고 있다.[35]

따라서 원활하고 체계적인 한일 기술인력 교류 활성화 추진을 위해서는, 첫째, '한일 연구기술인력 종합 POOL 시스템'을 구축하여 운영하는 것이 바람직하다고 판단된다. 이를 통해 현재 추진 중인 양국간 연구자 및 기술자 교류사업은, 상호 전문인력에 대한 정보 부족과 충분한 DB 부재로 인한 교류 확대의 한계성을 극복하는데 역점을 두어야 할 것이다.

둘째, '일본 기술인력 교류사업의 홍보 및 정보교환 시스템 강화'를 통해, 양국 기업간 연구기술인력 교류 성공사례에 대한 대대적이고 체계적인 홍보를 전개하며, 이러한 결과를 한일간 경제협력 발전에 지렛대로 활용할 수 있도록 시스템화하려는 노력이 요구된다. 또한 기술인력간 다양한 분야에서의 간담회 및 교류회의 정례화는 상호 이해 증진과 인식의 공유를 유발하여 협력관계 발전에 기여할 것이다.

4. 결론 및 시사점

본고는 한국 소재부품산업의 대일 협력 확대방안을 고찰하는데 중점을 두었으며, 이를 위해 한일간 소재부품산업의 기술협력 패턴 및 특징을 비롯하여 상호 기술격차 수준과 이에 따른 무역불균형 구조 변화, 양국간 협력 확대의 필요성에 대한 인식과 환경 변화 등을 정량·정성적으로 실증분석하였다. 그리고 이를 토대로 보다 체계적이고 중장기적인 관점에서 새로운 협력 확대방안을 고찰하고자 하였다.

과거 50년간 한일간 기술협력은 많은 시행착오와 과제를 극복하면서 양국 경제는 물론 기업에게 상당한 이익을 가져다주었으며, 이를 통해 국제사회에서 상호 위상 제고와 영향력 향상을 도모해 왔다고 할 수 있다. 이는 곧 한일 양국이 상대국에 대한 외부경제로서의 역할과 책임을 충실히 수행했다는 의미로 해석할 수 있으며, 향후에도 지속 가능한 안정적 경제성장을 모색하는데 있어 상호 무단한 협력과 성과를 도출하는 노력이 필요하다는 것을 제시해 주고 있다.

한국을 둘러싼 작금의 세계 경제 및 무역 환경은 보호무역주의적인 색채를 강화하고 있으며, 이로 인해 특히 기술분야에서의 국가간 협력은 더욱 어려워지고 있는 것이 현실이다. 한국은 천연자원의 부족으로 해외에서 원료를 수입·가공조립하여 수출하는 산업무역구조를 바탕으로 한 수출중심의 경제성장을 추구해 왔다. 그러나 최근 중국 및 ASEAN 신흥공업국들의 급속한 기술력 향상은 한국 수출품의 국제경쟁력 약화를 유발하여 지속적인 성장전략의 위협요인으로 작용하고 있다.

이에 한국경제의 이러한 문제를 해결하고 지속가능한 성장 모멘텀을 유지·확대하기 위해서는 현재 한국 제조업이 당면하고 있는 소재부품산업의 기술력 향상이 무엇보다도 시급한 실정이다. 이를 고려하면, 한국은 세계최고의 제조 및 설계기술을 보유하고 있는 일본기업과의 협력을 더욱 강화하는 것이 중요하며, 이것의 긍적적인 효과로서 우리 기업의 기술 및 제품경쟁력 확보와 이를 통한 대세계 수출 확대 유발을 기대할 수 있다.

물론 현재의 양국간 무역구조 하에서 소재부품산업간 협력관계가 심화될 경우, 한국에 비해 핵심기술 경쟁력이 우위에 있는 일본이 더 큰 수혜를 입을 것으로 예상되며, 한국의 수출 증대로 유발되는 대일 자본재수입 비중이 그만큼 커지기 때문에, 결과적으로 대일 무역적자 문제가 근본적으로 해소되기 어려울 것임은 부정할 수 없을 것이다.

그러나 한국 소재부품기업 또한 꾸준한 기술경쟁력 제고에 힘입어 상당부분 대일 의존도를 낮추면서 상호 의존관계를 심화시키고 있는 점을 감안하면, 그만큼 한일 양국 소재부품산업간 기술협력의 필요성을 공감할 수 있는 토대는 충분히 형성되었다고 할 수 있다. 일본으로서도 계속되는 경기정체에 대한 대응책으로 최근 제조업의 근간이 되는 산업집적의 붕괴를 억제하기 위해 산업기반의 재구축 노력을 확대하고 있어, 한국과의 기술협력 가능성은 매우 높아진 상태이다.

이는 곧 향후 한국 소재부품관련 기술 및 제품의 대일시장 진출 및 수출 증대를 의미하는 것이며, 나아가 산업 및 수출구조 개선에 따른 대일 무역적자문제 해소에도 크게 기여할 것으로 기대된다.

한 가지 유의할 사항은 이러한 협력관계를 구축하고 확대하기 위해서는 소재부품관련 중소기업의 한계를 보완하는 정부의 역할이 중요하다는 것이다. 특히 소재부품산업 중심의 자본재산업 및 중소기업 육성은 일본의 수요에 가장 적합하게 대응할 수 있는 기술력과 시스템 확보 차원에서도 우선시되어야 할 핵심과제라고 할 수 있다.

특히 한국 중소 소재부품기업에는 수많은 특화기술이 산재해 있는데, 이를 하나로 집약해서 기업 및 국가 경쟁력으로 집결시킬 수 있는 범국가적 시스템화가 정비된다면, 자연적으로 일본으로서도 기술협력에 응할 수밖에 없을 것이고, 한국에 연구개발, 생산, 판매 등의 거점을 세우는 일이 될 것이다.

한국의 대일 무역적자가 200억 달러 수준에 달하는 현실을 고려하면, 한일 소재부품산업 협력 확대를 통해 산업기술 경쟁력 제고 및 경제발전 가능성을 모색한다는 논리가 어느 정도의 당위성을 가지며, 실효성이 있는가에 의문을 던질 것이다. 그러나 한국경제에 있어 일본의 존재가 어떠한 의미를 가지며, 어떠한 역할을 하는가를 생각해보면, 대일 경제협력 강화, 특히 양국 소재부품산업 및 기업간 협력 긴밀화의 중요성은 더욱 명백해진다.

아쉽게도 최근 중국경제의 부상과 신흥경제권의 비약적 성장으로 일본에 대한 관심이 떨어지고 있는 점은 부인할 수 없으나, 여전히 일본이 세계적인 기술경쟁력을 보유한 선진국으로서 한국경제, 특히 자본재산업에 미치는 영향은 매우 크다. 그렇기에 전략적 차원에서 이러한 일본의 존재를 신성장 동력 창출 및 경쟁력 강화에 적극 활용하는 것에 우선순위를 둔 대일 협력 및 정책전개가 요구되는 시점이다.

참고문헌

〈한국어 문헌 및 주요 참고 자료〉

김종원(2009)「한일 기업간 M&A 활성화 방안」, 제11회 한일 신산업무역회의, 발표자료, 한일·일한산업기술협력재단.

남장근(2009)「일본 부품소재산업의 경쟁력 요인과 시사점」, 부품소재산업 동향과 이슈, 09-5, 지식경제부.

미래창조과학부(2015)「2013년 기술무역통계」.

이덕근(2009)「한일 부품소재산업 협력 강화 방안」, 제11회 한일 신산업무역회의, 발표자료, 한일·일한산업기술협력재단.

이종윤(2014)「일본을 어떻게 볼 것인가」한국경제신문.

이형오 외(2009)「모노즈쿠리 경영학」대림인쇄출판사.

이홍배·요시모토 코지(2014a)「한일간 소재부품산업의 기술 및 인재교류 확대 방안」한일경상논집 제62권 한일경상학회.

이홍배(2014b)「일본 제조업의 산업연관구조 분석」국제학논총 제21집 계명대학교 국제학연구소.

이홍배(2014c)「한일간 중간재 의존관계와 생산파급효과 분석」일본근대학연구 제46집 한국일본근대학회.

이홍배(2014d)「2010년 한일 국제산업연관통합분류표」동의대학교.

이홍배(2011)「한일 부품소재산업의 협력 확대를 위한 새로운 패러다임 고찰」동북아경제연구 제23권 제1호 한국동북아경제학회.

이홍배외(2009a)「한일 부품소재산업의 무역불균형 요인 분석」, 한일경상논집 제45권 한일경상학회.

이홍배(2009b)「한일 연구기술인력 교류 활성화 방안」, 제11회 한일 신산업무역회의 발표자료, 한일·일한산업기술협력재단.

이홍배·岡本信廣(2002)「한중일 3국의 산업간 상호의존관계 분석: 국제산업연관모델에 의한 실증연구」정책연구 02-25 대외경제정책연구원.

한국기계산업진흥회「KOAMI Data Base」.

한국무역협회「KOTIS 무역통계」

한일산업기술협력재단(2011)「2011년 한국형 모노즈쿠리 인재육성 사업 실적보고서」.

〈일본어 문헌 및 주요 참고 자료〉

가부 다카요시 加峯隆義(2011)「日本から韓国への技術移転の経緯」韓国経済研究 Vol.10 日本九州大学.

고이케 요이치 小池洋一(2000).「経済発展と技術移転」(渡辺利夫『国際開発学II アジア地域研究の現在』), 東洋経済新報社.

윤명훈·尹明憲(2003)「韓国における科学技術政策の展開-知識基盤経済への模索-」韓国経済研究 Vol. 3 日本九州大学.

일본아시아경제연구소 日本アジア経済研究所, 2006, "Asian International Input-Output Table 2000," *IDE Statistical Data Series* No.90, March.

_____, 2001, "Asian International Input-Output Table 1995," *IDE Statistical Data Series* No.82, March.

_____, 1996, "International Input-Output Table Korea-Japan 1990," *IDE Statistical Data Series* No.71, February.

〈영어 문헌 및 주요 참고 자료〉

Chenery, H. B. and Watanabe, T. 1958. "International comparisons of the structure of production." *Econometrica*, 26, pp. 487–521.

Fukukawa Yukichi 1981. *THE AUTOBIOGRAPHY OF FUKUZAWA YUKICHI*, The Hokuseido Press.

Leontief, W. 1953. "Dynamic analysis." in *Studies in the Structure of the American Economy*, Chapter3, New York: Oxford University Press, pp. 53–90.

한일간 외교·통상 정책 50년:
대립과 협력의 프로세스
및 메커니즘

김영근 | 金暎根 Kim, Young-geun

일본 도쿄대학(東京大学)에서 석사학위와 박사학위(국제관계학 전공)를 받았다. 이후 미국 예일대학 국제지역연구센터(YCIAS) 방문연구원, 일본 아오야마가쿠인대학(靑山學院大學) 국제정치경제학부 협력연구원, 현대경제연구원 동북아연구센터 연구위원, 무역투자연구원(ITI) 무역정책연구실장, 계명대학교 국제학대학 일본학과 조교수를 역임하였다. 2011년 8월부터 고려대학교 글로벌일본연구원 부교수로 재직하고 있다. 전공분야는 일본의 외교·통상정책, 국제정치경제론이다. 최근의 주요 연구 관심사는 일본의 경제시스템의 변화 및 세계무역체제와 지역주의/자유무역협정(FTA, APEC, TPP 등)이다. 주요 업적으로는 "대재해 이후 일본 경제정책의 변용: 간토·한신아와지·동일본 대지진, 전후의 비교 분석" 김기석 엮음/김영근 외 『동일본대지진과 일본의 진로: 일본 사회의 패러다임 변화』(한울, 2013년: 공저), "미·일 통상마찰의 정치경제학: GATT/WTO체제하의 대립과 협력의 프로세스"(『일본연구논총』2007년) 등이 있으며, 역서로는 『국제적 상호의존』(논형, 2014년), 『일본 대재해의 교훈』(도서출판 문, 2012년), 『일본 원자력 정책의 실패: 후쿠시마 원전 사고 대응과정의 검증과 안전규제에 관한 제언』(고려대학교출판부, 2013년), 『금융권력』(전략과문화, 2008년)』『서브프라임 금융위기 – 21세기형 경제 쇼크의 심층』(전략과문화, 2008년: 공역)』『콤팩트 국제관계학』(전략과문화, 2009년: 공역)』등이 있다.

1. 서론: 한일간 외교통상 정책의 대립과 협력 프로세스

1) 한일간 경제협력 이슈는 무엇인가?

본고의 목적은 1965년 한일국교정상화 이후 양국간 경제통상 분야를 둘러싼 국내외 환경변화, 교류와 협력의 성과 및 이를 뒷받침해온 정부의 통상정책 전개과정을 50년이라고 하는 중장기적 시각에서 재조명하는데 있다[1]. 특히, 국제경제환경을 둘러싼 미국과의 관계속에서 한국의 대일 외교통상 전략 vs 일본의 대한외교통상 전략의 변용에 관해 비교분석함으로써 한일 경제협력 50년사 속에서의 외교통상정책을 둘러싼 대립과 협력 프로세스 메커니즘을 규명하고자 한다.

본고의 문제의식이자 검증가설은 다음과 같다. 첫째, 지난 50년간 한일간 경제협력 이슈는 정치적 마찰과 어떤 연관성(정경일치 및 정경분리)이 있는가?, 둘째, 한일 양국 간 산업별 국내외 경쟁구도와 한일 통상교섭에 관한 제도 선택에 있어서 차이점과 공통점은 무엇인가?, 셋째, 한일간 다양한 통상정책의 차이를 설명할 수 있는 요인은 무엇인가?

가설검증을 위해 첫째, 한일간 정책 전개에 관한 선행연구를 기초로 이론적 분석틀을 제시하고 이에 의거하여 실증분석을 병행한다. 둘째, 한일 FTA(Free Trade Agreement, 자유무역협정), 일본의 TPP(환태평양경제동반자협정: Trans-Pacific Partnership) 교섭 참가 및 한국의 TPP 관심표명 등 사례연구를 대상으로 양국내 정치과정, 교섭의 메카니즘을 비교분석함으로써 양국간 대립과 협력의 구도를 조명하고자 한다. 한국에 관해서는 주요 정책결정구조의 거시적 변화를 점검하고, 한국의 대일 경제정책 및 외교통상전략의 변용을 분석한다. 한편, 일본에 관해서는 『통상백서』(1965~2016년)를 통해 본 일본의 대한국 경제정책 및 통상전략의 변용을 고찰한다. 셋째, 한일 FTA 재교섭의 조건을 포함한 경제협력의 진로를 제시하고자 한다. 한일 통상전략의 변용과 한일 FTA 교섭 과정의 분석을 통해 얻어진 교훈을 살린다면 한일 경제협력의 단서를 발견할 수 있을 것으로 기대한다. 이를 바탕으로 한국과 일

* / 이 글은 2007년도 정부재원 (교육과학기술부)에서 한국연구재단의 지원을 받아 수행(과제 번호: KRF-2007-362-A00019)되어, 『한국과 국제정치』 제31권1호(2015)에 게재된 논문, "한일 외교·통상정책 50년: 대립과 협력의 프로세스 및 메카니즘"을 책의 구성에 맞추어 수정하고 보완한 것이다.

1 / 『한일관계』에 관한 대표적인 연구로는, 현대일본학회 엮음(2007), 『21세기 한일관계와 동북아시아의 새로운 비전』 한울; 한국오코노기연구회 엮음(2005), 『新한일관계론: 과거에서 미래로』 오름; 한상일·김영작 외(2013), 『일본형 시스템: 위기와 변화』 일조각 등을 들 수 있다.

본의 FTA/TPP 및 외교통상 전략에 관해 제언하고자 한다.

2) 한일간 위기관리를 위한 호혜적 상호주의 모델

본고에서는 한일국교정상화(화해)와 더불어 시작된 한일관계의 변화, 한일간 위기관리의 프로세스 및 메커니즘을 상호주의적 관점(모델)에서 조명해보고자 한다(Keohane, 1986). 즉 한국의 대일정책이 호혜적 상호주의(대일유화정책) 및 이와 대립하는 특정적 상호주의(대일강경정책)라는 수단의 선택에 있어서, 어떻게 전개되어 왔는지를 밝히려는 것이다. 이를 통해 한일간 정책대립과 정책협조 프로세스를 규명함과 동시에 미국의 정책대응(대립 vs. 협조)과 관련성도 함께 고찰하고자 한다. 우선 두 가지 요소를 조합한 [표 1]에 주목해서 살펴보기로 하자. 하나는 한국이 압박과 제재라는 수단을 선택하는 대일강경정책에 찬성인가 반대(대일유화정책)인가라는 점이다. 또 다른 하나는 한국의 대일정책에 대해 미국의 외교정책이 대립하거나 협조(동맹)한다는 점이다. 이 두 가지를 조합하면 4개의 유형이 생긴다. 첫 번째, 대일강경정책에 찬성하고 한미정책이 대립하는 경우이다(유형 A). 예를 들면 박근혜 정부의 대일강경정책에 대해 오바마 미 행정부의 대일포용 정책이 이에 해당된다. 두 번째, 한국의 대일강경정책에 대해서 미국도 대일강경정책을 지지하는 경우이다(유형 B). 이명박 정부의 대일강경정책에 대해 정책대립의 스탠스를 취해 왔던 오바마 행정부의 입장 선회(정책협조)가 있을 경우 이에 해당된다. 세 번째, 한국이 대일유화정책을 실시하고 한미정책은 대립하는 경우이다(유형 C). 예를 들어 한국과 일본이 대북유화정책을 펼친 것에 비해 미국은 대북강경정책에 찬성하는 경우이다. 네 번째, 대일강경정책에 반대하고 대일유화정책(호혜적 상호주의)에 찬성하는 입장이다(유형 D).

호혜적 상호주의 모델을 바탕으로, 한일간 외교통상 정책의 대립과 협력 구조를 우선 이해하고, 각 유형별로 미국(혹은 국제제도)과 관련한 한국의 대일 통상정책이 어떻게 귀결되는지 즉 한일간 정책대립과 협력의 정책(제도) 선택이 어떠한 경로를 취하는지 살펴보고자 한다.

[표 1] 한일간 정책대립과 협력의 구조

미일 정책조율 한국의 정책(제도)선택	미국과의 정책 대립	미국과의 정책 협조
강경정책 찬성 Ⅰ [엄격한 상호주의]	A 한일대립 vs. 미일동맹 미일동맹 중시 정책	B 한일대립 vs. 한미일 정책갈등 미국의 선택적 아시아중시 정책
강경정책 반대 Ⅱ [호혜적 상호주의]	C 한일협력 vs. 한미·미일마찰 제한적 2국간 협력	D 한미일 협력=정책수렴 기능적 다자간 협력

자료: 필자 작성, 제1장 [표 5] 재사용.

3) 한일간 외교통상 정책의 대립과 협력 프로세스

한일국교정상화로 추동된 한일관계의 진전은 한일경제협력을 포함하여 한국과 일본이 진정으로 상호 공동의 화해, 협력의 필요성에 의해 시작되었다기보다는 한일 양측의 국내정치적 요인, 특히 대통령과 수상의 인식(이념이나 정치철학)에 기인하고 있다. 그러나 정책실시의 결과만을 놓고 보았을 때 한국의 대일정책 자체의 효과는 거의 미비하며, 오히려 한일관계에서도 미국 변수의 영향력이 중요하다는 점을 알 수 있다. 왜냐하면 한국이 대일강경정책을 실시할 경우, 일본이 일본의 국내정치 및 미국과의 정책조율만을 중시함으로써 한국의 정책선호가 제대로 반영되지 못하는 정치구조(메커니즘)가 작용하고 있기 때문이다.

한일 경제관계의 변화는 크게 다음 4단계로 구별할 수 있다. 우선 한일 양국은 ① 전후 체제에서 출발하여, ② 1960년대에서 1980년대까지의 수직적 분업관계(종속적 발전모델)는 ③ 1990년대에 들어서 수직적 경쟁관계(자생적 발전모델)로 전환되었다. 이후 ④ 2000년 중반 세계적 금융위기를 전후로 하여 수평적 공생관계(협력적 발전모델)로 발전하고 있다. 구체적으로 미국(국제적 환경) 요인을 포함한 한국과 일본의 정치경제적 구조 변화에 관해서 요약하면 다음과 같다([표 2] 참조).

첫째, 한일국교정상화 이전의 한일 양국의 전후 개혁 시기에 관해서이다. 일본은 수동적 전후배상과 수출주도형 원조 정책을 전개하고 있었으며, 한일의 경제적 기반 구축 및 성장과정의 비대칭적 구조로 인해 한일 경제 관계의 마찰 요인은 없었다고 해도 과언이 아니다. 미국의 아시아관여 정책이 두드러진 전후(1945) 일본의 경제정책에 관련된 분석을 정리하면 당시의 시스템은 '전후 체제'라 할 수 있으며, 대재해 발생 당시의 글로벌 환경변화로는 'GATT(관세 및 무역에 관한 일반 협정) 체제 하'에서의 무역 자유화의 추진을 들 수 있다. 이 시기 일본의 경제구조의 특징으로는 '전후 개혁과 경제 부흥' 및 '전후 인플레이션' 현상을 들 수 있다.

[표 2] 한일 정치경제시스템의 변용 vs. 한일간 경제대립과 협력의 유형화

	미국의 아시아관여기		한일국교정상화 vs. 미일마찰기		한일협력의 정체 vs. 미일협력 모색기		한미일 대립과 협력의 중층화 구도	
	전후 개혁(1945~) 및 ~한일국교정상화(1965)		SII 미일구조협의 (1989~1991년)		미일포괄경제협의 (1993~1996년)		아베노믹스의 구조개혁 (2012년 12월~)	
한일 경제관계의 변화	전후 체제 →		수직적 분업관계 종속적 발전모델		수직적 경쟁관계 자생적 발전모델		수평적 공생관계 협력적 발전모델	
일본의 경제협력구상	수동적 전후배상과 수출주도형 원조		三位一体(직접투자, 원자재 수입, ODA)형태의 경제협력 시도		한국의 발전단계를 고려한 협력의 제도화 모색기		지역협력체제의 단계적 추진과 국제제도의 활용	
한국과 일본의 시스템	한국	일본	한국	일본	한국	일본	한국	일본
	전후복구 체제	vs. 전후부흥 체제	경제발전	vs. 버블경제 체제	선진국 도약	vs. 잃어버린 10년 체제	창조적 성장	vs. 재후(災後)부흥 체제
한일 경제 구조	전후부흥	– 전후 개혁과 경제 부흥 – 전후 인플레이션	개발경제	– 경제대국 '버블 경제'	선진국 도약기	– 거품경제의 붕괴 '잃어버린 10년'	금융위기(1998) 이후 구조개혁기	– '잃어버린 20년'의 연속vs.탈피(산업공동화의 가속화)
한일 경제 정책의 변화	정부주도의 산업정책	– 경제 '비군사화' 및 '민주화', 도지 라인 – 경제 자립으로 향하는 길	정부주도의 산업정책	– 전략적 무역정책	성장주의 정책	– 일본 디플레이션 가시화	규제완화 및 성장률 향상	– 아베노믹스 제3의 화살: 일본의 구조개혁 – TPP교섭참가·협상 개시 (2013.7~) – 디플레이션 탈출
한일 FTA 교섭 과정	민간 차원의 한일 FTA 공동 연구 개시 (1998.12~2000. 4) 한일 FTA 산관학 공동연구회 제1~8차 회의 (2002.7.~2003.10) 한일 FTA 협상 재개 검토 및 환경 조성을 위한 제1~4차 실무협의 개최 (2008.06.25~2009.12.21) 한일 FTA 국장급협의 제1~2차 회의 개최 (2010.9.16~2011.5.9) 한일 고위경제협의회 제1~13차 회의 (1999.3.6~2015.1.8)							
한일간 대립과 협력	전후군수특수경제하 미국 주도의 대한국 협력 정책		한일협력 vs. 한미·미일마찰		다자주의 체제하의 한일(양자간) 협력 모색		기능적 다자간 협력 모색	

출처: 필자 작성

또한 일본 경제정책의 변화를 나타내는 요소로서 경제의 '비군사

화'와 '민주화', '도지 라인(Dodge line)'과 '경제 자립을 향한 노력(재벌 해체/ 농지 개혁/ 노동 개혁)' 등이 있다. 이러한 정책을 실행하는데 필요한 재원을 조달하기 위한 수단(재정)은 '국제적 군수 경기에 따른 전후 특수 재정' 등이었다고 할 수 있다. 또한 재해 후 일본의 부흥정책을 추진한 주요 정책수행자는 '연합군 최고 사령관 총사령부(GHQ/SCAP)'였으며, '일본 경제의 재생'과 '세계(무역)체제로의 복귀'를 목표로 설정하고 노력했다.

한편, 전후(1945) 한국의 경제상황을 개관하면, 산업화전(前)단계(1945-1963)로 경제정책 관련 시스템은 '전후 신탁통치 체제'라 할 수 있다. 한국은 전후 군수특수경제하 미국주도의 대한국 협력 정책에 힘입어 정부 주도의 산업화 정책을 통한 전후부흥을 목표로 하고 있었다. 당시의 글로벌 환경변화로는 해방 후 남북국토분단하의 미국 국무성 주도의 통치 체제로 〈자유시장경제 체제〉의 도입을 들 수 있다. 한편 전후 한국의 경제구조의 특징은 '식민지 환경하의 파행적 공업구조로부터의 탈피 모색' 및 '경제성장과 공업화 기반 마련'으로 요약된다. 또한 일제식민지하의 공업구조의 파행성을 벗어나려는 노력도 경주할 틈이 없이 해방 후 남북국토분단 상황 및 한국전쟁(1950-53)으로 이어지는 〈경제혼란기의 지속(연속성)〉 상황이었다. 한국경제 공업부문 총자본액의 94%를 소유하고 있던 일본의 기행적 경제지배 구조의 붕괴, 나아가 남농북공(南農北工)이라는 환경 하에서 한국의 생산성 위축과 물가 상승 요인은 걷잡을 수 없었다.

둘째, 한일국교정상화(1965년) 이후 한일협력의 기반이 마련되어 가는 과정으로 일본이 미국과의 SII 미일구조협의(1989~1991년)를 통해 극도의 통상마찰을 경험하는 시기이다. 한일 경제 관계는 미일마찰이나 한미마찰과는 대별되는 협력에 주안점을 두어, 삼위일체(직접투자, 원자재 수입, ODA)형태의 경제협력이 시도되었다. 비록 종속적 발전모델에 해당되지만 수직적 분업관계가 진행되어 개발경제 단계에 있었던 한국의 성장전략 추진과정에 비해 일본은 1960년대 말 세계경제대국의 대열에 접어들며 전략적인 대외 통상정책을 실시하고 있던 시기로, 별도의 대한 외교통상정책의 기조를 견지하고 있었다고 보기는 어렵다. 오히려 일본은 1980년대 중반까지 미국과의 양자간 교섭 혹은 무역·통상협의를 통해 미일관계를 우선하는 정책기조를 유지했다. 특히 일본 시장이 개방되지 않는 것에 대해 미국부시 정권은 개별 상품의 분야별 협상이 아니라 그것들의 배후에 있는 배타적 거래관행, 일본기업의 계열, 폐쇄적인 유통 제도 등 구조장벽의 철폐를 주요 관건으로 삼았다. 자연스레 한일관계는 마찰이라기보다는 협력구도였던 것으로 평가할 수 있겠다.

한편 한국은 강력한 정부권력을 바탕으로 '경제개발5개년계획'하에 부국강병에 치중하는 국가자본주의적 정책을 전개하였다. 경제성장을 위해 국내제도를 정비하는 과정에서 한국의 영화 및 보험시장개방, 지적재산권 등 산업보호정책 및 시장개방과 관련된 한미 통상마찰(1985년)이 발생하였다.

셋째, 1990년대 초반 거품경제의 붕괴에 따른 '잃어버린 10년'에 접어든 일본의 경제 상황으로 인해 한일협력이 진전되지 못하고(정체되고) 오히려 미일간 협력이 모색되는 미일포괄경제협의(1993~1996년) 과정이다. 1995년 WTO(세계무역기구) 설립 이후 다자주의 체제하의 한일(양자간)협력 관망(모색)기라 할 수 있다. 한일 경제정책에 관련한 분석을 정리하면 한일 양국이 글로벌 제도를 중시하는 과정에서 당시 일본은 '거품 경제의 붕괴'라는 경제적 구조 문제를 안고 있었다. 일본 경제정책의 변화는 '구조개혁 (금융, 재정 등)', '디플레이션 탈피'로 나타낼 수 있다. 그러한 정책을 실행하는데 필요한 재원을 조달하기 위한 수단(재정)으로는 '소비세 인상' 등을 들 수 있다. 일본의 부흥정책을 추진한 주요 정책수행자는 '수상관저 중심의 일본 정부'다. 일본의 재해부흥 정책과 연계여부는 불투명하지만 글로벌 경제와의 상호작용에 관해서는 "WTO의 국제규범을 준수하며 일본 국내의 규제를 더욱 완화하여 시장을 개방하고, 세계 무역 발전에 공헌하고자 한다(하시모토 통산대신의 담화, 1995.6.28)."라는 정책스탠스를 표명하고 있다.

한편, 일본이 잃어버린10년 체제에 접어들어 침체기를 맞이한 데 비해 한국은 경제협력개발기구(OECD) 가입(1996.12.12) 등 선진국 도약기에 접어들었다. 물론 국제제도의 국내적 수용과정에 있어서 규제완화, 국영기업의 민영화, 비경쟁적 시장접근(Market Access) 등 관리가 어려운 저해요인이 증가하는 즉 다양한 대외적 경제마찰 요인들이 노출되기 시작하였다. 한일간의 공식적인 경제협력 제도가 마련되지 않았던 덕분에 협력체제 구축을 위한 외교·통상교섭의 대립 구조가 명시화되지는 않았다. 오히려 앞에서 설명한 김대중 정부의 〈한일 경제협력 의제 21〉 논의를 계기로 경쟁적 상생협력 모색기로 전환되었다고도 평가할 수 있다. 미일 경제 관계를 통해서 이를 재해석하자면 'SII/미일구조협의(1989-1991년)' 및 '미일포괄경제협의(1993-1996년)' 과정에 있어서는 미국의 개혁요구에 일본이 순응하는 '외압 반응형 국가(reactive state)' 모델(Calder, 1988)로 설명되는 미일 마찰 과정이 곧 한일간 경제대립 혹은 무역통상 마찰로 이어진 것은 아니다.

넷째, 동일본대지진 (2011) 이후 한미일 대립과 협력구도가 중층화된 체제(시기)이다. 이는 아베노믹스의 구조개혁(2012년 12월~) 시기와 맞물린다. 한일간 외교·통상교섭의 대립적 구조 요인을 억제하여 경쟁적 상생협력체제 구축을 모색하는 시기이다. TPP, 한중일FTA, RCEP (역내포괄적 경제동반자협정) 등 지역협력체제의 단계적 추진과 국제제도의 활용, WTO 교섭의 정체 및 세계금융위기 이후 한일 양국은 국내 경기침체가 맞물린 상황하에서 경제회복(재생)을 위해 노력하고 있다. 일본의 경제정책은 '재후체제(災後體制)' 기반이라 할 수 있으며, 대재해 발생 당시의 주요한 글로벌 환경변화로는 '세계 금융 위기'의 발생을 들 수 있다. 한편 재해 발생 당시 일본의 경제구조는 '잃어버린 20년'이라고 특징지을 수 있으며 'TPP 교섭 참가 선언', '디플레이션 탈피와 중장기적인 경제 재정 운영'이라는 경제정책 상의 변화가 나타났다. 이러한 정책을 실행하는데 필요한 재원을 조달하기 위한 수단(재정)으로 '부흥채(復興債)' 발행, '세출 삭감' 및 '소비세 인상' 등을 실행하였다. 재해 후 일본의 부흥정책을 추진한 주요 정책수행자는 '수상관저 vs 비정부 행위자 (NGO/NPO 등)'이며, '재해로부터 재생, 복구, 부흥'을 목표로 노력하고 있다. 무엇보다도 '잃어버린 20년'의 연속선상에서 탈피하여 아베노믹스 제3 화살의 핵심요소라 할 수 있는 일본의 구조개혁에 힘쓰고 있으며, TPP 협상을 시작(2013.7~)하였다. 또한 디플레이션 탈출과 중장기적 경제재정 운영이 관건이다.

한편, 한국은 금융위기(1998) 이후 구조개혁기로, 소(小)다자주의 체제하의 미일교섭 과정을 예의주시하며 한일 경제협력의 효율적인 운용을 모색하고 있다. 일본과 마찬가지로 한일 FTA 교섭재개를 위한 장애요인을 극복하는 한편, 규제완화 및 성장률 향상이라는 과제를 안고 있으며, 이를 위한 서비스산업의 활성화 등 구조개혁의 실현이 큰 과제로 대두되어 있다. TPP 정식협상이 5년만에 타결(2015. 10)된 현재 각 회원국들은 비준과정을 앞두고 있어 향후 국내정치와 맞물린 미국과 일본의 외교·통상 정책에 관한 대응변화가 주목된다. 미일 간의 정책협조가 가속화될 경우, 한국으로서는 TPP 교섭참가 혹은 한일 FTA 타결이라는 정책을 선택(유형 D)함으로써 한미일 정책수렴이 실현될 수 있도록 노력해야 할 것이다.

2. 한국의 대일 외교통상 정책

1) 한국의 대일본 외교통상 정책의 기원
(1) 한국 정부 FTA 정책의 우선순위

한국은 주요 거대시장과 FTA 협정 타결을 목표로 다양한 지역과 동시다발적으로 교섭을 추진하여 국제무역의 지역화 추세에 대응한다는 전략 하에 FTA를 추진해 왔다. 선진화 목표 하에 국제무역 환경에 적절하게 대응할 수 있도록 다양한 지역과 FTA를 추진하기 위한 장기적인 전략을 마련하여 향후 FTA 교섭을 체계적으로 진행할 수 있는 기반을 마련해 놓고 있다.

한국이 FTA를 추진하게 된 배경에는 안정적인 수출시장 확보, 외국인투자 유입 확대, 경제제도 개선, 대외 개방적 이미지 확산 등 여러

가지 요인이 복합적으로 작용하였다. 이를 바탕으로 미국, EU 등 거대 시장과의 FTA 추진을 정책의 우선순위로 두어왔다. 물론 중국과 일본 도 거대 교역국에 해당하나 한미 FTA, 한EU FTA 등에 비해 상대적으로 교섭의 후순위로 밀린 형상이다. 중국과의 FTA가 타결(2014년 11월 10 일)되고 발효(2015년 12월 20일) 현재, 한국의 FTA 전략은 '메가(거대·선진경제권) FTA' 추진이라 요약할 수 있다.

[표 3] 한국의 통상산업 정책 및 한일 경제 관계

시기 \ 이슈	1950년대	1960년대	1970년대	1980년대	1990년대: WTO설립 이후
단계	산업화전(前) 단계(1945-1963)	신중상주의적 산업화단계 (1964~1979)		발전전략의 구조조정기 (1980년이후)	자유시장체제 확산 단계 →IMF 체제(1997년)
이념	신중상주의적 국가자본주의			신자유주의적 자유시장체제	
행위자	정부 주도의 산업화 정책			시장자본주의의·세계화 및 규제완화	
특징	일제시대 유산의 정치경제적 취약성: 남북분단 상황 및 한국전쟁	강력한 정부권력을 바탕으로 한 국가자본주의: 부국강병 치중(경제개발 5개년계획)		대기업의 이익조정실패	국제제도의 국내적 수용과정에 있어서 관리가 어려운 저해요인의 증가
		산업화 개시 (박정희정권)	중화학공업 육성화전략		
주요 추진정책	전후복구 및 산업 기반마련	산업고도화 정책		산업구조조정 정책	·규제완화 ·국영기업의 민영화
규제개혁의 대상	'규제 위주'의 정부주도형 성장방식			비경쟁적 시장접근 (Market Access)	
한일 경제 관계	한일의 경제적 기반 구축 및 성장과정의 비대칭적 구조로 마찰 요인 비현실화	한국의 발전단계를 고려한 수직적 협력구조		협력체제 구축을 위한 외교·통상 교섭의 대립 구조 →경쟁적 상생협력 모색기	

자료: 필자 작성

(2) 한일 FTA 교섭 지연과 경제협력의 정체

우선 한일 경제협력의 정체요인에 대해서는 다양한 선행연구가 있다. 한일 FTA의 추진 있어서 양국 정부의 실리가 명확한데도 정체되고 있는 이유를 정치적·경제적 배경으로 나누어 살펴볼 수 있다.

첫째, 정치적 배경으로는 한일 간의 과거사 문제를 들 수 있다. EU 의 설립 배경에는 독일의 과거 2차 대전에 대한 무조건적인 사과가 있

2/ 일본 미츠비시 종합연구소의 설문조사("일본 EPA 전략~ FTA·EPA에 관한 조사", 실시 기간 : 2005년 7월 11일~8월 1일, 1126명 대상) 참조

었다는 점과 비교해 볼 때 두드러진 원인으로 지적 된다[2]. 과거 청산에 미온적인 일본이 과연 미래지향적인 상호공존전략을 구축할 파트너로서 신뢰할만한가에 대한 전망이 불투명하다는 게 크게 작용하였다.

둘째, 경제적 배경으로는 한국의 대일 무역불균형 문제가 심각한 현 상황에서, 한일 FTA 체결로 인한 대일 무역적자가 확대되리라는 우려로 인해 특히 중소기업에 미칠 영향을 고려한 소극적 입장이 작용하고 있는 것이라 볼 수 있다. 예를 들어 한일 FTA의 對韓 파급효과에 관해 다음과 같은 논의들이 있다. 한일 FTA 체결 시 일본은 농림수산품, 섬유의류, 석유·연료 등이 핵심(주요) 민감품목으로 부상하였으며, 한국은 전자산업, 자동차산업, 철강산업, 기계산업 등에 부정적 영향이 클 것으로 분석(전망)되어 왔다(전경련, 2005). 한편, '한일 FTA가 한국 기업에 미치는 영향력'에 관한 질문에서 대상 기업들의 답은 한일 FTA가 한국기업에 '불리'하다는 응답이 '유리'하다는 응답보다 다소 높은 비율을 차지하고 있다('유리' 44.5%〈'불리' 55.5%)[3]. 한일 FTA 추진에 대한 한국 기업의 다소 부정적인 견해가 우위를 점하고 있는 것이다.

한편 한일 경제협력의 저해(정체)요인은 일본의 FTA 정책에 기인하고 있다. 즉 한일 FTA의 정체 원인은 일본의 FTA 추진전략 및 특징에서도 그 차이가 나타나고 있다.

3/ 대한상공회의소는 2007년 10월 15일부터 26일까지 10일간 수도권 제조·서비스·건설업 부문 대기업 109개사(41.4%), 중소기업 154개사(58.6%)를 포함한 총 300개사(회수 263개사, 회수율 87.6%)를 대상으로 전화와 팩스를 통한 설문조사를 실시하였다.

첫째, 일본이 중시하는 FTA 상대는 동아시아 역내이며 특히 ASEAN을 전략적 거점지역으로 삼아 왔다. 동아시아는 일본의 최대 무역상대지역으로 일본의 주요 경제 파트너이며, 지금까지는 ASEAN 지역이 일본의 FTA/EPA 대상 지역으로 중요시되어 왔다. 이는 ASEAN-중국, ASEAN-한국의 FTA 체결에 따른 일본의 FTA 정책 변화로도 해석이 가능하다.

둘째, 일본은 공산품 위주의 FTA 추진이 두드러지며, 특히 농수산물 분야(양허수준)에서 자국의 경쟁력을 감안한 중간 수준의 FTA를 추진해 왔는데, 이것이 한일 FTA 교섭에 있어서 정체요인으로 작용한 것으로 보인다.

셋째, 일본은 농산물 시장 개방과 연계된 FTA/EPA 추진에는 두드

러지게 소극적인 경향을 보여 왔다. 일본이 구체적으로 추진하고 있는 정책으로는, 농산물·식품의 수출액 증대, 일반기업의 농업분야 진출(참여)확대 등을 들 수 있다.

2) 한국의 대일본 통상전략의 전개: 한일 통상교섭에 관한 제도 선택

한국의 대일본 통상전략을 이해하기 위해서는 한일 통상교섭에 관한 제도 선택의 변화과정을 살펴볼 필요가 있다. 대표적으로는 APEC, 한일 FTA, 한중일 FTA, TPP 교섭 등을 들 수 있다([그림 1] 참조).

첫째, 일본과의 외교통상 교섭 이슈는 한국 정부 FTA 정책의 우선 순위에서 밀려 통상교섭에 관한 제도로서 국내적 지지를 얻지 못하고 있다. 주지하다시피 한중 FTA 교섭에 비해 한일 FTA를 우선한다는 한국의 정책적 의지표명 또한 불투명한 입장이었다. 특히 한국정부는 한일 FTA가 공산품 관세철폐 위주만의 협상보다는 한국 관심분야가 포함된 높은 수준의 포괄적인 FTA가 되어 이익을 극대화할 방안을 모색하고 있다. 또한 협상 시한에 급급하기 보다는 농수산물분야 양허를 포함, 비관세조치 개선, 정부조달시장 진출확대, 산업협력 확대 등 내용적인 면에서 한국의 주요 관심사항이 반영된 협상결과가 나오도록 한다는 입장을 취하고 있어 조속한 한일 FTA 타결 가능성은 매우 낮다고 하겠다.

둘째, TPP 교섭을 둘러싼 한국의 통상정책의 변화를 들 수 있다. 한국은 여타 FTA협상과 비교하여 경제적 파장, 외교·안보상 득실, 품목별 영향 등 정치·경제·전략적 효과를 고려하여 TPP에 관해서는 신중한 입장이다. 일본의 TPP 교섭 개시(현재 타결)와 중국의 TPP 교섭 관심표명이라는 환경변화 속에 대일관계를 고려한 한국의 제도선택(방향)은 중요하다. 한국의 전략적 선택이 시급한 상황에서, 향후 한국이 TPP 교섭에 참가할 경우 결과적으로는 한일 양자간 경제협력 또한 다자적 제도의 틀 속에서 논의된다는 점을 고려해야 할 것이다. 결과적으로 2013년부터 TPP 교섭에 참가하고 있는 일본이 한국의 TPP 전략을 추진하는 데 있어서 (TPP 비준 이후)한국과 협력하는 구도가 마련된다면 앞에서 언급한 유형D가 실현될 가능성도 열려있다.

[그림 1] 아시아·태평양 지역의 중층적 경제협력 구도 및 한일관계

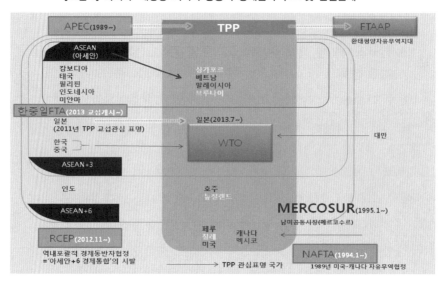

자료: 김영근, "3.11 동일본대지진 이후 일본 경제와 동북아 경제협력의 진로: TPP를 중심으로", 『3.11 동일본대지진과 일본(저팬리뷰2012)』 도서출판 문 2012년, p.130 재인용

3. 일본의 대한 외교통상 전략

1) 일본의 대한국 외교통상 정책의 기원

일본 정부는 자국에 유익한 국제 환경의 형성, 경제적 이익의 확보, 상대국 및 지역의 상황 등을 고려한 EPA 및 FTA 교섭 방침을 설정해 왔다[4]. EPA(Economic Partnership Agreement, 경제파트너협정)란 특정한 두 국가 또는 복수국가 간에 해당 지역의 사람, 상품, 자본의 이동의 자유화 및 원활화 실현을 위한 국경 및 국내 규제 철폐, 각종 경제제도의 조화 등 폭 넓은 경제 관계의 강화를 목적으로 하는 협정을 의미한다[5]. 이를 위해 일본은 자국에 유익한 국제 환경의 형성을 모색해 왔다. 이는 동아시아 공동체 형성 및 안정과 번영에 기여하고, 일본의 경제력 강화 및 정치 외교상의 과제 해결에 도움이 되며, 또한 WTO 등의

4 / 일본의 대외경제관계에 관한 외교정책은 외무성경제국(外務省経済局, Economic Affairs Bureau in Ministry of Foreign Affairs of Japan)에서 주로 담당하고 있다.

5 / 일본 정부의 공식입장을 살펴보면, 특정 국가나 지역 간에 상품에 대한 관세나 서비스 무역의 장벽 등을 삭감하거나 철폐하는 것을 목적으로 하고 있는 FTA(Free Trade Agreement, 자유무역협정)는 EPA의 주요 내용 가운데 하나이다.

국제 교섭에서 일본이 해당국 및 지역과의 연계와 협력을 통해 일본의 입장을 강화할 수 있어야 한다는 의도로 해석된다. 향후 일본은 경제적 이익의 확보와 상대국 및 지역의 상황을 고려한 EPA 및 FTA 정책을 전개할 것으로 전망된다[6].

6 / 일본의 주요 대내외 경제산업정책에 관해서는 일본경제산업성이 발간하는 백서·보고서에 자세히 나타타 있다. 예를 들면 통상백서(通商白書), 제조기반백서(製造基盤白書[ものづくり白書]), 중소기업백서(中小企業白書), 에너지백서(エネルギー白書) 등이 있다(일본 경제산업성 홈페이지 http://www.meti.go.jp/report/).

일본의 대한국 통상정책의 목표 및 교섭과정(패턴의 변화)은 일본의 경제환경의 변화 및 한일간 무역구조의 변화를 통해 살펴 볼 수 있다. 통계자료에 의하면 한일 경제협력의 저해요인 중의 하나로 지목되는 무역수지 변화는 악화일로에 있다. 다만 한일국교정상화(1965) 이후 일본의 산업별 국내외 경쟁구도가 직접적으로 대한 통상정책에 영향을 미쳤다고는 볼 수 없다. 오히려 미국이나 EU, 중국 등이 주요 무역상대국으로, 이에 비해 한국은 GDP규모, 공업·과학기술의 수준이 일본에 비해 우위 혹은 경쟁력이 다소 떨어진다는 점도 하나의 요인으로 작용하고 있다. 결과적으로는 일본의 외교통상정책에 있어서 한국의 우선순위가 높지 않았던 것도 사실이다. 따라서 통상정책의 기원 및 전개를 한일 양자적 관점에서 분석하기는 쉽지 않다. 여기서 한국의 대일 무역 변화를 살펴보면, 한국의 대일 무역수지적자는 한일국교정상화 당시(1965년) 1.3억 달러에서 2014년 10월 현재 176.2억 달러로 135배 증가했다(그림 2 참조).

[그림 2] 한국의 대일 무역 변화

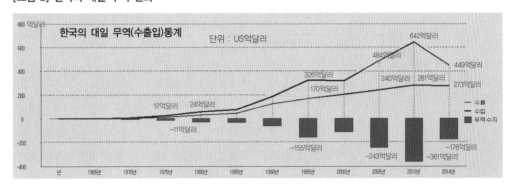

자료: 한국무역협회 무역통계정보시스템(http://stat.kita.net)

2) 일본의 대한국 통상전략의 전개: 일한 통상교섭에 관한 제도 선택

일본의 새로운 FTA 정책에 있어 가장 큰 비중을 차지하고 있는 것이 TPP 전략이라 할 수 있다. 2010년 TPP를 '제3의 개국'으로 선언하고 관심을 표명한 간 나오토(菅直人) 전총리에 이어 노다 요시히코(野田佳彦) 총리가 2011년 11월 "TPP 교섭참가를 목표로 관계국과의 협의 개시"를 표명함으로써 외교통상정책의 전환기적 변화기조를 보였다. 특히 1995년 WTO 설립 이후, 일본의 통상정책은 다음과 같은 변화를 보여왔다. 주된 특징은 WTO를 중심으로 한 자유무역체제와 특정지역과의 경제협력강화를 통한 지역간 협력추진, 양국간 경제협력을 중심으로 하는 양자 간 협력의 다층적 통상전략 구상이다([그림 1] [표 4]참조).

[표 4] 2008-2015 일본의 주요 통상정책 방향

	2008	2009	2010-2015	2015-
WTO DDA 협상	· 연내 타결 추진 →실패	· →실패	· →실패	· 서명·비준 (전망 불투명)
EPA / FTA	· 일-ASEAN간 EPA 서명(2008.4) · 베트남, 인도, 호주, 스위스, GCC와 교섭	· 2009년 초까지 12개 이상 국가·지역과 EPA 체결	· EPA 체결국 무역액 비중을 25% 이상으로 확대 · TPP관계9국(P9)과의 협의개시(2011.12)	· TPP 참여 (미국 주도의 TPP 활용)
	· 동아시아 자유무역권, 동아시아 포괄적 경제연계, 아시아·태평양자유무역권 구상 Framework 관련 연구·검토 및 적극 참가			
	·OECD 등의 투자·경쟁정책·기후변화·무역 등 새로운 정책과제 대응 추진 ⇒ WTO 중심의 자유무역체제 유지·발전을 보완			
"아시아 경제·환경공동체" 구상	· "아시아경제·환경공동체" 구상 시작(2008.5) · '동아시아·ASEAN경제 연구센터(ERIA)' 설립(2008.6)	· ⇒ ERIA[7]를 활용 "아시아경제·환경공동체"구상 추진 (2010, 일본 APEC 의장국)		

출처: 일본경제산업성 『통상백서(通商白書)』 (2008-2014); 내각부(2010)

[7] / ERIA(Economic Research Institute for ASEAN and East Asia)는 동아시아·ASEAN 경제연구센터(東アジア·ASEAN 経済研究センター)를 지칭하며, 이 조직에 관해서는 『통상백서』 2011, p.256 참조.

일본의 통상정책을 이해하는 데 주목해야 할 점은 WTO 성립 이후 일본이 과거 미국 통상법 301조를 바탕으로 한 양국 간 교섭에 응하는 수동적인 대응에서 벗어나, 능동적이고 적극적으로 WTO 체제를 이용하려는 방향으로 정책 전환이 이루어졌다는 것이다(김영근, 2007). 그

배경에는 WTO 분쟁해결절차가 강화됨에 따른 90년대 중반 이후 WTO의 분쟁 메커니즘을 통한 분쟁해결 선호가 작용하고 있다.

그러나 2010년 이후 일본의 통상정책은 다음과 같은 변화를 보이고 있다. 일본은 WTO 우선정책과 WTO 체제의 불안정 상황에 대응하기 위해 FTA 정책을 2004년 공식화한 이후, 2010년 11월 9일 「포괄적 경제연계(EPA)에 대한 기본방침」을 통해 통상정책의 기조를 재정립하였다. 「포괄적 경제연계에 관한 기본방침」에 의한 FTA 정책기조는 TPP, EU, 중국 등 거대·선진경제권을 중시하는 입장으로 한국의 FTA 정책과 거의 유사하다고 볼 수 있다(김양희, 2011: 157). 따라서 일본의 통상교섭에 관한 제도선택 역시 한국과 마찬가지로 대한국 통상정책의 우선순위는 매우 낮아 한일 경제협력의 정체 구도를 그대로 드러내고 있다.

한편, 미일간의 외교통상정책에 있어서 대립구도가 한일간의 경제관계에는 어떻게 반영되어 있는지에 관해서 살펴보기로 하자. 미국과 일본의 정책대립을 가정한다면, 이 때 한일간의 정책대립(유형B)이 전개되는 경우와 정책협력(유형C)이 전개되는 두 가지 경우가 예상된다. 유형B의 경우, 한일FTA의 정체와 맞물리는 시기에 해당된다. 유형C는 한국도 일본과 마찬가지로 WTO 중시 정책을 실시하는 경우이다. 한국이 미국과의 FTA 체결(2007년)을 통해 한미협력 체제로 전환한 사례는 한일관계 역시 유형D로 발전가능하다는 점을 시사한다.

4. 한일 외교통상 전략의 정치경제학: 변용과 제도의 선택

1) 한일 FTA의 정치경제학

일본의 통상정책은 미국과의 무역이나 국제제도(WTO)를 중시하는 스탠스를 견지해 왔다. 이러한 구도하에서 한일 FTA 추진 현황을 재점검함으로써 양국간 통상정책의 간극을 살펴보기로 하자. 2003년 12

월 시작된 한일 FTA는 2004년 11월 이후 중단된 채 2007년 말까지 진전을 보지 못하고 있는 등 표류 상태이다. 2008년 한일정상회담을 계기로 한일 FTA 교섭재개를 목표로 한 활발한 논의(한일 FTA 협상 재개 검토 및 환경 조성을 위한 실무협의 및 국장급 협의, 과장급 협의)가 진행되어 왔으나, 여전히 별다른 진척을 보이지 않고 있다. 한일 경제협력의 저해(정체)요인은 과연 일본의 TPP 교섭 참가를 계기로 어떻게 변화했는지 점검해 보자.

첫째, 한일 FTA의 정체는 여전히 한국의 대일 무역수지 적자와 맞물려 있다. 한일국교정상화 수교 이래 한국의 대일 무역수지 적자가 더욱 악화되면서 주요 시장에서의 양국 간 경쟁이 심화되었으며, 한일 FTA 표류나 과거사 문제 등으로 양국 간 교류가 침체되어 있다.

둘째, 한일 간 민족주의에 바탕을 둔 대립의 심화가 두드러지고 있다. 자민당 아베 정권 제2기 집권(2012) 이후 역사교과서 문제, 야스쿠니신사 참배 문제 등 1990년대 이후 한일간 민족주의에 바탕을 둔 대립이 최고조에 달하고 있다. 특히, 2012년에는 이명박 대통령의 독도방문을 전후로 한일간의 정치외교적 대립 상황이 심화되어 경제적 협력을 위한 기반마련이 더더욱 어려워진 상황이다.

셋째, 양국 간 정치·외교적 협력 기반의 약화 요인을 들 수 있다. 특히 민주당으로 정권이 교체된 2007년 이후 한일의 정치가 및 관료(이념적 변용)가 대거 세대교체 됨으로써, 양국 간 정치·외교적 협력 채널이 제대로 작동하지 못하는 구조변화가 일어난 것이 그 배경이라 할 수 있다[8]. 2014년 12월 14일에 실시된 중의원선거 결과 일본의 정치엘리트 교체가 적극적인 자민당 아베 지지자 중심으로 재편된 현재, 향후 내셔널리스트의 선호가 반영된 일본정국의 대외정책 추진도 예상된다. 따라서 향후 한일간 경제협력 환경이 개선되리라고 보기에는 어려운 상황이라 할 수 있다. 다만 안정적 권력(이념) 구도 및 지지기반이 마련될 경우, 현재보다는 유연한 한일간 경제협력 분위기가 조성될 것으로 예상된다.

넷째, 한일 양국의 전통적 보호산업 정책 등 국내 정치적 문제에 대한 정책적 대응의 변화요인이다. 2003년 12월 시작된 한일 FTA 교섭

8/ 한일간 정치외교적 협력기반의 변화에 관해서는 다음 보고서를 참조할 것. 김영근 외 『전후 일본의 엘리트 성향 분석』, 연구자료집, 동북아역사재단, 2007년.

은 일본 입장에서는 농업 분야 개방, 한국 입장에서는 중소기업 분야가 쟁점화(국내정치화)되면서 2004년 11월 이후 중단된 채 큰 진전을 보지 못하고 있다. 그러나 일본이 중소기업 분야 및 농수산업 등에 관한 자유무역협정(FTA, TPP 등) 교섭 과정에 있어서 지금까지의 미일마찰 과정에서 보였던 보호주의 정책에 변화의 조짐이 보이고 있다. 일본의 TPP 교섭과정에서 "비교열위에 있는 농업이나 타(他)산업이라도 국내에 존재하는 것이 사회적으로 의미가 있는 분야는 지속적으로 존재(보호)해야 한다"는 기존의 농업 보호 목소리가 다소 약화되는 정책의 변화가 기대되는 바, 이는 곧 한일 FTA 교섭에도 긍정적인 영향을 줄 것으로 보인다. 아직까지는 한일간 경제협력(FTA 추진)의 걸림돌로 작용해 온 농업 및 제조업(중소기업) 문제가 여전히 저해요인으로 작용하고 있기에, 한일 양국의 국내환경적 변화는 거의 없는 상황이라 할 수 있다. 그럼에도 불구하고 일본의 극심한 무역적자를 초래한 주원인으로 지목되고 있는 3.11 동일본대지진 이후, 자유무역협정인 TPP 참여를 통해 경제부흥을 위한 무역자유화를 앞당기겠다는 일본 정부의 경제부흥 목표가 정해진 상황에서 외교통상 정책의 변화에 대한 기대감도 높다고 하겠다. 물론 한일 FTA 교섭을 포함한 한일간 외교통상 교섭이 순항하기까지는 농업문제 이외의 아젠다를 중심으로 한일간 경제협력을 모색해야 할 것으로 보인다.

2) 일본의 TPP 구상과 한국의 전략적 대립 구도

일본의 외교통상정책은 1995년 WTO의 설립을 기점으로 WTO 우선정책을 실시하였다. 동아시아의 금융위기 이후 WTO 체제를 보완하는 FTA/EPA 정책을 전개하였으며, 특히 '잃어버린 일본경제 20년' 체제의 영향과 3.11동일본대지진(2011년)을 계기로 TPP를 적극적으로 지지하는 정책으로 변화하였다. 결국 일본은 TPP 교섭에 참가(2013년 7월)하고 있다[9]. 한편 한국의 통상정책도 일본과 마찬가지로 WTO 체제를 기본적으로 지지(우선)하며, FTA를 통해 통상정책을 보완한다는 입장이다[표 4] 참조). 세계 최강의 경제대국인 미국과의 FTA, 또한 세계 최

9 / 현재 TPP 협상에는 미국, 호주, 뉴질랜드, 캐나다, 멕시코, 페루, 칠레, 싱가포르, 브루나이, 베트남, 말레이시아, 일본 등 12개국이 참여하고 있다.

대시장인 EU와의 FTA가 발효된 이후, 주변국(일본·중국)과의 FTA를 통한 협력관계에 대해서는 신중한 스탠스를 취해왔다.

[표 5] 일본과 한국의 FTA 정책 비교

	일본의 FTA 정책		한국의 FTA 정책	
	2004년 기본방침	2010년 기본방침	2003년 기본방침	현재
목표	상호경제관계 강화 (동아시아공동체 형성)	높은 수준의 FTA 추진과 국내개혁 병행	선진통상국가 실현	글로벌 경제 질서의 자유화 선도 및 창조경제의 시장으로서 활용
				자유무역 시스템의 허브 및 리더 역할
주요 대상	동아시아 중시 (특히 ASEAN)	TPP, EU, 중국 등 거대·선진경제권 중시	미국, EU 등 거대·선진경제권 중시	FTA 영역의 확대: 중국 등 (단, 거대·선진경제권 外 신중)
포괄 범위	상품무역 위주 (선택적·탄력적)	TPP, EU와는 포괄적 FTA	선진경제권과 포괄적	포괄적이고 높은 수준의 FTA/TPP 협상 관심표명
				동시다발적 추진
개방 수준	제조업: 높음 1차산업: 중간	전 산업에서 높은 수준	선진경제권과 높은 수준	포괄적이고 높은 수준
중국 견제 수단	역내국(한국, ASEAN)과의 FTA 활용	미국 주도의 TPP 활용	–	한중 FTA 교섭

출처: 김양희 외(2008); 일본내각관방(2010.10.27), "포괄적경제연계에 관한 검토상황" 발췌·재인용

일본 민주당 경제정책의 변화를 초래한 가장 큰 계기는 3.11대재해의 발생이라 할 수 있다. 이와 맞물린 일본 경제의 부흥을 실현하기 위한 민주당의 경제정책 기조는 '신성장전략(=TPP 정책)'으로 요약된다. 이는 민주당(간 내각과 노다 내각)이 적극적으로 추진하고 자민당이 교섭을 개시한 TPP 정책과도 밀접한 관련이 있다. 또한 일본이 TPP를 추진한 것은 3.11 동일본대지진 이후 TPP 가입을 '일본 재생'의 기점(제3의 개국)으로 삼고, '잃어버린 10년 혹은 20년'으로 지칭되고 있는 약화된 일본의 위상에서 탈피하기 위함이다. 비록 조속한 TPP 발효는 어려울 것으로 예상되지만, 일본의 농산물 자유화 문제, 캐나다의 유제품 및 닭고기 등의 공급관리정책에 관한 자유화 문제 등 산재하고 있던 다양한 교섭 의제를 어떻게 TPP 가맹국이 국내적으로 조율(수용) 혹은 제도화하느냐가 관건이다. 또한 아베노믹스의 세 번째 화살은 일본의 구

조개혁과 밀접하게 관련이 있어, TPP 교섭의 저해요인과 맞물리고 있다. 일본 아베노믹스가 시행된 이후 그 정책 실효성에 대한 논란은 끊이질 않고 있다. 아베노믹스의 경제성장 전략의 핵심은 일본의 산업개혁, 나아가 구조개혁에 중점을 두고 있다. 이에 반해 박근혜노믹스는 '새 시장, 새 수요와 새 일자리를 창출'이라는 창조경제 개념을 바탕으로 한 '가치개혁'이라 할 수 있다. 박근혜노믹스와 아베노믹스는 일면 이질적으로 보이지만 서로에게 보완적 대상이 될 수 있다. 향후 아베노믹스와 TPP의 성공 여부는 한국에게 나아가 한일관계에 있어서도 중요한 정책사례이다(김영근, 2014: 396). 향후 일본은 TPP를 외압으로 활용할 가능성이 높다. 이는 결과적으로 한일FTA 교섭의 저해요인으로 지목받고 있는 보호무역주의의 축소 혹은 철폐로 이어져 경제협력의 전망이 높아질 것이다. 아울러 아베노믹스를 통한 일본 구조개혁의 진로를 점검하고 한일관계를 개선하기 위해서는, 지금까지 관계개선에 있어서 걸림돌이 되어왔던 이슈들, 농업관련 규제완화, 외국인투자 촉진, 노동력 이동 증대, 유연한 이민규제, 인적교류의 확대 등에 관해 주목할 필요가 있다.

일본의 TPP 교섭 전략에 비해 한국은 TPP의 정치 · 경제 · 전략적 효과에 관해 아직 분석을 진행하고 있으며 여타 FTA협상이나 경제적 파장, 외교 · 안보상 득실, 품목별 영향 등을 고려하여 신중한 입장을 견지해 왔다[10]. 일본과 미국의 TPP 비준 과정 및 중국의 TPP 교섭 관심 표명이라는 환경변화 속에 한국의 선택방향은 무엇인가? 한중일 FTA, 한중 FTA vs TPP 등 한국의 전략적 외교통상 관련 제도의 선택이 시급하다. 적극적 TPP 교섭참여에 대한 "한국과 중국 또한 TPP에 뛰어들지 않고서는 절대로 한중일 FTA라든지 한중, 일중, 한일 FTA와 같은 동북아시아를 둘러싼 무역교섭의 톱니바퀴를 돌릴 수 없다. TPP가 현재 천천히 가고 있기 때문에, FTAAP라는 종착지로 가는 노선 중 여러 버스정류장의 하나라고 가정한다면, 분명히 한국과 중국은 버스정류장 앞에서 기다려야 한다"는 주장은 주목할 만 하다(金暎根, 2013; Young Geun Kim, 2013).

10 / 대외경제정책연구원 보고서/김영근(2013)는 "TPP 참여땐 10년간 2.6% 추가 경제성장"을 전망하고 있다. 여의도연구원 발표자료(9월 3일)

5. 한일 정치경제협력 50년의 평가와 한일FTA 재교섭의 조건

1) 한일 경제협력 프로세스의 정치경제학

한일간 정책대립과 협력 프로세스(제도의 선택)에 관해 정리하면 다음과 같다([표 6] 참조).

[표 6] 한일간 정책대립과 협력 과정에 있어서 정책(제도) 선택

미일 정책조율 한국의 정책(제도)선택	미국과의 정책 대립 [일방주의]→[양자주의]	미국과의 정책 협조 [양자주의]→[다자주의]
강경정책 찬성 Ⅰ (제재와 압박) [엄격한 상호주의]	A 한일대립 vs. 미일동맹 미일동맹 중시 정책 *한국의 대북제재 vs. 일본(미국)의 대북제재 일부해제→북일경제협력 *일본의 집단적자위권에 대한 미국의 지지 *일본인납치문제와 6자회담 교섭 연계 반대 vs. 미국의 일본 지지(인권문제) *한일 내셔널리즘의 충돌	B 한일대립 vs. 한미일 정책갈등 미국의 선택적 아시아중시 정책 *한미FTA *역사인식, 영토분쟁, 강제징용 문제 *한국과 미국의 대북제재 vs. 일본의 대북제재 일부해제 *일본의 보수우경화 vs. 유엔 위원회/미의회 결의안 채택
강경정책 반대 Ⅱ (대화/포용/유화) [호혜적 상호주의]	C 한일협력 vs. 한미·미일마찰 제한적 2국간 협력 *한일의 대북제재 완화 vs. 미국의 제재 강화 *각국의 6자회담 대북 재개조건 완화 *한일FTA 타결	D 한미일 협력=정책수렴 기능적 다자간 협력 *6자회담을 통한 대북유화정책 *국제법에 대한 책임 이행 *한일FTA 발효 및 TPP(국제제도) 교섭참가 *일본 아베노믹스 정책의 성공과 한미일 협력 *한국의 TPP 교섭 참가

자료: 필자 작성, 김영근(2014b), p.170 재인용.

(1) 한일대립 vs 미일동맹의 경우 – 유형 A

첫 번째, 유형 A의 결과에 관해 살펴보기로 하자. 예를 들면 박근혜 정부의 대일강경정책에 대한 오바마 미 행정부의 대일포용 정책이 이에 해당된다. 결과적으로는 미일동맹(협력) 중시 정책으로 이어져 아시아의 지역협력 구도가 변형될 가능성도 내포하고 있다. 국제정치의 상대로 인정하지 않는 듯한 인상을 외교상대국인 일본에게 주었을 때의 여파는 크다. 한일관계의 기본 틀을 무너뜨려 위기관리가 어렵게 되

므로 양국간 모두에게 외교적 이익을 손상시킬 수 있다. 이명박 대통령 취임 이후 한국은 대일강경 정책을 취해왔다(Haggard and Noland, 2010: 558). 특히 독도 방문 이후의 행보가 대일관계 악화로 이어져 한일간 정책변화에 관심이 대두된 바 있다. 박근혜 정권에 들어서도 대일정책은 강경노선이다. 한국과 일본이 충돌하는 과정에서 미국의 정치경제적 지지(협력)를 얻기 위해서는 대의명분과 미국의 이익을 고려한 정책 선택이 중요하다.

(2) 한일대립 vs 한미일 정책갈등의 경우 - 유형 B

두 번째, 유형 B의 결과에 관해 살펴보기로 하자. 이명박 정부의 대일강경정책에 정책대립의 스탠스를 취해 왔던 오바마 행정부의 입장 선회(정책협조)가 있을 경우 이에 해당된다. 한국의 강경대일정책과 맞물려, 일본과의 계속된 마찰(갈등)로 인해 한일 관계는 급속히 경색되기 시작했으며, 사실상 김대중 정부의《21세기의 새로운 한일파트너십을 위한 공동선언》이전의 대결국면으로까지 역행(복귀)하고 있는 상황이다. 미국의 '선택적 아시아중시 정책' '혹은 아시아 지역주의에 관한 리더십 확보' 정책, 예를 들면 일본의 역사인식이 주변국인 한국과 중국에 대해 영향을 미칠 수 있다고 판단될 경우, 혹은 아시아 지역주의 (FTA 정책 포함)의 전개에 있어서 미국이 '한(중)-미 정책협조'의 조치를 취하는 경우이다. 한일간 마찰을 해결하기 위해서는 무엇보다도 일본을 움직이는 '지렛대(레버리지)'로써 미국의 이념(자유무역주의)이나 국제제도(WTO 혹은 TPP 교섭 등)의 영향력을 염두에 둘 필요가 있다. 비관세장벽에 관한 일본 정부의 차별적 대응 등이 국제적인 제도(WTO)를 통해 지적받은 것도 이에 해당된다(Kim, 2013: 183-208). 결론적으로 미국과 동조된 특정적 상호주의로는 바람직한 결과를 기대하기가 어려운 것으로 보인다. 특정적 상호주의와 일맥상통하는 제재(sanctions) 또한 유사한 정책결과를 초래한다(Hufbauer and Schott et al., 2007). 바꾸어 말하면, 대일정책과 관련한 한미협력 체제를 보다 효율적인 방향으로 변화시켜 나가기 위해서는 호혜적 상호주의를 바탕으로 추진하는 것이 바람직하다는 것이다.

(3) 한일협력 vs 한미·미일마찰의 경우 - 유형 C

세 번째, 유형 C의 결과에 관해 살펴보기로 하자. 예를 들어 한국과 일본의 대북유화정책에 대해 미국은 대일강경정책을 실시하는 경우이다. 결과적으로 '제한적 2국간 협력'이 이뤄지는 상황이다. 유형 C의 정책적 결과는 상호주의 원칙 적용에 관해 한미간의 시각차가 존재하고 있는 데서 비롯된다. 만약 한일 FTA가 발효되고, 분쟁해결절차(DSU)에 관해 다자간 제도(WTO)를 활용하는 정책을 표명할 경우, 한일간 정치경제 관계의 유형이 D로 이동하여 '한미일 협력으로의 정책수렴'이 기대된다.

상호 대립적인 상황(유형 A도 포함)은 한·미간의 정책간극을 보여줄 뿐 한·미관계 강화를 위한 실질적인 정책대안을 제시하기란 어려운 것으로 대일정책 추진과 관련하여 불안정성을 보여주는 극명한 보기라고 할 수 있다. 경제협력 분야에 있어서 한일 FTA 타결에 관해 미국이 반대하는 입장을 상정할 수 있으나 현실적으로 외교정책의 프로세스에서 실현(진행)되기는 어렵다고 할 수 있다. 물론 한일 FTA라는 2국간 제도가 아니라 미국이 포함된 TPP 교섭으로 유인하기 위해 일시적으로 유형 C의 정책을 실시하는 것도 이론상으로는 가능하다.

(4) 한미일 협력을 통한 정책수렴(호혜적 상호주의)의 경우 - 유형 D

네 번째, 국가간 대립하거나 충돌하지 않고 위기관리를 통해 민감한 이슈나 아젠다에 대해 대화와 협력을 통해 해결하자는 입장이 유형 D에 해당된다. 즉 기능적 다자간 협력 구도가 중요하다는 점을 알 수 있다. 다만 유형 D의 대일유화 정책을 바탕으로 국제제도를 적극적으로 지지하고자 하는 움직임은 WTO 체제가 정체되고 있는 상황임을 감안하면 찾아보기가 쉽지 않다. 경제협력 분야에 있어서는 미국이 한국의 정책선택에 대해 적극적으로 지지하는 한일 FTA가 발효되거나 한국이 TPP(국제제도) 교섭에 참가하는 경우이다. 한국의 TPP 교섭 참가 과정을 일본이 적극적으로 돕거나, 일본 아베노믹스 정책의 성공이 곧 한일관계 개선에 도움이 될 수 있는 한일 협력 나아가 한미일 협력이 절실하다. 이를 위해서는 동반자관계를 넘어 명실상부한 전통적 우호협력 관계로 복귀하려는 노력이 필요하다.

2) 제언: 한일간 협력구도를 위한 호혜적 상호주의 기반조성[11]

본고의 목적은 갈등이 심화되고 있는 위기의 한일관계를 정치경제학 관점에서 점검하고, 전후 한일 간 대립(마찰)과 협력의 프로세스 및 메커니즘을 분석(고찰)하는 데 있었다. 특히 한일국교정상화 이후 한국 정부가 추진해온 대일정책의 결정과정과 추진과정에 영향을 미친 상호주의의 관점에서 한일관계를 분석, 평가하고 그것이 한미관계에 던지는 시사점이 무엇인지를 검토하였다. 분석의 내용을 정리해 보면 결론적으로, 한일국교정상화(1965년)를 계기로 한국정부의 대일정책(혹은 역으로 일본정부의 대한국정책)이 '호혜적 상호주의' 성격으로 출발했음을 알 수 있다. 이후 일본의 역사왜곡, 교과서 문제, 군비증강 문제 등 마찰이 심화되면서 한일 외교관계에 있어서는 조건적·특정적 상호주의가 지배적 담론으로 대두되었다. 아울러 현재 미국 오바마 정부의 대일정책 또한 특정적 상호주의로 한미 정책협조가 이루어지고 있다. 다만, 한국의 대일정책 변화(대일강경정책의 실시)는 결과적으로는 한반도의 군사적 긴장과 경제적 불안 상황을 초래하고 있다. 무엇보다도 한국의 대일정책이 특혜적 상호주의적 정책을 행할 때는 결과적으로 한일관계가 극도로 불안정해졌고, 오히려 미국과 중국의 영향력이 증대되는 결과를 가져왔다.

한일국교정상화 50주년을 맞이한 현재 한일 외교·통상 관계에서의 대립과 협력의 전개에 지나치게 익숙해져 있는 것처럼 보인다. 무엇보다도 한일관계 진전을 위한 새로운 발판을 만드는 아카데믹한 학제적 노력이 필요하다. 이상주의적 관점에서의 평화적 한일관계, 이것을 실현 가능케 할 방안에 대한 논의가 절실한 상황임에도 불구하고, 오히려 개선의 여지가 없는 힘겨운 현실로 한일관계를 받아들이는 것만은

11 / 한일간 협력구도를 위한 과제에 관해서는 다음 논문을 수정·보완하였다. 김영근. 2014. "한일간 위기관리의 정치경제학." 『일본학보』 제100집, pp.174–177.

12 / 김영근(2014) 「한일
외교의 현황과 관계개선을
위한 과제」『한일협력』
2014년 여름호, pp.38-47

피해야 할 것이다. 한일관계 악화 땐 양국 경제까지 악영향을 준다는
점을 감안하면 더더욱 관계개선 노력이 요구된다 하겠다. 이에 본 논문
의 문제의식인 한일간 위기관리에 관해 미래지향적인 한일관계의 진전,
특히 한일간 경제협력을 위한 네 가지 제언을 '유연한 상호주의' 정책을
바탕으로 하고자 한다[12].

첫째, 정경분리의 정책을 통해 한일관계 악화로 인한 양국 경제·
사회·문화 등 다른 분야에 미치는 악영향을 최소화해야 한다. 한국의
외교·안보 및 경제정책의 방향성은 상대국과의 대립과 협력의 프로세
스 속에서, 어떻게 한일관계를 '경쟁'의 게임에서 '협조의 게임'으로 진
전시켜 나아가는가에 대한 문제이며, 협조의 게임으로 전환하는 데 기
여할 수 있을 것인가 하는 관점에서 우리가 주목해야할 논리는 '정경분
리의 원칙'이다. 이는 경제·문화협력 문제부터 대화와 협력을 강화해
나감으로써 이후 정치적 이슈의 돌파구를 마련한다는 의미에서 선경후
정(先經後政) 정책이라고도 할 수 있다. 특히, 한일 양국 관계의 외교
적 문제해결을 위해서도 '정경분리 원칙'이 중요하다 하겠다. 예를 들어
한·일 양국은 환경·에너지·자원개발·금융·테러문제 등 지금까지
덜 민감한 것으로 간주해 왔던 분야의 협력 강화 등 외교·안보 분야 이
외의 협조적 관계모색이 필요하다. 정경분리 정책의 추진이 긍정적 방
향으로 진행된다면, 한일 대화 과정 또한 돌발적인 외교교섭이 아니라
한국의 정책의제 설정, 정책 형성, 정책 채택까지 포함한 일련의 정책
결정 과정이 일반화되고 예상 가능하게 되어 효과적인 정책운영이 가
능할 것으로 보인다. 물론 향후 한국 정부의 대일관계는 일본의 대외정
책기조 변화 및 글로벌 경제질서의 새로운 여건에 대응하기 위해 보다
유연하면서도 협력적인 전략과 정책이 요구된다. 독도문제로 멀어지는
한일간 경제관계를 고려할 필요가 있다. "일본과의 영토분쟁 과정에서
한일간 교역량과 관광객 감소뿐 아니라 소프트파워 교류도 감소(뉴스
위크 한국판, 2015.3.9:16-17)"하는 원인으로 정치·외교적 이슈가 통상
에 미치는 요인(영향)을 지목할 수 있다[13]. 그렇다면 교과서 문제를 포
함한 역사인식, 위안부 문제 등 민감한 정치적 사안보다는 우선 용이한

13 / 한일간 외교적
갈등(대립)의 확대는
결과적으로 한일
경제관계에 긴장과 부담을
안겨주고 있다. 예를 들어,
"한일간 분쟁으로 중국이
한국과의 경제협력 기회를
늘려왔다. 2003년 이후
중국이 일본을 제치고
한국의 최대 통상 파트너로
떠올랐으며, 한국의 대일
수출 비중은 1973년 39%를
정점으로 최근 6%까지
떨어졌다." (뉴스위크
한국판, 2015.3.9:17)

한일간의 경제협력에 관한 대화채널을 유지·확대해 나가야 할 것으로 보인다. 정경분리의 원칙에 입각하여 정치적 대화채널에 구속받지 않는 '경제이슈 논의 채널'의 지속가동이 중요한 시기이다. 아울러 박근혜 정부가 강조하고 있는 '신뢰 프로세스' 정책을 기조로 한 외교·안보 및 경제정책에 대해 폭넓은 국내지지를 확보하는 것이 중요하다 하겠다.

한편, 취약한 평화구조 즉 '경색된 한일관계'에서 벗어나 실질적 평화를 실현하기 위해서는 박근혜노믹스와 아베노믹스가 함께 성공할 수 있도록 정치 이슈보다는 사회·문화·경제 분야를 우선시하는 정경분리나 선경후정(先經後政) 전략을 바탕으로 일본과 대화의 길, 한일정상회담을 조속히 개최해야 된다. 한일간에 적극적으로 경제협력을 모색하는 과정이야말로 우경화 정국으로 경색된 한일관계 개선('평화협력으로 가는 길')을 위한 히든카드라 할 수 있겠다.

둘째, 한국의 대일 외교통상 정책에 관해 상호주의에 입각하여 한정하여 말하자면, 일본에 대해 지나친 압력을 행사하거나 비현실적인 요구를 하기 보다는 정책의 성과를 고려한 정책 고안을 하는 것이 급선무라 할 수 있다. 위에서 언급한 정경분리의 원칙 역시 그 자체만으로 완결된 대일정책은 아니지만, 최소한 경제지원에 대한 정치적 대가를 요구하는 '경제적 상호주의' 혹은 '특정적 상호주의'는 현 단계의 한일관계 개선을 위해서는 바람직하지 않다고 할 수 있다. 한국 정부의 대일 외교통상정책은 글로벌 경제위기 속에서 북한체제의 불안정성 증대, 미국 오바마 정부의 대일정책기조 변화, 6자회담과 같은 다자간 제도의 영향력 변화 등 복합적 외교안보 요인(여건)에 대응하기 위해 보다 유연하면서도 협력적인 전략과 '호혜적 상호주의' 정책을 실시할 필요가 있다. 이명박 정부의 대일 강경정책(특히 독도방문) 실시 이후, 박근혜 정부에 들어서도 장기간 이어지고 있는 한일간의 비정상적인 '외교 부재'의 상황에서 벗어나 조속한 정상화가 절실한 상황이다. 한일간에는 역사인식, 영토분쟁, 종군위안부, 교과서 왜곡, 야스쿠니신사 참배에 관한 시각 등 민감한 정치적 사안이 산재해 있다. 박근혜 정부는 국내적 정책결정 과정과 미국·중국 등 국제적 변수 등을 고려해 보다 더 전략적 차원에서 대일정책을 추진할 필요가 있을 것으로 보인다. 본 논문의 위기관리의 유형화 분석을 통해 얻어진 교훈을 적용하자면 지금이야말로 엄격한 상호주의 원칙을 고수하는 정책에서 벗어나 유연한 상호주의를 바탕으로 진정한 미래지향적인 한일관계 구축(유형 D)에 주력해야 할 시점이다.

셋째, 한일 양국 경제협력을 발전시키기 위한 한일 FTA 발효 등 '제도적 틀'이 필요하다[14]. 한일간 교섭(과정) 및 조약체결이 늘어나고, 일련의 과정에서 TPP(환태평양경제동반자협정), 한일 FTA, 한중일 FTA 교섭이 이뤄지면 그 자체가 한일관계 개선의 밑거름이 될 수 있다. 한일 FTA 교섭의 정체 원인과 양국 FTA 추진정책의 차이점을 극복하고, 한일 FTA 교섭을 재개하기 위한 전제조건으로 한국의 동북아경제권 형성 전략에 관한 일본과의 인식공유가 필요하다. 특히 한일 FTA 타결을 위해 한일 양국 간의 신뢰회복이 우선 중요하다. 이를 바탕으로 한일 FTA가 제품·부품의 표준화 및 공통화, 상호인증, 지적재산권 보호, 비관세 조치의 계획적인 완화·철폐는 물론 양국 내 지방경제 잠재력을 활용할 수 있는 한일 공동의 인프라를 구축하는 것이 시급하다. 다만, 아시아 역내를 겨냥한 광역적, 전략적 제휴를 통해 한국의 단기적인 피해를 최소화하고 종래의 수직적 산업 내 분업구조를 고도화할 수 있는 방안을 모색해야 할 것이다.

향후 아베 정권은 한·일, 한·중·일 FTA 타결, 동아시아지역 경제통합 구상 또는 동아시아공동체 구상 실현을 위한 구체적인 전략과 이미지 제시가 이뤄질 수 있도록 한일간 교섭 기회를 늘려나가야 할 것이다. 아울러 한일관계 개선을 위해 관심을 가져할 사항으로는 일본 자민당 정권이 아베노믹스의 추진 과정에서 가장 큰 관심사였던 일본의 경제회생을 위한 과제를 어떻게 해결할 것인가 하는 부분이 있다. 즉 3.11 동일본대지진으로부터의 부흥전략의 재구축, 미일간의 신뢰회복 혹은 강화, 그리고 일본의 농업문제 해결 등 국내적 대응과 구체적 실천방안 제시 등 많은 저해요인들을 어떻게 해결할 것인가가 최대의 관건이라고 할 수 있다. 아베 정권이 한·일, 한·중·일 FTA 타결, 동아시아지역 경제통합 구상 또는 동아시아공동체 구상 실현을 위한 구체적인 전략과 이미지 제시를 제대로 하지 못하고 있는 현 상황 하에서 한일관계의 개선이 일본경제 부활을 위한 추동력으로 작동되기를 기대하며, 이를 위한 작동방안(Action Plan)에 관심을 기울여야 한다. 특히 1965년 한일국교정상화 체결 후 50주년(2015년)을 맞이한 한일관계를 고려할 때, 지금까지의 축적된 협력의 결과물들이 완전히 과거사에 파묻히거나 미래와 단절된다면 이는 한일 모두에게 너무도 큰 손실이라 할 수 있다. 지속적인 사회문화, 경제 협력 등 한일교류 분야의 확대 및 진전을 통해 '제로섬 게임 (Zero Sum Game)'이 아닌 '윈윈 게임'으로 전향되는 한일관계를 기대한다.

넷째, 기로에 선 한일외교의 현상을 극복하고, 한일관계가 협력으로 가는 지름길은 미국 요인을 포함한 '다자주의'의 활용이라 할 수 있다. 외압을 통해 일본을 미국이나 국제제도와 공조할 수 있는 '공정하고 합리적인 지평(level playing field)'으로 이끌어내야 한다는 것이다 (Samuels, 1992: 17-44). 주지하다시피 일본의 대외정책 결정패턴에 대한 가장 유력한 설명은 '반응형 국가(reactive state) 모델'이다(Calder, 1988; 박철희, 2006)[15]. 일본은 외압(foreign pressure)이 있을 때 반응하며 시스템이나 구조개혁이 용이하다는 논리를 아울러 활용한다면, 미국 요인이 중요하다는 점을 알 수 있다. 특히 다자주의적 구조 하에서 한일관계의 재정립이 대안이 될 수 있다. 집단적자위권 문제를 보자면, 미국은 큰 틀에서 볼 때 일본의 안보정책에 대해 반대하는 입장으로 선회하였다. 당초 북일교섭 과정 등을 통해 제시된 아젠다인 일본인 납치자 문제가 인권문제에 중점을 둔 사안이라는 점에서 미국이 수용(지지)하기 용이한 논리구조가 작동한 것으로 해석된다. '집단적자위권'의 강화 논의가 말하자면 역사인식의 문제 등을 경시한 행위로 해석될 소지가 다분한 행보를 보이고 있기에 한미일간 정책 대응의 변화가 나타나고 있다. 예를 들어, 납치문제 해결 방안으로 향후 아베의 방북이 한국과 미국의 협력(동의) 없이 양자간 교섭만으로 추진될 경우, 한·미·일 연대가 흔들리는 구도(영역 B)로 빠지기 쉽다.

15 / 'SII/미일구조협의 (1989-1991년)' 및 '미일 포괄경제협의(1993-1996년)' 과정과 미국의 개혁요구에 일본이 순응하는 '외압 반응형 국가(reactive state)'에 관해서는 다음 논문을 참조할 것. 김영근(2014), "아베노믹스의 정치경제학: 미일 통상교섭과 일본의 구조개혁을 중심으로", 『일본학보』 제98집.

최근 기로에 선 한일 외교 현상을 극복하고 한일 경제 협력을 강화하기 위해서는 다자주의(multilateralism)의 활용이 절실하다. 이 때 정치적 대립과 경제 이슈를 분리하여 정책성과(policy performance)를 고려한 유연한 대일 정책 ("호혜적인 상호주의")을 선택, 효과적인 협력 구조로 전환할 필요가 있다. 이와 동시에, 한일 FTA 재협상 등 "제도적" 협력기반 마련이 긴요하다.

참고문헌

〈한국어 문헌 및 주요 참고 자료〉
김양희(2008a) 「한일 FTA, 바람직한 해법은?」 대외경제정책연구원 세미나 발표자료.
김양희 외(2008b) 『일보의 기체결 EPA 분석과 한일 FTA에의 정책 시사점』 대외경제정책연구원.
김양희(2011) 「일본의 2010년판 FTA 정책 제시와 향후 전망」 최관·서승원편 『저팬리뷰 2011』 도서출판 문
김양근(2015) 「한일 외교통상정책의 정치경제학: 대립과 수렴의 메커니즘」 『한국과 국제정치』 제31권1호, pp.163-187.
김영근(2014) 「아베노믹스의 정치경제학: 미일 통상교섭과 일본의 구조개혁을 중심으로」 『일본학보』 제98집, pp.395-415
김영근(2014) 「한일간 위기관리의 정치경제학」 『일본학보』 제100집, pp.159-179.
金暎根(2013) 「東日本大震災の日本経済と北東アジア経済協力の進路：TPPを中心として」関西学院大学 災害復興制度研究所·高麗大学校日本研究センター編 『東日本大震と日本：韓国から見た　3.11』 関西学院大学出版会所.
김영근(2012) 「동북아시아 경제협력의 진로: 한일-한중-남북 FTA의 정체 요인과 추진 전략」 『일본연구』 제 17권, 고려대학교 일본연구센터, pp.275-298.
김영근(2007) 「미일통상마찰의 정치경제학:GATT/WTO체제하의 대립과 협력의 프로세스」 『일본연구논총』 현대일본학회, Vol.26, pp.71-111.
박철희 (2006) 「일본의 대외정책 결정패턴의 변화: 반응형 국가 모델에 대한 비판적 고찰」 『일본 대외정책의 분석』 한울.

〈일본어 문헌 및 주요 참고 자료〉
일본경제산업성(経済産業省) 『通商白書』 2008-2014年度
일본내각부(内閣府) "包括的経済連携に関する基本方針" 2010.11.9
하기와라 신지로(萩原伸次郎)(2011) 『TPP—第3の構造改革』 かもがわ出版
호시노 미키오(星野三喜夫)(2011) 『「開かれた地域主義」とアジア太平洋の地域協力と地域統合：APECの適切性と親和性についての実証的研究』パレード

〈영어 문헌 및 주요 참고 자료〉
Calder, Kent(1988), "Japanese Foreign Economic Policy Formation: Explaining the Reactive State", World Politics, Vol.40, No.4, pp.517-541
Haggard, Stephan and Marcus Noland(2010), "Sanctioning North Korea: The Political Economy

of Denuclearization and Proliferation," *Asian Survey*, Vol.50, No.3, pp.539-568.

Hufbauer, Gary Clyde and Jeffrey J. Schott, Kimberly Ann Elliott, and Barbara Oegg(2007), *Economic Sanctions Reconsidered*, 3rd. ed. Washington, D.C.: Peterson Institute for International Economics.

Keohane, Robert O.(1986), "Reciprocity in International Relations," *International Organization*, Vol.40, No.1(Winter), pp.1-27.

Kim, Do-Hyung(2007), "On the Patterns of Intra-Industry Trade and Industrial Cooperation with a Korea-Japan FTA" *ERINA REPORT*, Vol.76, pp.7-25.

Kim, Young-Geun(2013), "Reciprocity in South Korean Security Policy vis- -vis North Korea and the United States," *Asian Perspective*, Vol.37 No.2, pp. 183-208.

Samuels, Richard(1992), "Japanese Political Studies and the Myth of the Independent Intellectual," in Samuels and Weiner, eds. *The Political Culture of Foreign Area Studies*, Brassey's, pp.17-44.